· 教 师 心 理 工 作 坊 ·

中小学生心理问题
速查手册

陈祉妍 明志君 王雅芯 刘少然 方圆 张文霞 / 著

北京师范大学出版集团
BEIJING NORMAL UNIVERSITY PUBLISHING GROUP
北京师范大学出版社

图书在版编目(CIP)数据

中小学生心理问题速查手册 / 陈祉妍 等著. —北京：北京
师范大学出版社，2024.10(2025.4 重印)
（教师心理工作坊）
ISBN 978-7-303-29593-7

Ⅰ. ①中… Ⅱ. ①陈… Ⅲ. ①中小学生－心理健康－健
康教育－手册 Ⅳ. ①G444-62

中国国家版本馆 CIP 数据核字(2023)第 224073 号

出版发行：北京师范大学出版社 https://www.bnupg.com
　　　　　北京市西城区新街口外大街 12-3 号
　　　　　邮政编码：100088
印　　刷：保定市中画美凯印刷有限公司
经　　销：全国新华书店
开　　本：787 mm×1092 mm　1/16
印　　张：15.75
字　　数：390 千字
版　　次：2024 年 10 月第 1 版
印　　次：2025 年 4 月第 2 次印刷
定　　价：75.00 元

策划编辑：何　琳　　　　　责任编辑：杨梦茜
美术编辑：焦　丽　　　　　装帧设计：焦　丽
责任校对：丁念慈　　　　　责任印制：马　洁

推荐序（一）

张　侃

　　"促进学生身心健康、全面发展，是党中央关心、人民群众关切、社会关注的重大课题。"这句话揭示了当代教育工作的核心目标与社会责任。在快速发展变化的社会中，青少年心理健康问题日益凸显，成为影响其成长的突出因素。在这样的大背景下，学校心理健康工作的重要性不言而喻，它不仅关系到学生的个人发展，而且影响着家庭幸福和社会和谐。

　　基于数十年来的心理学研究和对社会的深入观察，我深切地感受到心理健康对于个体成长、社会发展的深远意义。在学校的实践环境中，心理健康工作的开展充满了复杂性和挑战性。教师作为教育的主体，他们的心理健康知识与技能储备直接影响到教育质量和学生的发展。因此，提升教师的心理健康素养不仅是促进学生健康成长的关键，而且是提高教育质量的必要途径。

　　《中小学生心理问题速查手册》《中小学生心理问题解决之道》这两本书正是为提升教师的心理健康素养迈出的坚实一步。这两本书以系统、详实的内容，为教师提供了深入理解和支持学生心理健康的有效工具。从我的专业角度来看，这两本书具有以下几个突出特点。

　　一是科学性强。这两本书基于心理学理论和研究结果，结合丰富的实践经验，为教师提供了科学的心理健康教育指导。这两本书不仅提供了心理健康的基础知识，还细致探讨了这些知识原理在教育实践中的应用，确保教师能够获得准确的理解。

　　二是实用性强。这两本书不仅介绍了各种心理问题的表现形式，而且提供了具体的识别方法和解决策略，有助于教师在实际工作中灵活应用。通过具体案例的分析，教师可以更加直观地理解心理问题的成因和影响，从而更加有效地进行预防和干预。

　　三是强调理论与实践相结合。这两本书注重理论联系实际，通过案例分析、对话举例等方式,促进教师将所学知识转化应用于实践。这种结合不仅增强了教师的学习兴趣,而且提高了知识的应用效率,使教师能够在实际工作中更好地运用心理健康知识。

四是关注教师角色定位。这两本书强调教师在心理健康教育中应扮演支持者、引导者的角色,发挥在教育情境中的管理与协调作用,而非以心理咨询的模式进行个体干预。这一观点明确了教师的职责范围,避免了角色混淆,有助于建立良好的师生关系,营造健康的教育环境。

2023年,教育部等十七部门联合印发的《全面加强和改进新时代学生心理健康工作专项行动计划(2023—2025年)》中,强调面向中小学校班主任和少先队辅导员、高校辅导员、研究生导师等开展个体心理发展、健康教育基本知识和技能全覆盖培训,以及提升教师发现并有效处置心理健康问题的能力。这一政策充分体现了国家对学生心理健康工作的重视,也为教师提供了明确的行动指南。在这样的背景下,这两本书的出版恰逢其时,为推动我国心理健康教育事业的发展发挥了积极作用。

我希望广大教师能够翻开这两本书,从中汲取有益的知识和经验,提升自身心理健康素养。这不仅能够帮助教师更好地理解和满足学生的心理健康需求,而且能够为学生的健康成长和我国的教育事业贡献自己的力量。通过不断学习和实践,教师可以成为学生心理健康的守护者,共同创造一个更加健康、和谐的教育环境。

(本序作者曾任中国心理学会理事长、中国科学院心理研究所所长)

推荐序(二)

伍新春

作为一名长期致力于教育心理和心理健康研究的学者，我深知心理健康在教育中的重要性。近年来，随着学生心理健康问题的日益凸显，如何有效识别和应对这些问题，已然成为广大教师和学校管理者面临的一大挑战。为此，我特别推荐《中小学生心理问题速查手册》和《中小学生心理问题解决之道》，相信它们能够为广大教育工作者提供宝贵的参考和专业支持。

这两本书内容详实、专业性强，涵盖了中小学生常见的各种心理问题及其解决方案。从学习动力不足、考试焦虑到社交障碍、情绪管理等方面，这两本书都提供了系统的指导和实用的技巧，帮助教师更好地理解学生的心理健康问题，并支持和促进学生心理健康素养的提高。通读这两本书后，我发现它们具有以下特点。

1. 覆盖教育情境中常见的学生心理问题

这两本书详细描述了中小学生在学习、生活和人际交往中可能遇到的心理问题，如注意力不集中、考试焦虑、自卑感、抑郁情绪等。每个问题都配有案例分析和解决方案，并贴合教育情境，使教师能够更有针对性地进行干预。例如，在处理学生考试焦虑时，这两本书不仅介绍了焦虑的表现和原因，而且提供了具体的放松技巧和心理调适方法。

2. 强调家庭与学校的合作

这两本书特别强调了家庭与学校在心理健康教育中密切合作的重要性。家长的参与和支持是解决学生心理问题的关键因素。因此，书中提供了许多关于如何与家长沟通、如何引导家长正确理解学生心理状态的建议和方法。这些内容对于提升家庭和学校合作育人的水平，共同促进学生的健康成长具有重要意义。

3. 提供实用的干预策略

这两本书强调专业性，更注重实用性。每章都配有实际操作步骤和案例分析，使教师能够在实际教学中灵活运用。例如，在面对有自伤倾向的学生时，这两本书详细介绍了应急干预的方法和步骤，包括如何与学生建立信任关系、如何引导学生表达内心情感等。这些实用的方法能够帮助教师及时有效地应对突发情况，保障学生的安全和健康。

4. 丰富的参考资料和附录

为了方便教师查阅信息和应用知识，这两本书附有丰富的参考资料和附录。参考资料包括心理健康评估工具、常见问题的解答、相关法规政策等，为教师提供了全方位的支持。此外，本书末还附有一份"国民心理健康素养问卷"，可以帮助教师进行自我评估和提升心理健康素养水平。

总之，《中小学生心理问题速查手册》与《中小学生心理问题解决之道》的出版不仅为教师提供了丰富的心理健康知识，而且介绍了实用的干预策略。希望更多的一线教师能够从书中得到有力的支持和指导，更好地理解和应对学生的心理健康问题。

（本序作者系北京师范大学心理学部教授）

推荐序（三）

陈 虹

  2019年，我在火爆朋友圈的重大项目成果"心理健康蓝皮书"《中国国民心理健康发展报告（2017—2018）》（以下简称《发展报告》）中看到，陈祉妍教授是这一成果的主要作者之一。该成果呈现了大量关于我国各类人群心理健康状况的研究数据，为国家宏观政策制定和心理健康教育发展提供了可靠依据。

  时隔五年，祉妍亲自带领团队，又为我国中小学师生呈现了《中小学生心理问题速查手册》（以下简称《速查手册》）和《中小学生心理问题解决之道》（以下简称《解决之道》）两项重要成果。《速查手册》旨在帮助教师掌握与教育教学相关的心理学基础知识与技能，尤其是中小学生心理问题的识别及常见心理疾病的识别，提高教师识别学生异常心理和行为的能力；《解决之道》旨在提高教师帮助心理异常学生的能力，使其在解决学生心理健康问题时更有方法、更有信心。

  翻阅这两本书，能感觉到祉妍及其他作者的用心。这两本书不是把心理问题简单罗列，而是基于对《发展报告》大量研究数据的科学分析来确定章节、谋篇布局的。在我看来，这两本书的主要特点如下。

  第一，清晰。结构层次清晰，分为学习问题、心理行为问题、应激事件及适应性问题；语言表达清晰，内容科学专业，文字简单明了，名词概念易读易懂，案例解读缜密严谨；识别流程清晰，关键点一目了然，操作步骤标准化，问题鉴别路径直观，避免了教师识别学生问题时的模糊性、歧义性和重复性。

  第二，适读。这两本书选择了便于检索的问答式写作手法，优选了教师可能关心的问题，并逐一解答，为教师提供了具体的解决方案或建议，教师可以直接将解决方案或建议应用到教育教学、课堂管理、家校共育中，解决实际问题，所以，实用性极强。另外，这两本书选用了案例式的情境导入，每个问题的每个案例，都是发生在教师身边的真实情境、真实困惑、真实难点，引人入胜，仿佛身临其境；解读和分析既呈现"知识链接"的专业内容，又根据内容的难易程度夹叙夹议，循序渐进地呈现相关知识，避免内容晦涩难懂。所以，这两本书非常适合中小学教师阅读和学习。

第三，普惠。这两本书不仅面向班主任，而且面向全体教师；不仅可用于心理健康教育，而且广泛适用于学校的教育、教学、管理；不仅能为教师赋能，提高教师识别和解决学生心理问题的能力，而且能为学生助力，避免给学生带来伤害，为学生营造积极健康的成长氛围，让学生成长为心态阳光、人格健全、勇于承担责任、自尊自信的人。

最为难得的是，祉妍在开展研究工作的同时，始终保持对教育一线的关注。她非常繁忙，有繁重的研究任务，有各地的报告交流，有基层的深入调研，还有电视台的嘉宾访谈，很少有自己自由支配的时间。但对于勤奋的人来说，时间永远是挤出来的。我们之间的微信沟通通常是在深夜，她说每到夜深人静，她都会坚持1～2个小时的写作和思考，以研究者的科学精神和治学者的学术素养，不断发现问题、解决问题并提出思辨分析方法，对理论进入深入探讨和阐释，有效推动学科发展。经过日积月累，她著述颇丰，已发表上百篇中英文学术论文，同时还担任《少年》的专栏作者。

各种图书的出版，各有所长，各有局限。就学校教育的发展状况及学生问题的复杂状况看，《速查手册》和《解决之道》很难概括所有问题，也很难满足所有人的需求。所以，以遴选常见的、棘手的问题为原则，这两本书主要呈现了问题案例、概念解读、案例分析、知识梳理、鉴别标准、分级系统、识别流程。

我认为，这两本书是面向广泛读者群体的心理教育、心理辅导专业著作，是作者基于对中小学一线的深入研究、长期观察写成的。这两本书既有理论知识，又有案例分析；虽有专业术语，但却通俗易懂；既适合学校管理者使用，又适合广大教师使用，更适合逐级、分层的教师培训，尤其是中小学心理专兼职教师的必备秘籍。我认为，这两本书将会受到中小学校的一致好评和普遍欢迎。

我愿意向大家推荐这两本书，相信大家一定会开卷有益，我也希望出版更多类似的深入浅出的心理健康教育著作，更好地解决我国中小学中存在的现实问题，为我国基础教育的发展、为中华民族的伟大复兴作出贡献。

（本序作者系中国教育发展战略学会心理教育专委会秘书长）

序

一、缘起

近年来，青少年心理健康问题多发，引起了全社会的关注。但很多人可能不知道，教师心理健康问题呈现出的增加趋势与青少年群体很相似。要维护和促进青少年的心理健康，仅仅帮助青少年本身是不够的，我们需要为青少年提供更能理解、支持、引导他们的家庭环境、学校环境和社会环境。

在青少年的成长过程中，学校是一个对他们影响至深的环境。很多人都可能听到过一些非常感人的教育案例：一个迷茫、自卑、存在诸多行为问题的学生，遇到了一名努力去理解他、关怀他、引导他的教师，避免走上人生的弯路，而且激发出自己的潜能。我相信，父母总是希望自己的孩子能碰到这样的好教师，孩子总是能识别和敬慕这样的好教师；而教师特别是刚刚步入职场的新手教师，常常向往着创造如此点石成金的奇迹。

然而，我们也可能听说过灰暗的故事：充满热情地投入教育工作的新手教师，发现有些学生并非自己所想的那样乖巧温顺，发现教育效果并非自己所想的那样顺利达成，一次又一次地被现实打败，甚至怀疑自己根本不适合当一名教师。教师群体中的这种普遍与严重的职业倦怠令人深深忧虑。

我的职业梦想曾经是做一名语文教师。25年前，我从北京师范大学心理学系毕业的时候，曾到一所中学求职，如果当年没有顺利地考上北京大学临床心理专业的研究生，我可能会走上教师的岗位。多年以来，教育始终能在我心中引发复杂而强烈的感情。而且我知道这不是我一个人的感觉，很多人，不管是从事教育工作还是没有从事教育工作，都对教育饱含着深刻的情感。或许，这种情感与我们人类对下一代的爱及对未来美好生活的期待紧密相连。

后来我没有成为中学教师，而是开始学习心理咨询与治疗。在这个过程中，我身边的很多同学成为心理教师。我越来越意识到，各科教师包括心理教师在内，在入职之前都缺乏机会学习并掌握足够的心理健康知识与技能，特别是常见心理疾病的识别、学生常见心理问题的预防与干预。我们痛心地看到，有些情况下，在心理咨询专业人员眼中非常明显的异常信号并未得到教师的重视，从而可能被忽视，甚至造成问题激化。在日常生活中，我也常常听到教师对学生说出无效、不妥甚至伤害性的话语。

我当然知道，学生健康的情绪状态和良好的行为习惯并非完全取决于教师。可教师是促进青少年成长的一支十分重要的专业队伍，有责任学习并懂得更多心理健康知识。然而，实际情况并非如此。我们在2018年开展了首次覆盖全国的心理健康素养调查，不仅关注国民心理健康素养的基线水平，而且特别关注了4类对国民心理健康素养具有影响的枢纽职业人群。这4类职业人群是心理健康工作者、教育工作者、医疗卫生工作者和媒体工作者。遗憾的是，除了心理健康工作者在心理健康素养上得分高于其他职业（也本应如此），无论是教育、医疗还是媒体领域的工作者，心理健康素养都并不高于其他职业群体。

在实际生活中，由于青少年群体中存在轻度心理或行为问题的比例约为20%，各类精神疾病的患病率叠加起来约为17%，中小学教师会不可避免地遇到存在心理疾病的学生，并需要有效地应对。而且，教师还需要与各种各样的家长打交道，可能在处理学生心理问题时会感到情况复杂与棘手。因此，如果教师不具备识别和应对心理健康问题的能力就走上岗位，就像让未经训练、未配备枪弹的战士上前线一样风险重重。这样的风险带来的结果不仅是自己受伤，还可能危及存在心理问题的学生，甚至波及健康的学生群体。因此，在2018年调查之后，我们开始持续深入地开展教师心理健康素养的研究。基于对教师的访谈和调研，我们提取了在教育情境中常见的困难，这些困难大多数与心理健康问题有关。我们希望为有效识别和解决这些困难提供一些帮助，这也就是《中小学生心理问题速查手册》（以下简称《速查手册》）和《中小学生心理问题解决之道》（以下简称《解决之道》）的缘起。

二、撰写团队与工作基础

这两本书的撰写团队主要为中国科学院心理研究所国民心理健康评估发展中心科研团队，团队十余年来的研究为这两本书的出版奠定了工作基础。作为"心理健康蓝皮书"《中国国民心理健康发展报告》的研究团队，历年来我们对我国各类人群心理健康状况积累了大量研究数据，我们始终关注着我国中小学师生心理健康状况及其影响因素。我们对于全国青少年的心理健康调查始于

2007 年年底，这是由中国科学院心理研究所自主部署的首次全国国民心理健康状况调查，该调查覆盖了全国 29 个省、自治区、直辖市的 10 岁及以上群体。我们对于全国教师职业群体的针对性调查则始于 2009 年的全国科技工作者调查，对教师心理健康素养的研究是在全国普通人群心理健康素养研究上的细化。基于全国心理健康素养的调查研究，我们团队于 2018 年首次发布报告。此后，在国家卫健委的委托下，我们团队研制了心理健康核心知识（心理健康素养十条）、全国居民心理健康素养监测指标等内容。在这些工作的基础上，我们进一步聚焦教师心理健康素养，对全国不同地区和类型的中小学教师特别是与心理健康工作相关的教师进行访谈研究。我们也多次对教师和其他群体的心理健康素养水平进行对比研究，在首部"心理健康蓝皮书"《中国国民心理健康发展报告（2017—2018）》中关注了包括教育工作者在内的 4 类枢纽职业人群，发现教育工作者心理健康素养水平与普通职业群体持平。在《中国国民心理健康发展报告（2021—2022）》中报告了教师识别心理障碍的能力，其中教师对于抑郁症的识别率不足 30%。这些研究工作让我们意识到当前迫切需要提高教师心理健康素养，以贴近教师视角的方式提供相应的书籍与培训，促进教师增强有效识别和应对学生心理问题的能力。2023 年 5 月，教育部等 17 部门联合印发了《全面加强和改进新时代学生心理健康工作专项行动计划（2023—2025年）》，明确提出"推进教师心理健康教育学习资源开发和培训，提升教师发现并有效处置心理健康问题的能力"。我们希望通过撰写这两本书，为教师心理健康工作的开展稍尽绵薄。

三、适合的读者与期望的目标

这两本书适合的读者包括以下几类。

第一，这两本书在撰写过程中默认的目标读者为中小学班主任。从教师数量占比和与学生互动的密集程度来说，班主任对学生的心理健康影响远大于心理健康教育教师。因此，这两本书尽可能贴近班主任教师教学管理的工作视角，而非心理健康教育教师的工作视角。我们也期待未来能够围绕本丛书进行系统化的班主任心理健康素养提升培训和督导。

第二，这两本书也适合中小学各科教师阅读。书里有许多关于心理疾病的知识及针对不同心理特征学生进行班级管理的内容，相信对各科教师都会大有裨益。

第三，这两本书也适合心理健康教育教师阅读。心理健康教育教师向班主任及其他教师提供支持，包括知识的普及、策略的建议等，这两本书的理念和具体内容都会对心理健康教育教师有所帮助。

第四，这两本书也适合与学校心理健康工作相关的教育管理干部、心理健康教育教师培训者等参考使用。

第五，对于有志于从事教师工作的师范类学生及各类人员，我们都会推荐阅读这两本书，以便为工作中可能遇到的各类学生心理问题积累专业储备。

希望这两本书能够为教师提供帮助，并达到以下目标。

第一，我们希望提供教师在工作中必备的心理健康知识，提高教师心理健康素养，借此不仅让教师的工作更有效果，而且让教师在工作中更加从容。就像学生如果没有掌握好考试内容，上了考场就容易焦虑一样，教师如果对心理问题的识别与应对缺乏知识与技能的储备，面对心理问题的多样表现就容易倍感压力。心理疾病的识别与防治是心理健康素养中的核心知识。《速查手册》侧重于对学生各类心理疾病的识别，描述心理疾病在日常生活中的症状表现。我们希望这本书能够提高教师在工作中主动识别心理异常的能力与意识。《解决之道》则侧重于教师如何应对患有心理疾病的学生的各类问题，协助学生心理疾病的防治。我们希望这本书能够提高教师帮助心理异常学生的能力，并在这种情况下做好班级管理、家校共育。希望这两本书能够为教师赋能，让教师进入更有方法、更有信心的工作状态。

第二，我们希望让教师的工作边界更加清晰，并明确教师在分工合作中的角色。心理疾病的治疗需要精神卫生与心理健康领域的专业人员，教师在其中具有重要的衔接、配合、辅助的作用。对于帮助心理异常的学生，教师责任重大，但并不等于需要承担无限责任。如果教师自己或其他人希望教师以一己之力在日常教学之中或之余治好患有心理疾病的学生，这种看似美好的愿望不但是对教师的能力与责任边界认知不清，而且可能导致消极的结果。可想而知，无论是教师还是我们任何一个人，如果试图处理自己能力之外的事情，必定是乱拳齐出，而效果往往不尽如人意。在这种情况下，轻者学生的问题迁延不愈，教师则因为自己的反复尝试都以挫败告终而怀疑自己，甚至产生职业倦怠或出现心理问题；重者不当的处理会激化问题与矛盾，甚至可能出现严重伤害。因此教师需要意识到：当学生患有心理疾病时，教师应为学生营造更好的班级、学校环境，促进学生在学校的适应；同等重要的是鼓励和支持学生求治，让精神卫生工作者去做诊断与治疗，让心理健康工作者去做咨询与辅导，教师在其中做好衔接配合的工作。要明确这些工作界限，教师要能够识别出什么是心理疾病（即《速查手册》中的内容），同时要了解：当学生患有心理疾病时，如何做好对学生的支持；当面向班级的管理时，与学生父母、其他任课教师、精神卫生和心理健康工作者如何协调配合（即《解决之道》中的内容）。在《速查手册》中，我们还建立了一种分级系统，希望帮助教师明确哪些问题是能在自己能力和职责范围之内处理的，从而降低不切实际的预期，减少挫败、自责的情绪。

第三，我们希望拓展教师的思维模式，增强其对纷繁复杂的现实问题的认识能力。心理世界虽然复杂，但也有规律可循，其中一个重要的规律就是：同样的内心需求、情感、冲突可能表现为不同的外在行为，反过来，同样的行为背后可能出于非常不同的个人特征、内在动机。原因与结果之间并非一对一的关系，而是多对多的关系。心理世界如万花筒一般变幻无穷，这也正是它的魅力所在。因此，要理解学生的各种表面问题、分析各种可能的潜在原因，需要教师学习并熟练运用一种思维模式，即面对一种表象能提出多个假设，然后基于各个假设有意识地采集信息，进而研判信息，逐步贴近最可能的假设，尝试根据这一假设导出解决方案，再根据解决方案的实施效果进一步修正假设。这是心理咨询师评估和帮助求助者的思维模式，也是理解每一个丰富、生动、复杂的人所需的思维模式。这种思维模式是动态的，它让人不断根据新增的信息调整认识；这种思维模式是开放的，拥有它的人不会自以为是或仅仅搜集支持自己猜想的资料；这种思维模式是提倡耐心的，它鼓励人容忍不确定性，容忍自己对面前的问题没有清晰唯一的答案；这种思维模式是内省的，它使人愿意不断自我反省、自我更正，追求的不是维护自己的自尊，而是逐渐接近心灵的真相。在《速查手册》中，我们为各章提供了流程图，希望突出这种思维模式。

第四，我们希望成为教师在遇到实际问题时的助手，同时也致力于加强教师理论联系实际的能力。为什么听说了很多道理，却依然过不好这一生？因为道理没有实践，就是与己无关的别人的道理。教师提高心理健康素养，需要学习与教育教学工作相关的心理学基础知识。但如果仅有理论学习，教师在面对现实时依然会无从下手。真正有效的教与学，都应密切结合现实生活中的演练。在这两本书中，我们力图把心理学的知识与教育教学的实际情境结合起来，从而贴近教师的视角。例如，在《速查手册》中，教师通常先看到的是问题的表现，因此我们每一章都从这里开头，而随着心理健康知识技能的加入，各种现实生活中的表象会被纳入不同的专业框架之中分析。我们试图示范一种理论与实际密切结合的方式，出于这样的原因，在《速查手册》中，我们不是简单地提供一份心理疾病的诊断手册。这种手册白纸黑字、清清楚楚，但如果没有经过长时间的专业训练，就无法真正理解和应用。我们努力把各种心理疾病的特征用贴近普通人视角的方式描述出来，希望在专业知识与现实情境之间搭起易行的桥梁。当然，纸上得来终觉浅。阅读可以打开知识的大门，但准确理解乃至有效应用还需更多交流互动。我们希望以此为参考教材，为更多的教师提供培训，也希望更多的培训参考这两本书，为教师应对心理健康问题赋能。

在力图达成这些目标的同时，我们也深知这两本书仍有局限。中小学生心理问题的种类繁多，这两本书不可能全面覆盖，仅选择了一些具有代表性的问题。我们希望提高教师对学生心理疾病的识别能力，但并不等于鼓励教师去诊断和治疗心理疾病。任何一种心理疾病的患者的行为表现都是复杂多样的，仅凭几段文字不可能一一描述清楚。因此教师在实际工作中切不可随意就下断语，也不可随意给学生"贴标签"，专业诊断应该交给医生完成。我们希望贴近教师的视角和语言，但也恐未能尽如人意，欢迎各位读者多多反馈意见和建议，让我们可以做得更好。

四、致谢

《速查手册》和《解决之道》得以成形，背后有大量的工作人员和许多相关人员的支持，借此机会表达我们的感谢。

感谢 2018 年参加心理健康素养调查的 2434 位教育工作者。

感谢 2019 年参加教师心理健康素养访谈的陈振鹏、张中华、王剑锋、苏虹、王福福、脱国梅、苏岚颖、申海英、邓洁、陈莹、叶湘红、徐逸凡、陈汉文、占中秋、沈颖、谢小芳、杨红芸、郑菊、李延、陈志琴、张慧荣、邱金有、王红波、王苗红、杨璇、吴琼、张巍、张晓凌、何筱荷、姜桂芳、吕美娟、罗颖、丁晓芸、赵斌等中小学老师。

感谢 2019 年参加中小学教师心理健康素养研讨的侯金芹、张郁茜、李延、沈颖、宋秋菊、苏虹、张慧荣、李凤娇老师。

感谢 2020—2021 年参与书稿讨论并提供了许多有益的建议的侯金芹、张郁茜老师。

感谢 2021—2022 年审读书稿并帮助我们进一步完善的刘亚超老师。

目 录

绪论：学生心理疾病的识别　　1

第一部分　学习问题　　7

  1. 当学生的学习动力不足时　　9

  2. 当学生不做作业时　　20

  3. 当学生注意力不集中时　　26

  4. 当学生考试焦虑时　　33

  5. 当学生不来上学时　　41

  6. 当学生书写、阅读能力差时　　47

  7. 当学生扰乱课堂时　　54

第二部分　心理行为问题　　61

  8. 当学生上课睡觉时　　63

  9. 当学生做事特别慢时　　73

  10. 当学生不和教师说话时　　81

  11. 当学生网络使用不当时　　89

  12. 当学生出现异常精神症状时　　96

  13. 当班里有孤独症孩子时　　105

  14. 当学生回避社交时　　112

  15. 当学生感觉"心脏病"发作时　　118

16. 当学生爱发脾气时　　123

17. 当学生感到自卑时　　130

18. 当学生经常打架时　　136

19. 当学生胆小、恐惧时　　145

20. 当学生故意伤害自己身体时　　150

21. 当学生抑郁时　　158

22. 当学生出现自杀风险时　　170

第三部分　应激事件及适应性问题　179

23. 当学生无法适应新班级时　　181

24. 当学生受欺负时　　187

25. 当学生遭受性侵犯时　　194

26. 当学生有了弟弟/妹妹时　　202

27. 当学生的父母离异时　　209

28. 当学生的亲人去世时　　215

参考文献　222

附　录　231

绪论：学生心理疾病的识别

2021 年 9 月我国国务院发布的《中国儿童发展纲要（2021—2030 年）》中明确了增强儿童心理健康服务能力，提升儿童心理健康水平的目标，并将提高教师识别儿童心理行为异常的能力作为一项具体举措。2021 年全国中小学生精神病学流行病学的一项调查显示，6～16 岁的儿童青少年心理疾病的患病率为17.5%，男孩(18.6%)高于女孩(16.3%)，12～16 岁年龄组的患病率更高些(17.6%)(Li et al.，2021)。心理疾病的识别是心理健康素养的重要成分，当人们无法识别心理疾病时，通常会把心理疾病看成压力或生活问题，容易延误治疗。心理疾病早发现、早诊断、早治疗，康复效果更好；延误时间越长，康复效果也越差。中小学生由于缺乏相关知识和经验，对心理疾病的识别需要父母、教师或其他成年人的帮助。教师对心理疾病的识别能力不仅影响着自身心理健康，而且关系到学生心理疾病的及早发现。

一、心理疾病识别的方法

学生的心理行为表现有无数种，有病和没病之间也并非那么泾渭分明，怎样判断学生是否存在心理疾病呢？简单的方法是用"3 把尺子"和"3 个标准"来衡量学生心理行为表现。

(一)3 把尺子

1. 第 1 把尺子：反常吗？

那些与大多数人不一样的行为常常被看成是心理问题的表现。当然，有些天才的行为也与常人不同，但心理疾病的识别主要关注的是对自己或者对他人有不利影响的行为。

识别反常的行为主要从 3 个方面判断：一是与大多数人比较。反常的行为可能表现为"奇怪的""发疯的""精神错乱的"，明显不符合常理，例如，可以听到别人都认为不存在的声音、常说些别人听不懂的话等。二是与同龄段的学生比较。虽然学生有的成长得快些、有的成长得慢些，但是当教师发现学生发展滞后，没办法与同龄人保持同等水平，甚至出现退行时，暗示着学生的某些方面可能出现了问题。三是与学生自己的往常表现比较。每一个人都有相对比较稳定的性格特点，当在没有明显原因的情况下，学生某一天或某一阶段的言行突然像是换了一个人时，也可能是心理出现问题的表现。

2. 第 2 把尺子：痛苦吗？

内心体验到痛苦吗？学生自己感到痛苦或者为他人带来了痛苦，都可能是有心理问题的标志。这些痛苦可能体现在情感方面，例如，无法控制的愤怒、挥之不去的悲伤、持续不断的怨恨等；也可能体现在生理方面，例如，失眠、头痛、疲劳、呕吐，或者有说不出明显原因的不舒服等。还有一些学生的言行会给他人带来痛苦，例如，对抗教师、违反规则、撒谎、偷窃、暴力等。

一个人内心的痛苦常常来自内心想法与现实的不一致。想法偏离现实较大时，问题可能在多方面表现出来。例如，明明学业表现还不错，却认为自己"一文不值"；被同学无意地碰了一下，却认为对方心怀敌意；医院多次检查身体正常，却认为自己患了重病；抱有一上台讲话就必定遭到同学嘲笑的想法等。学生的想法偏离现实越大，带来的痛苦可能越重，也越可能导致心理问题。

3. 第 3 把尺子：适应吗？

如果学生的一些行为、想法或感受干扰了日常生活，影响了自己正常能力的发挥，降低了效率，那么可能是心理功能失调的表现。这种功能失调可能表现在很多方面，例如，上课时难以集中注意力、写字时常常"缺胳膊少腿"、害怕与同学正常交往、不敢与教师讲话等。这种功能失调的程度越明显，学生存在心理问题的可能性也越大。

有些功能失调可能是学生经历了一些应激事件所引起的，例如，更换到新学校或新班级、同胞弟弟妹妹出生、父母离异、亲人去世、遭遇性侵或校园欺凌等，这些事件都可能给学生带来心理冲击，增加心理风险。在多数情况下，单一应激事件不足以导致学生发生严重问题，但是当多起应激事件或者应激事件和复原力不足同时作用于一个人时，更容易导致学生出现心理问题。

另外，人们常把心理问题视为人与所处情境的一种反应，因此还要考虑情境因素。例如，学生在操场上精力旺盛地打闹是可以理解的，但在图书馆、课堂上精力旺盛地扰乱秩序就是难以接受的。正常的学生通常会在特定的情境下呈现出大家可接受的言谈举止，当一个学生的言行在某一情境中变得难以理解、难以接受时，就需要引起我们的警惕。

（二）3 个标准

1. 症状标准

心理疾病是一种综合征，常表现为一个人的认知、情绪、行为和躯体方面的功能失调。心理学家们将每一种功能失调的现象用言语尽量真实地描述出来，形成不同的症状描述。一组共同发生的症状特征，常被鉴别为不同的心理疾病。例如，情绪低落、兴趣减退和易疲劳常被认为是抑郁发作的核心症状；看见现实中不存在的事物、听到现实中不存在的声音并坚信不疑，通常是精神分裂症、器质性精神障碍的症状；坐立不安、紧张害怕、无法控制自己的担心等常是焦虑障碍的症状；脑海中反复出现一种想法，自己知道是不必要的甚至是荒谬的，想摆脱却摆脱不了，为此痛苦烦恼，常是强迫症的症状。了解这些症状特点与心理疾病之间的联系，为我们识别出学生是否有心理问题、可能发生了哪些心理疾病提供了依据。此外，有些时候我们识别出来的可能不止一个结果，也可能存在多种心理疾病"共病"的情况。

2. 强度标准

除了有哪些症状之外，识别学生是否存在心理疾病还要考虑症状对自己或别人的影响的严重程度。例如，小学生对蜘蛛表现出一些恐惧是正常的，但是如果这种恐惧过于强烈，在无害的情况下也十分恐惧，并没有随着时间而消退，那么他可能存在心理疾病。为了判断是否达到心理疾病的程度，我们通常从症状是否导致了相关的精神痛苦，是否对人际交往、日常生活、课程学习等功能造成损害，是否对自己或他人构成危险等来识别。

3. 时间和频次标准

有些心理状态看似症状，但可能只是学生暂时的状态，每一个人都可能会有出现此状态的时候。所有的心理疾病，都需要满足一定的持续时间或者频次才能确定。例如，学生遭遇亲人去世时会表现出悲痛的情绪，如果在一段时间内慢慢缓解，我们认为这是正常的悲伤情绪。即使出现了兴趣减退、易疲劳、内疚、自责等抑郁症状，如果持续时间较短，通常也被认为是正常的抑郁情绪。只有每天大部分时间都存在症状且持续时间至少2周时，才可能被认为是抑郁发作。再如，失眠障碍症状持续至少1个月，社交焦虑症状持续至少6个月，对立违抗障碍症状每周至少出现1次且持续至少6个月，才被识别为心理疾病。

根据符合症状的数量、强度、持续时间、频次等标准，常对心理疾病的严重程度进行区分，例如，轻度、中度、重度、极重度等。

二、收集心理健康信息的方法

我国传统中医主要通过"望闻问切"的方法为病人看病，了解学生心理健康状况的方法与之类似，主要通过日常观察、访谈了解和量表评估等方式来收集信息，以辅助进一步的分析和判断。

（一）日常观察

在日常的教学活动中，学生的一言一行都在或多或少地呈现着他的心理状态，会给我们带来不同的感觉。通过对学生的关注和观察，我们可以收集到不少心理健康信息。例如，如果学生嘴角下拉、眉头紧皱、眼睛红肿，看上去给人一种阴沉的、沮丧的感觉，可能是情绪低落的表现；如果学生长时间自己待在一个地方不动，或者走起路来速度缓慢、步子迟疑、弯腰驼背，可能是活动减少、自信降低的表现；如果学生不与人交谈，讲话时声音较低、话语较少，看上去脸红、紧张等，可能是人际交往出现了困难。再如，学生是穿着得体整洁还是蓬头垢面？打理个人基本仪表的能力会显示出学生日常生活功能水平。又如，学生表示"我再也受不了了""没有我大家会过得更好"，这可能是他有了自杀想法的信号。

与学生接触得越多、对学生越熟悉，越能了解到更多的信息。也许我们对某些学生的言行感到苦恼，但又无能为力，比如：张三特别爱发脾气；李四特别爱打架；王五经常扰乱课堂；赵六胆子特别小，还动不动哭鼻子。虽然我们可能已经对这些特征信息习以为常，但是如果从心理问题的角度去观察和思考，也许就多了一些发现、多了一种理解，甚至多了一种解决之道。

（二）访谈了解

当我们对某个学生的心理状况有了担心，甚至怀疑他出现了某种心理问题时，就需要进一步核实信息。可以多听听学生的家长、同学等身边人是怎样看待他的，他经历过什么，与他相处时有哪些感受。同时，找一个合适的时机与学生谈一谈也是一个不错的办法，谈话不一定很正式，以免让学生感到担心。一方面，我们在访谈前要有一个提纲，明确要收集的信息，以便于在访谈时有的放矢；另一方面，我们需要以一种不评判的态度来询问和倾听。

这种访谈就好比拼一个图案未知的拼图，虽然我们内心里有一个大概的方向和假设，但是访谈过程却是以学生的表达为中心而不断延展的。学生表达的每一个信息就如同拼图中的一小块，虽然这一小块暂时与我们心里猜想的不一致，但是它与别的信息都是一样重要的，都是学生内心状态的表达。此时我们可以暂时把自己的猜想悬置起来，耐心地沿着这一小块拼图提供的线索探索下去。学生向我们呈现得越多，我们对学生的真实想法和情感了解得也越多，关于他内心世界的拼图也会越加清晰起来。

（三）量表评估

除了日常观察和访谈了解，心理学家还发明了很多评估量表，可以帮助我们收集学生的心理健康信息。使用合适的量表收集信息有很多的优点：一是在对学生还不太了解的情况下就可以同时收集很多学生的心理健康信息，例如，可以对新入校的学生组织心理筛查等；二是可以采用不同的量表更有针对性地收集信息，例如，可以使用抑郁量表收集抑郁状态的信息，也可以使用焦虑量表收集焦虑状态的信息；三是收集到的信息会使结果更加客观、明确，因为通常量表都会得出一个明确的分数，我们可以根据分数的临界值了解学生心理问题的严重程度。

但是，使用量表收集信息需要教师熟悉量表的使用。学生自评量表通常由引导语、题目、计分结果和解释等部分构成，无论是测评前的引导还是测试过程中学生的答题，以及对测评结果的解释，都要按照标准化的程序进行，以便保证评估结果有效和可靠。此外，仅仅依据量表评估的结果来判断学生是否有问题是不充分的。当学生测评结果高于临界值时，还需要进一步进行观察、访谈等，了解更多的信息以综合分析学生的情况。

三、常见心理疾病的种类

（一）心理疾病的分类体系

世界卫生组织制定的《国际疾病分类》(*International Classification of Diseases*，ICD)是经常被使用的分类体系之一，ICD 根据疾病的特性将疾病用编码的方法来表示，心理疾病是其中的一部分。目前应用广泛的是第十版(ICD-10)，最新版为 2018 年发布的第十一版(ICD-11)。

在美国，应用最广泛的心理疾病分类系统是美国精神医学协会的《精神障碍诊断与统计手册》(*Diagnostic and Statistical of Mental Disorders*，DSM)。DSM 的前身为美国精神医学协会 1844 年发表的一个住院精神病患者的统计分类，目前有多个版本，最新修订版本是 2013 年发布的第五版(DSM-5)。DSM-5 提供了大量的心理障碍信息，并将相关的心理障碍分类成族群，每一个心理障碍都有相应描述和诊断标准。

我国精神障碍的分类系统的历史可追溯至 1958 年。我国借鉴了苏联精神科学发展的经验，并于 1979 年出版了第一份分类图表(CCMD-1)。此后，我国于 1989 年和 1994 年分别修订了 CCMD-2 和 CCMD-2-R，最近一版为 2001 年由中华医学会精神病学分会发布的 CCMD-3。为指导医院做好精神障碍诊疗工作，2020 年 11 月国家卫生健康委办公厅印发了《精神障碍诊疗规范（2020 年版）》，内容涉及 16 大类、100 余种临床常见精神障碍，供临床参照使用。

（二）中小学生常见心理疾病

2021 年世界卫生组织报告：全球 10～19 岁青少年群体有七分之一（约 14%）患有心理健康问题，但大多数病例未被及时发现，也没有得到治疗，其中，抑郁障碍、焦虑障碍、注意缺陷/多动障碍、品行障碍、饮食障碍、精神分裂症、自伤和自杀等问题严重威胁着青少年的身心健康（WHO，2021）。调查研究发现，我国 6～16 岁中小学生中注意缺陷/多动障碍（多动症）患病率最高，其次为对立违抗障碍、重性抑郁障碍、品行障碍、强迫症等（Li et al.，2022），详见表 1。

表 1 我国 6～16 岁中小学生常见心理疾病患病率 单位：%

心理疾病	患病率	心理疾病	患病率
注意缺陷/多动障碍	6.4	重性抑郁障碍	2.0
对立违抗障碍	3.6	恶劣心境	0.3
品行障碍	1.9	躁狂或轻躁狂	0.7
惊恐障碍	0.2	神经性厌食症	0.1
广场恐怖症（不伴惊恐发作）	0.1	神经性贪食症	0.9
分离焦虑障碍	0.6	适应障碍	0.2
社交恐惧症	0.8	酒精依赖	0.5
特定恐惧症	0.2	物质依赖	0.4
强迫症	1.3	短暂性抽动障碍	1.2
创伤后应激障碍	0.2	慢性运动或发声抽动障碍	0.9
广泛性焦虑障碍	1.3	Tourette 综合征	0.4

（资料来源：Li et al.，2022）

第一部分

学习问题

1. 当学生的学习动力不足时

张老师哭笑不得地想,这个学生上课的时候简直是"身虽在,心已远"。他的眼神游移不定,表情呆滞,无论什么内容都无法真正吸引他的注意力。他翻动书页的动作缓慢,仿佛任何学习动作对他来说都是一种负担。他低头看着课本,却仿佛在与文字捉迷藏。他的笔在本子上漫无目的地划过,留下一串串潦草的涂鸦。张老师有意通过提问来点醒他,他犹豫着支支吾吾地回答,显然没有跟上课堂节奏。其实张老师在课下专门和他谈过话,他说学习没有动力,觉得就是为了父母学的。张老师勉励他好好努力,他却特别疑惑地问:"老师,我们为什么要读书?"

下课时,他却瞬间焕发活力,和同学们谈笑风生。张老师看着这个活蹦乱跳、与课上简直判若两人的学生,内心忍不住为他的未来担忧,希望他能点燃学习热情的火花,让那本该灿烂的青春不再蹉跎。

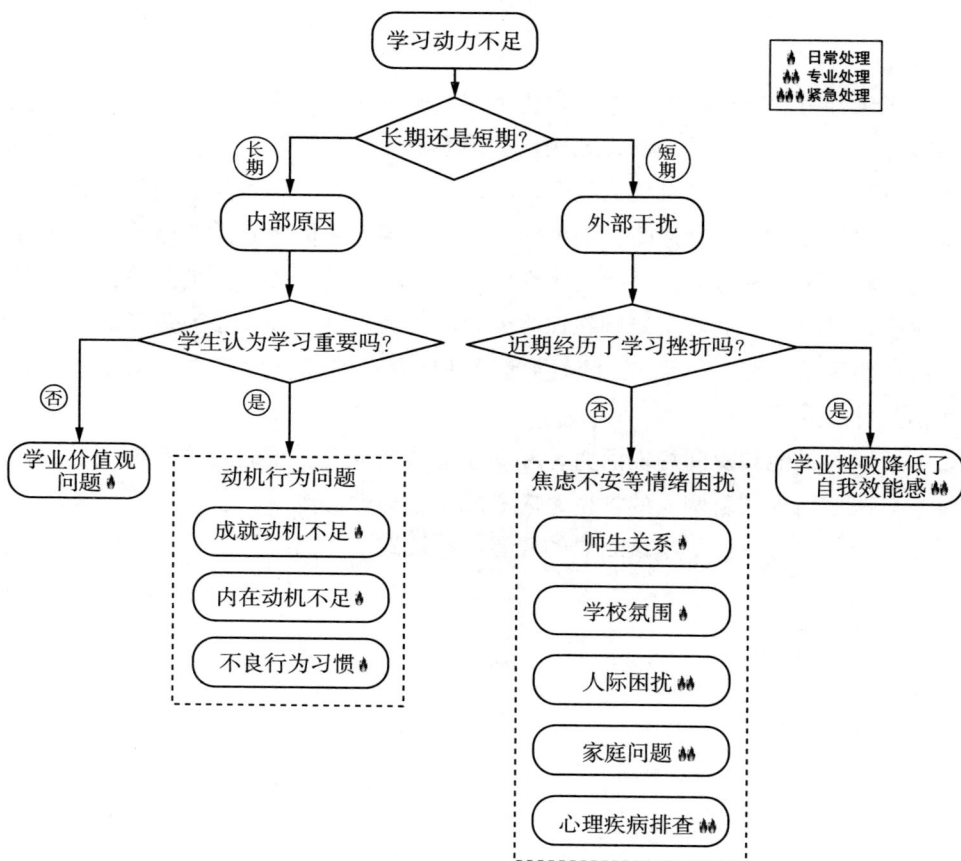

图 1-1　学习动力不足的识别流程图

注：1. 流程图中识别出的结果为学生可能存在的问题，可以作为教师或家长判断学生情况的参考，但不能作为临床诊断的唯一标准。

2."日常处理"是指班主任或者任课教师根据自己的教学和班级管理经验提供的帮助、引导、管理、教育等。"专业处理"是指专业心理健康工作者（心理健康教育教师、心理咨询师、心理治疗师、精神科医生等）对心理问题或心理疾病的处理。"紧急处理"是指立即协调多方资源（学校、家庭、社会、医院等）进行危机干预的情况。

学生的学习动力不足，是教师最头疼的问题之一。有位教师感叹："哪怕学生学得慢一点也没关系，最怕学生破罐子破摔。"在实际生活中，学习动力不足可能是由多种原因造成的，需要教师多角度收集信息并分析判断。例如，这名学生的学习动力不足是长期的还是短期的？是一直如此还是近期出现的？学生本人认为学习重要、有价值吗？学生最近生活中有什么变化干扰了他的情绪与学习动机吗？

一、"我为什么要读书"——学业价值观问题

如果学生长期缺乏学习动力，并且认为学习不重要或者怀疑学习的作用，这实际上是学业价值观存在问题。学业价值观指的是一个人如何看待和理解学习。简而言之，学生认为学习有价值、很重要，则具有积极的学业价值观，反之则具有消极的学业价值观。你可以参考下面这个问卷来评估学生的学业价值观，答"是"的题目越多代表学业价值观越负面，也越怀疑学习的价值。

1. 即使我在学校里学习很好，对于我将来过上想要的生活也没有帮助。
2. 我将来生活中成功的可能性并不取决于在学校里学习的好坏。
3. 学习很好并不会让我将来生活得更好。
4. 在学校里表现好并不能保证我将来有一份好工作。
5. 即使我在学校里很成功，也不会有助于实现我的梦想。
6. 学习很好也不能让我将来拥有一个令人满意的职业。

学生的学业价值观受到家庭、学校和社会环境的影响，那么，哪些因素会让学生认为学习是有用的呢？

第一，学习与生活有关：当学生发现自己所学的知识和技能可以应用在生活中时，就会觉得学习是有实用价值的。例如，学习数学可以帮助学生解决日常生活中的问题，如计算价格、测量距离等。

第二，学习内容与未来职业有关：当学生认为当前所学的知识对未来的职业发展有帮助时，就会觉得学习是有用的。例如，学习计算机编程可以为将来从事软件开发行业打下基础，学生会更愿意学习该课程。

第三，学习符合个人兴趣：当学生对某个领域有浓厚兴趣时，就会认为学习有积极的价值。例如，热爱历史的学生觉得了解各种历史知识既有趣又有用，他们会将更多时间投入到历史课的学习中。

第四，通过学习获得社会认可：当学生看到自己的努力和学业表现得到同学、教师和家长的认可时，也会觉得学习是有价值的。

相反，如果缺乏上述因素，学生容易感到迷茫，怀疑学习的价值。此外，当教师的教学较为枯燥、家长和教师过分强调分数或学生缺乏长远规划时，也会导致学生缺乏学习动力。

二、学习动机的核心：成就动机

如果学生认为学习是重要的，却长期以来不能在学习上投入努力，避重就轻，回避重要的学习任务，这往往是学生的学习动机出现了问题。我们希望学生对学习具有内在动机，所谓内在动机是指学习是为了获得内在的满足、享受学习的过程或实现个人的价值，而不是为了外部的奖励或认可。

与内在动机有关联的一个心理学概念，叫作成就动机。如果一个人认为学习是重要的，同时又具有较强的成就动机，这个人往往就具有学习的内在动机。成就动机是一个人在自己认为重要的事情上力求做到优秀的一种心理倾向。具有高成就动机的学生，在面对具有一定挑战性的任务时会感到兴奋、调动起自己的能量，在遇到困难的时候往往能够更长久地坚持、努力克服困难；在选择学习任务时，他们倾向于中等难度的任务，也就是自己作出最大的努力才有可能获得成功的任务。

高成就动机的学生有四个特点，有助于长远地提高学业表现。

第一，高成就动机的学生把失败看作学习的机会，而不认为失败意味着自己能力不足（这是成长型思维，而非僵化型思维）。因而他们不会在失败之后一蹶不振，也不会回避各种具有挑战性的任务。学习过程是一个不断解决知识的空白与漏洞、面对挑战、迎难而上的过程。如果学生恐惧失败，常常会在学习过程中出现过多的情绪干扰。

第二，高成就动机的学生在任务完成后非常重视反馈。有经验的教师会发现，只要看一看学生在发下试卷之后的反应，就可以区分学生有没有真正的学习动力——真正拥有高成就动机的学生会仔细查看试卷中自己的失分之处，并且想要知道正确的解答是怎样的。但是，他们常常不会立马看答案，而是自己重新尝试解答问题。

第三，高成就动机的学生在遇到困难的时候会坚持得更久。低成就动机的学生可能会被一些表面的或夸大的困难吓住，从而止步不前；高成就动机的学生则会不断地尝试解决问题，坚持得越久，越有可能增加解决问题的经验，也越有可能成功。

第四，高成就动机的学生会选择中等难度的任务。中等难度的任务成功和失败的概率相等，需要一个人作出最大的努力才可能成功。同时这也体现了一个人能力的边界，你可能会联想到"最近发展区"这个概念。中等难度的任务可以说是把个体的能力上限推到了最近发展区的边界，最有利于一个人的成长。低成就动机的人往往偏好过于容易或过于困难的任务，因为他们害怕失败，担心如果失败就意味着自己很笨。如果选择过于容易的任务，就几乎不会失败，能够确保成功；而如果选择过于困难的任务，所有人都会在任务中失败，自己即使失败了也不会觉得丢脸，万一尝试成功了又会非常有面子。正是因为这样的行为风格，会有一些教师发现班上有些学生挺聪明的，但学业表现不稳定，不够踏实、努力。其中有很多学生的成就动机可能偏低，因为他们偶尔会在困难的任务中成功，所以给教师留下了"其实还挺聪明"的印象。但是因为他们不能坚韧地面对学习中的各种挫折和挑战，所以学业表现并不稳定。

高成就动机的人拥有真正的内在动机，因为他们希望掌握所学的知识和技能，投入并享受学习过程；低成就动机的人则关注结果，对他们来说，重要的不是学到了什么知识，而是让别人认为自己聪明或不笨。高竞争的环境往往会鼓励人关注结果，看重自己与他人相比的位置，不利于内在动机/成就动机的发展。因此，学校教育应当引导学生享受学习的过程、关注自身的发展，培养学生对学习的内在动机。

知识链接

高成就动机与低成就动机的对比

	高成就动机	低成就动机
主导的动机亚型	希望成功的动机	害怕失败的动机
成就目标取向	掌握目标	成绩目标
内隐智力观	成长型	僵化型
偏好的任务难度	中等难度	过易或过难
对挫折/失败的看法	是学习的机会	暴露了我很笨
学习的目的	掌握知识技能	让人知道我聪明或者不笨
重视什么	努力与进步	成绩，认可
定义的成功	超过自己	超过别人

高成就动机的学生通常会把失败看作一种学习机会，而不是一个打击。当遭遇挫折或失败时，他们会努力分析挫折或失败的原因并寻找改进的方法。遇到困难，他们不会轻易放弃，而是坚持不懈地努力，直到达成目标为止。假设一个高成就动机的学生在一次考试中没有取得好结果，他会花时间分析试卷，仔细研究自己的错误，找出问题并考虑如何避免这些问题。他们通常会从失败中吸取教训，并把失败当作提高自己的机会。

相比之下，低成就动机的学生往往会对失败产生强烈的负面情绪。他们可能会感到沮丧、失望或无助，并且可能会认为自己永远无法成功。当遭遇挫折或失败时，他们可能会放弃或失去动力，而不是努力分析挫折或失败的原因并寻找改进的方法。假设一个低成就动机的学生在一次考试中没有取得好结果，他会感到非常沮丧和失望，并认为自己永远无法掌握这个学科。他们可能会放弃学习这个学科，以后只是被迫应付一下，而不是真正努力去理解和掌握它。

三、影响学习动机的外部原因

生活的各个方面都可能影响学生的学习动机，因为生活中的各种挫折、压力、变化都可能带来焦虑不安的情绪，使学生很难达到平静而积极的最佳情绪状态，导致学生无法专注于学业。因此，提高学生的心理健康素养对于改善学业表现有重要的促进作用。生活不可能永远一帆风顺，学生能够科学地应对挫折与压力、及时调整自己的状态，是促成其学业发展的重要保障。

（一）学业上的挫败

当遭遇学习上的失败时，学生对学习任务的信心——学业自我效能感会受到影响。

自我效能感是指一个人对自己能够完成特定任务的信心和信念，影响自我效能感的一个重要因素是过去的成功经验。学生在一个领域里获得的成功越多，就对自己越有信心，自我效能感也就越高；相反，在一个领域里的失败则会降低自我效能感。一个数学学得好的学生往往在数学学习上有较高的自我效能感，但是如果他过去在语文上的学习表现很差，则语文学习的自我效能感会偏低。学生在不同学科上的自我效能感不一样，因为过去成功与失败的经验不一样。但有时候自我效能感也会迁移，例如，一名学生通过努力使英语的口语和书写能力得到大幅度提高，他可能也更有信心在其他科目上取得成功。

由于受到过去成功与失败的经验的影响，自我效能感具有动态变化的特征，并且与成就动机具有很高的关联。当学生遭遇失败时，他们可能会开始怀疑自己的能力，认为自己过去只是侥幸成功，实际上是自己能力不足，无法完成任务。这些想法可能会让他们失去对学习的兴趣和热情，从而减少学习的动力和努力。显然，这会导致他们的学习效果进一步降低，形成恶性循环。因此，当发现这种情况时，教师及早对学生进行干预和辅导是非常必要的。

(二)师生关系与学校氛围

很多学生对于一门学科的喜爱是受到教师的影响的，反之，有些学生的学习动机不足也与师生关系有关。很多教师可能比较熟悉下面这样的例子。

小明是一名初中生，他觉得英语赵老师太过严厉，而且也不喜欢自己。每次上英语课，他都感到很无聊和疲倦，所以他的学习表现也一直不太好。有一天，小明在课堂上不但睡着了，而且还打呼噜，结果被赵老师发现了。赵老师非常生气，让小明站在教室外面反思自己的行为。从那天起，小明更加讨厌上英语课了。

在这样的例子中，当学生感到自己与教师发生了冲突，教师对自己过于严厉、让自己丢了面子，甚至认为教师的处置不公时，就有可能对教师产生抵触心理，进而对相应的学科产生抵触心理，导致学习动机明显减弱。这种情况常常只出现在单一学科上，不会影响到学生对所有学科的学习动机，但负面结果也有可能像涟漪一样逐渐扩大。

学校与班级的学习氛围对学生的学习会产生更广泛的影响。学生是否上课认真听讲、是否踊跃回答问题、是否认真按时完成家庭作业、是否在课余时间有讨论学习的兴趣等方面构成了学校与班级的学习氛围，每个人都会对学习氛围作出贡献，同时也受到学习氛围的影响。当学生认为自己所在的学校或班级是学业表现差的人聚集的地方时，他们容易产生消极的学业自我概念，即认为自己是学业表现差的学生，对未来的学业成就不抱希望，因此缺乏积极的学习动机。在有些情况下，学习动力的不足并不是学校或班级氛围的原因，而是由个别同学的自我认知偏差造成的。例如，有的同学升学时没有进入理想的学校，虽然现在的学校有很多优点，但他仍然认为自己在这所学校就是失败的，对于学校的认同感不足，也不信服教师的教学能力，这些都会严重地影响到学习动机。

（三）人际困扰

人际困扰同样会对学生的情绪和动机状态产生影响。从小学高年级到中学阶段，青少年开始在意自己在他人眼中的形象，更加关心别人是否喜欢自己、重视自己。因此，在同学关系中感到被排斥、被忽视都会增加青少年的烦恼，从而影响学习动机。其中，以下重要事件是格外值得关注的。

1. 遭受校园欺凌

校园欺凌会让学生感到不安、担忧、恐惧、无助，从而影响学习动力。在校园欺凌的阴影下，学生可能会出现自卑、消极、抑郁等情绪，对学习失去兴趣，甚至出现逃课、退缩等行为。值得注意的是，不仅校园欺凌的受害者会产生严重的情绪问题，校园欺凌的旁观者也会产生对学习环境的不安全感，从而导致其焦虑水平上升，影响学习动机。

2. 恋爱与失恋

恋爱与失恋可能会对学习产生干扰，这是教师和家长常有的顾虑，也确实有一定的道理。首先，不同类型的动机之间具有竞争效应，当学生处在恋爱状态时，亲密关系的相关动机被唤起，而成就动机则可能退居幕后，因而学习动力减弱。其次，更值得注意的是恋爱关系的破裂，即失恋。研究显示，青少年遭遇失恋会增加出现抑郁和行为问题的风险。失恋可能导致学生情绪低落、失眠、食欲不振等问题，这些问题可能会影响他们的注意力、情绪和动机。此外，失恋还可能导致学生感到自卑、怀疑自己的能力与价值，从而降低学习动力。

3. 缺乏朋友

学业求助有助于学业表现的改善——当学生遇到自己不理解的学习内容时，能够主动寻求同学、教师或其他资源的帮助，有助于学业进步。如果学生在学校里缺少朋友，会不利于解决一些学习过程中的困难，如没有记下教师留的作业、缺少学习资料、遇到疑难问题等情况。与此同时，缺少朋友也是促发学生厌学的常见因素之一。

（四）家庭问题

家庭问题可能让学生感到焦虑、不安，从而导致学习动力不足。受家庭问题影响的学生可能会出现注意力不集中、学习状态波动，甚至在学业表现上出现大幅度转差的情况。因此当学生的学习动力异常时，应及时了解学生的家庭情况，排查是否存在严重亲子冲突，父母分居、离异、出轨，亲人重病、遭遇车祸或其他突发事件，家庭成员离开、亡故、新增，家庭关系出现重大变化等情况。

当亲子关系出现问题时，孩子可能会感到不满、沮丧或失望，因为他们感觉自己没有得到父母的支持和理解。孩子会有意无意地通过行为表达自己的不满，也让父母感到挫败、失望。典型的行为有两类：一类是故意不好好学习，例如，不完成作业、不认真听讲或者逃学，以引起父母的关注和反应；另一类是对抗父母，例如，争辩、顶嘴、反驳或者拒绝遵守父母的规定和要求。这种行为让孩子感到自己可以控制父母的反应和行为，能够让父母生气甚至失控。孩子或许期待这样能让父母意识到需要改变对自己的态度和行为。

当亲子关系出现问题时，学业常常成为牺牲品。因为父母总是期待孩子在学业方面表现良好，孩子也深知父母对学习的看重。但是，无论父母如何严格，都无法直接控制孩子是否能够学到知识、获得好的学习成果。在学习这个领域，最终的掌控权属于孩子自己。因此，孩子可能会通过学习上的怠惰、失败来反抗父母。

另外，如果父母的婚姻关系存在问题，可能会从多个方面影响孩子的学习。

1. 情绪稳定性

良好的家庭环境是孩子情绪稳定的重要保障。父母婚姻关系出现问题，如冷战、吵架甚至家暴，可能导致家庭氛围紧张，从而影响孩子的情绪稳定性。这可能使孩子在学习过程中心神不宁，难以集中注意力。

2. 自我价值感

家庭是孩子建立自尊心和自信心的重要场所。父母关系不和谐可能导致孩子感到无能、无助，怀疑自己的价值，损害学习动力。

3. 社交主动性

孩子的社交技能和对社交能力的信心在很大程度上受家庭环境的影响。不良的家庭互动氛围可能使孩子在人际交往中缺乏信心，不敢在同学和老师面前自如地表达自己，阻碍学习过程中必要的沟通。

4. 家庭支持

孩子在学习过程中需要家庭的支持。例如，在孩子学习遇到困难时，家长采取辅导的方式，有利于孩子的情绪健康和学业表现。父母婚姻关系出现问题可能导致父母对孩子的关注度下降，孩子在遇到学习困难时得不到及时的帮助和支持，从而导致学业表现转差。

（五）心理疾病排查

心理疾病导致学生学习状态异常的情况也是比较常见的。心理疾病影响学习的原因是多方面的，包括生物学因素（如神经递质失衡）、心理因素（如情绪和认知障碍）和社会环境因素（如家庭、学校和同伴支持不足）等。

抑郁障碍：即我们熟知的"抑郁症"，抑郁症表现为持续的情绪低落、兴趣丧失、精力减退等症状。抑郁症患者在学习方面可能缺乏动力和兴趣，难以全身心地投入学习。患有抑郁症的学生常常觉得自己的脑子变慢了，感到无法解决学习中的困难，觉得自己很无能，认为未来一切都不会好起来，对学习缺乏信心。

焦虑障碍：在学习中适度的焦虑是正常的，有助于调动身心的能量，但过度的焦虑则会干扰学生的注意力，甚至会使学生产生回避学习的行为。焦虑障碍俗称"焦虑症"，焦虑症患者会在学习中表现出过度担忧和紧张，导致注意力难以集中，学习效果受到影响。

注意缺陷/多动障碍（ADHD）：ADHD患者在注意力集中、自我控制和行为调节等方面存在困难，这会导致他们在学习过程中容易分心、难以坚持，从而影响学习动力。

孤独症谱系障碍（ASD）：孤独症患者在社交、沟通和行为方面存在障碍。虽然部分孤独症患者在某些领域具有特殊才能，但他们在其他方面可能缺乏学习动力，主要是因为他们较难适应常规的教育环境和方法。

各种心理疾病的存在都可能影响学生的学习动机，除了上述值得注意的疾病类型之外，还有精神分裂症（见知识链接）、强迫症（见第9章）等。

知识链接

精神分裂症对学习的影响

精神分裂症是一种严重的精神障碍，常在青春期或成年早期发病。在早期阶段，患有精神分裂症的学生在学习和校园生活中可能会出现以下迹象。

注意力不集中：学生可能会发现自己难以集中注意力，无法完全投入到课堂学习或完成作业中。

思维紊乱：精神分裂症早期的学生可能会出现思维紊乱，这可能导致在书面或口头表达上出现困扰，例如，组织思路困难、表达不清。

社交退缩：精神分裂症早期的学生可能会变得孤僻，对社交活动失去兴趣，回避与同学和教师交流。

情绪波动：学生可能会表现出异常的情绪波动，如忧郁、焦虑或狂躁，导致无法正常进行课堂学习。

奇怪行为：学生可能会表现出一些奇怪行为，如独自说话、突然大笑或大哭等。

妄想：精神分裂症早期的学生可能会对现实产生错误的解读，这可能导致他们在学习中产生不切实际的想法和行为。

睡眠问题：精神分裂症早期的学生可能会出现睡眠问题，如失眠、嗜睡等。

需要注意的是，以上症状并不意味着学生一定患有精神分裂症，因为这些表现也可能与其他心理或生理问题有关。

除了上述原因，学生学习动力不足还可能是因为他们对其他领域更感兴趣。有的学生将主要精力放在科技竞赛或者艺术特长上，而对课堂教学及相应的学习任务不感兴趣。因为他们认为在自己感兴趣的方面投入时间更有成就感，也对自己的升学更有帮助。还有的学生受到游戏、网络等方面的诱惑，在学习中不够努力，也缺乏成就感，无法形成在学业成就与学习动机之间的正向反馈。

2. 当学生不做作业时

陈良是我班上八年级的学生，从七年级开始，这孩子就经常完不成作业，起初是只完成一部分，后来干脆一点不写。听家长说，陈良放学之后，回家就把书包一扔，要么躺在沙发上看电视，要么拿起手机打游戏，要么刷短视频……总之，就是不做作业。

陈良小学时是个品学兼优的学生，每天都会按时完成作业，学业表现也比较优秀，考上了理想的中学。刚升初中的时候，一切都还正常，没过多久这孩子就开始不爱做作业了。作为班主任，我和陈良的家长沟通过多次，也和他谈了几次。家长表示配合工作，一定想办法让孩子做作业。家长不让他看电视、碰手机，可这孩子就算啥都不干也不写作业，还经常因为作业的事情和家长起争执，闹得非常不愉快，后来家长慢慢妥协了。我和陈良沟通时，他大部分时间都在沉默，偶尔会表露出不想让老师管他的想法。

学生不做作业，到底是什么问题导致的呢？

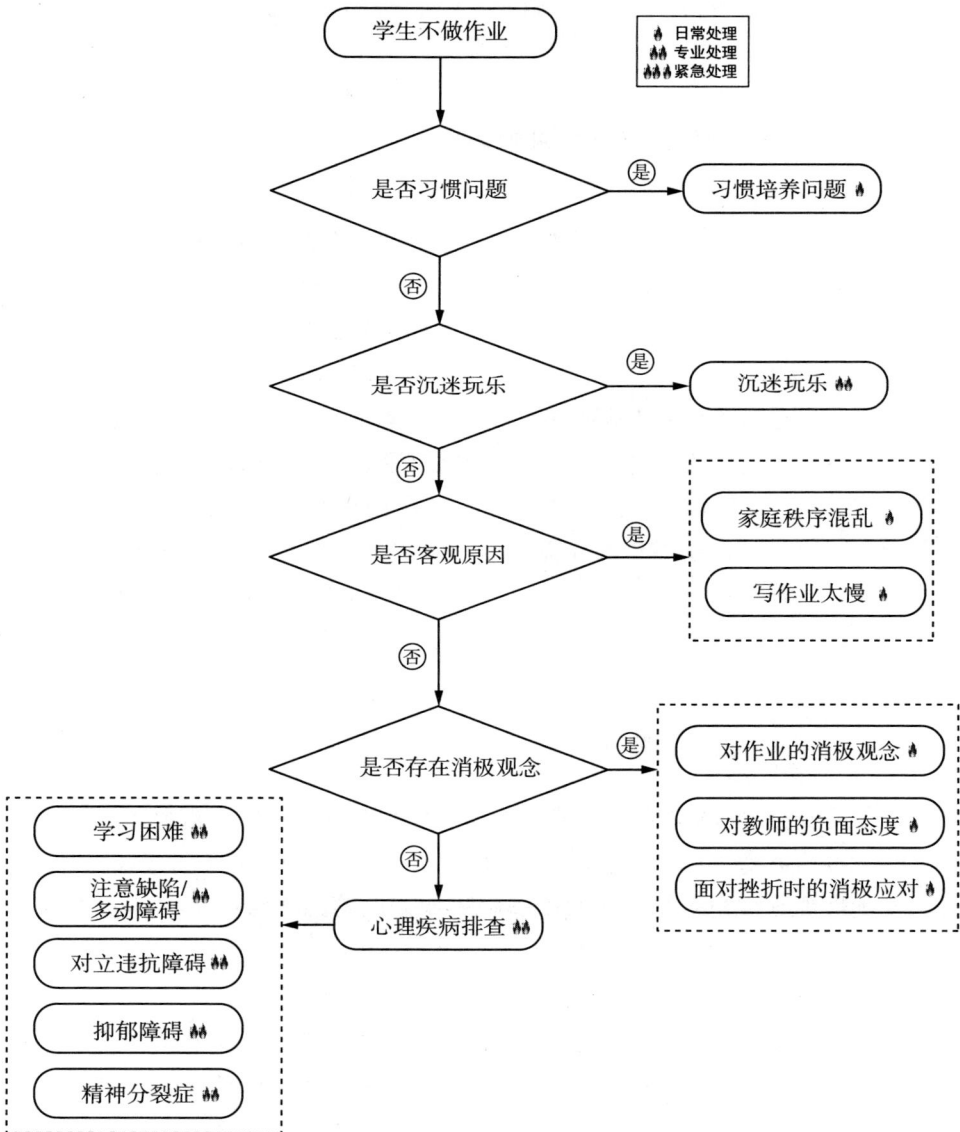

图 2-1　学生不做作业的识别流程图

学生不做作业是教师在一线工作中常会遇到的问题。做作业对于巩固学习成果有着非常重要的作用，不做作业会直接影响学生的学业表现。学生不做作业现象的背后到底隐藏着什么真相呢？我们需要逐步梳理学生不做作业的原因。

一、学生不做作业的原因可能有哪些？

1. 习惯培养问题

做作业是一种习惯，这种习惯是需要培养的。有些学生没有养成做作业的习惯，有的是完全忘了教师留了什么作业，有的是记住一部分、忘了一部分。那么，这些学生不做作业的原因就是还没有建立做作业的良好习惯。

2. 沉迷玩乐

有些学生总是喜欢把作业放在最后进行，先玩再说。这类学生一进家门就开始进行各种放松活动，也有一放学就跑到外面找小伙伴玩的，把作业的事情暂时搁到一边，尽情玩耍。他们总想着玩一会儿再做也来得及，可情况往往是玩到很晚、很累了，就不想做作业了。另外，有一部分学生把时间用来听故事、看电视、看短视频。还有的学生接触了网络游戏，于是沉迷其中不能自拔，每天脑子里想的就是打游戏、上网冲浪，以至于网络成瘾（具体内容参见第 11 章）。

3. 客观原因

（1）家庭秩序混乱

如果家长经常吵架，家庭氛围不和谐，学生就会耗费很多精力在家长的身上。在争吵的家庭中，学生很难安心做作业。也有的家庭的弟弟或妹妹还小，总会打扰哥哥或姐姐做作业，学生的时间就在弟弟或妹妹的调皮捣蛋中溜走了，也就没有充足的时间做作业了。

（2）写作业太慢

有的学生做作业总是磨磨蹭蹭的，一会儿找找这个，一会儿找找那个，一会儿抠抠手，一会儿挠挠头……开始动笔了，写字也非常慢，经常做不完作业。也有的学生做作业时"强迫"自己积累知识，每个知识都要查到出处，这样就会做到很晚。

4. 消极观念

（1）对作业的消极观念

有些学生对作业持有消极观念，认为做作业没有任何意义，就是机械的重复或者无意义的刷题，做不做都无所谓。因此，这类学生即使有充足的时间也不会做作业。

（2）对教师的负面态度

儿童青少年的学习行为会受到情绪的影响，如果学生对于某些学科的教师有抵触心理，也容易影响学生的学习行动和效果。这类学生往往会因为对教师的负面态度而不完成这一学科的作业。

（3）面对挫折时的消极应对

有这样一些学生，他们通常都有着"辉煌的过去"，曾经在学业上名列前茅，但是由于种种原因，可能是逐渐懈怠，可能是偶尔放纵，可能是学业难度加大，也可能是自己力不从心……当他们发现自己的学业表现不太理想也看不到成功的希望时，就会以消极的应对方式（如不做作业）来面对挫折。他们把学业表现不好解释为自己不想学，把学习成果不佳解释为自己不在乎、没努力。

开头案例中的陈良同学就属于这种情况。他本是一个品学兼优的学生，但由于在七年级时迷恋上了手机游戏，对待作业的态度开始变得不端正。起初只是有部分作业没完成而没被教师发现，于是开始了"偷懒"行为，要么挑着做，只做教师必查的，要么在家只做简单的，到学校后再去抄同学的，慢慢就发展成一点不做了。步入八年级的陈良同学发现自己的学业表现在逐步变差，而此时学业难度也在不断加大。他想追赶同学，却有些力不从心了，于是就把自己伪装成"网瘾少年"，回家从不打开书包。如果家长不让他玩手机，他就处于"躺平"状态，从此不再做作业。

二、当学生不做作业时，还有什么可能性？

如果不是上述提到的原因，那么还可能是什么原因导致学生不做作业呢？此时需要做些心理疾病的相关排查。

1. 学习困难

如果学生存在学习困难的问题，那么他们可能无法投入到作业中。这类学生在阅读、书写、拼字、表达、计算等方面的基本心理过程存在一种或一种以上的特殊性障碍，他们常有如下典型表现。

阅读困难：包括对文字的理解及诵读困难。常伴写字慢，写字时扭动身体、扭歪面孔和伸舌等行为表现。

拼写困难：拼写困难并不总与阅读困难相伴，可能与发育延迟、注意缺陷/多动障碍、视听障碍等有关。拼写困难可能持续终生。

数学学习困难：数学学习表现显著落后于其智力水平所预期的表现，学生在学校凡需要计算技能时的表现比其智力水平所预期的表现更差。

语音障碍：对语言的理解完好，但讲话不流利，吐字含糊不清，出现用声音表达的障碍。

推理困难：表现为思维和概括能力方面的缺陷。

视觉—空间障碍：由于缺乏精准的知觉辨别能力，致使其常不能在某些背景上识别字或图形，对类似的字难以区分。

这类学生在执行相关的学习任务时会有畏难情绪或感到迷茫。该类情况需要专业处理，建议家长带孩子咨询精神科医生(具体内容参见第 6 章)。

2. 注意缺陷/多动障碍(ADHD)

该群体在注意力集中方面存在困难，或容易多动、冲动，他们的脑神经往往不能在较枯燥的环境下恰当地分泌和吸收多巴胺。当环境刺激降低如做较枯燥的作业时，他们容易犯困，大脑无法在低刺激环境中分泌多巴胺，导致他们无法集中注意力学习，因此很难完成作业。该类情况需要专业处理，建议家长带孩子咨询精神科医生(具体内容参见第 3 章)。

3. 对立违抗障碍

该群体一个明显的特征是喜欢与权威对抗，故意打破教师设立的规则，进而表现出不做作业的行为。他们经常故意拖延和浪费时间，常常以"忘记了"或"没听到"为借口不做作业、忘掉教师留的作业或晚交作业。学生的学业失败与管教者长期的批评和严格的要求相互影响，常导致恶性循环，使对立违抗障碍儿童的症状不断强化和加重。临床上发现，对立违抗障碍儿童在某些执行功能方面也存在缺陷，会出现意志力薄弱、行为缺乏目的性与计划性、学习没有效率和没有上进心等行为表现(具体内容参见第 7 章)。

4. 抑郁障碍

存在抑郁倾向的学生会感到情绪低落、兴趣丧失，对生活产生消极的态度。他们常常认为自己什么都不行、一无是处，感觉前途一片黑暗，看不到希望，同时可能伴随强烈的自责感、内疚感、无用感、无价值感和无助感，认为做任何事情都困难重重。如果学生出现了不做作业的情况，并且伴随抑郁情绪或丧失快乐，甚至产生自杀想法，教师须对此予以高度重视(具体内容参见第 21 章)。

5. 精神分裂症

如果学生做作业的意愿和动机减退或丧失，从事有目的性的活动的意志减退，表现为安于现状、无所事事，对前途无打算、无追求、不关心，对个人卫生懒于料理，或者终日卧床少动、孤僻离群、行为被动，个人生活不能自理、缺乏欲望，甚至存在着幻觉、妄想等精神病性症状，那么他可能是患有较重的精神类疾病，如精神分裂症等（具体内容参见第 12 章）。该类情况需要专业处理，建议家长带学生咨询精神科医生。

3. 当学生注意力不集中时

某节语文课上，我正在兴致勃勃地给小学三年级的同学们讲解山岭和山峰的区别，用粉笔在黑板上勾勒出不同的山的形态。台下，大部分同学都目不转睛地看着黑板，听着我的讲解。

……

十分钟过去了，几个同学的目光开始涣散，还有几个同学脑袋已经歪到了一侧，不知是在看窗外的风景还是在想下课后的游戏。

又过了五分钟，台下的小眼神开始四处横飞，我不禁加大了音量，还给大家讲了个笑话，稍稍拉回了些视线。

大部分同学还好，班上的调皮蛋王勇注意力是最不集中的，上课完全坐不住，在椅子上扭来扭去，一会儿钻到桌子底下，一会儿又去走廊里溜达。有时找他到办公室了解情况，听我说话到一半又精神恍惚了。每次见他活蹦乱跳，我都感觉头大，这会儿他又在座位上"跳舞"了。

伴着下课铃，我边走出教室边想："老师需要和孩子的注意力时时竞争，可孩子们注意力总是不集中，我该怎么办？"

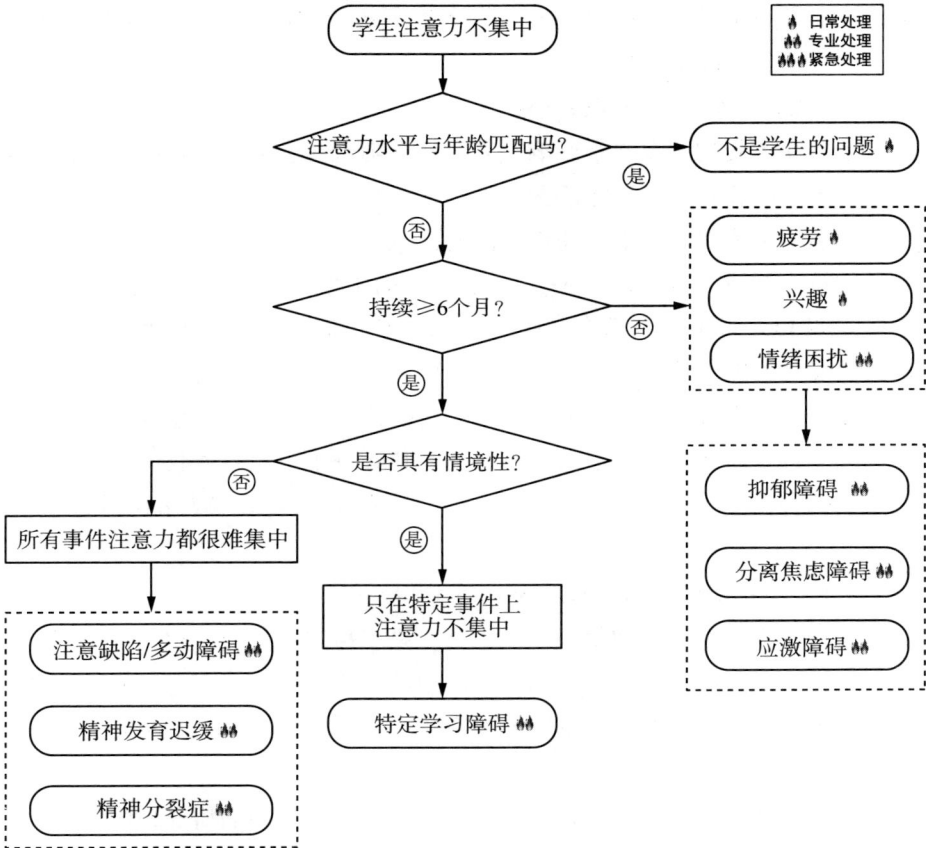

图 3-1　学生注意力不集中的识别流程图

一、注意力不集中的排查流程

作为教师，教学中的一大天敌就是学生的注意力问题。学生如果课上注意力不集中，容易错过知识点、拉低学习效率，也影响整个课堂的节奏。如今，学生注意力不集中的现象越来越常见。当教师想要解决学生的注意力问题时，可能需要优先了解以下信息。

（一）注意力水平是否与年龄匹配？

注意力受大脑的发育水平影响，其时长会随着儿童大脑前额叶皮层的逐渐发展而延长，一直到成年后才逐渐稳定下来。

虽然学生可能因时因地表现出不同的注意力水平，但整体而言，儿童青少年时期的持续注意力水平均没有达到成人平均水平。由此可见，在一堂 40～50 分钟的课里，每个学生都有"注意力不集中"的时候。面对学生偶尔出现的走神，教师可以用平常心对待，不必太过担心。

但有时，我们会遇到家长非常担心学生的注意力或认定学生存在注意力方面的问题。这个时候，教师不妨为家长好好科普一下，安抚家长的情绪，告知家长学生的注意力需要大脑发展的基础，其水平会随着年龄的增长而持续提升。

（二）注意力不集中是否持续 6 个月以上？

注意力作为学生的认知水平的标志之一是不稳定的，会受到学生当下状态的影响。如果观察到学生注意力不集中的现象并未持续到 6 个月，说明这是一种阶段性的表现，可能受到以下因素的影响。

1. 疲劳

当学生感到困倦、疲乏时，很容易出现注意力不集中的情况，因为学生的自制力有限，且需要调动精力，所以学生一旦感到累了就很容易分神。当你观察到学生在一段时间内都出现注意力不集中的情况时，可以和学生、家长确认最近这段时间学生是否休息得充足，是否能保证每晚的睡眠质量。

2. 兴趣

当学生感到缺乏兴趣时，也容易出现注意力不集中的情况。这个不难理解，成年人也很难将注意力集中在枯燥的事情上，更何况是自控力较弱的小朋友。当你观察到学生在某些特定课堂、特定任务上容易走神时，可以和学生谈谈，了解他的兴趣点，并运用你的教学技巧和教育方法帮学生发掘新的兴趣。

3. 情绪困扰

当学生焦虑、抑郁，感到情绪低落、心情烦躁时，也容易出现注意力不集中的情况。注意力不集中的情况往往具有阶段性，学生在一段时间里会密集出现这种情况。如果你观察到这种情况，可以想一想："学生是不是遇到了什么事？"

你可以找学生或家长了解一下学生近期是否经历了什么压力事件，如面临重大考试、生病、父母关系不和、亲人离世、搬家、升学、换学校、换班级、被同学欺负等，以便及时与学生和家长沟通，协助学生应对压力事件。

特别值得注意的是，如果你了解到学生每天大部分时间情绪低落，不想和同学说话，有时易怒，连续吃不好、睡不好、体重下降，需要警惕，这有可能是抑郁障碍的表现(参见本书第 21 章)。

如果学生近期已经经历或将要经历与家庭、主要依恋对象分离，如父母要外出工作、刚住校、家里有人生重病等，可能会出现焦躁、害怕的情绪，并直接影响到注意力。这类情绪状态如果持续至少 4 周，需要警惕，这有可能是分离焦虑障碍的表现(参见本书第 27 章)。

如果学生近期经历了突发的暴力事件或事故，或目睹了发生在他人身上的创伤事件，反复做相关的梦，容易警觉，出现注意力问题，需要警惕，这有可能是应激相关障碍的表现(参见本书第 25 章)。

(三)是否具有情境性？

如果你观察到学生注意力不集中的现象持续超过了 6 个月，那么需要进一步收集学生的其他特征。首先，观察学生是否有过敏等相关的生理不适。在身体感觉不舒服的情况下，注意力通常也很难集中，必要时可以去医院进行检查。

在排除学生身体不适的基础上，可以进一步观察学生是在几乎所有事情上都注意力不集中，还是只在特定情境中、特定任务上注意力不集中。

你可以观察一下学生更像下列哪种描述：

A. 是否在任何任务中都难以维持注意力，容易丢三落四、粗心大意，回避需要意志努力的任务，在日常生活中也容易忘事，和别人说话也心不在焉。

B. 是否讲话过多，难以等待、手脚动个不停、经常离座、经常打断或侵扰别人、经常无法安静地玩耍。

C. 只是在学习任务上持续出现注意力不集中的现象，在其他任务上或其他事件中注意力正常。

D. 好像在各方面都跟不上学校和同学们的步伐，不仅仅是注意力问题。

E. 上课时好像听到什么人和自己说话，或者听到别人的想法，因受到干扰而无法集中注意力，但其他同学并没有听到。

如果你观察到学生的情况更像 A 或 B，则学生有些像注意缺陷/多动障碍，请阅读知识链接。

如果你观察到学生的情况更像 C，则学生的问题可能是特定学习障碍。如果学生在学习方面存在障碍，在课堂上会表现出注意力不集中的问题。如果你观察到学生读字不准、缓慢且费力，或拼写有困难，或难以理解阅读内容的意思，或在数学推理方面有严重困难，即这些能力明显落后于同龄人且持续了至少一个学期，那么可能是特定学习障碍的表现，建议及时与家长沟通，并带学生咨询精神科医生。

如果你观察到学生的情况更像 D，则学生的问题可能是精神发育迟缓。如果学生整体精神发育迟缓，相较于同龄人会表现出跟不上课堂、适应不了学校的情况。如果你观察到学生在课堂上跟不上进度，常常因听不懂内容而走神，并且做其他活动(如打扫卫生和参加班集体活动)完成度低，和同学玩不到一块儿，很难适应学校环境，那么学生有精神发育迟缓的可能，建议及时与家长沟通，并带学生咨询精神科医生。

如果你观察到学生的情况更像 E，则学生的问题可能是精神分裂症。如果学生报告自己上课注意力不集中是因为听到了别人听不到的声音、看到了别人看不到的东西，或是一直在担心有不必要的危险(如外星人在来劫持他的路上等)，感到无论如何都不能在任何事情上专心，且一直完成不了任务、和同学关系较差，那么学生可能存在患有精神分裂症的风险，建议及时与家长沟通，并带学生咨询精神科医生。

二、注意缺陷/多动障碍的定义

注意缺陷/多动障碍(attention defect hyperactivity disorders，ADHD)也叫儿童多动症，是一种常见的以行为障碍为特征的综合征，症状一般在 7 岁前表现出来，8～10 岁为患病高峰期。全球学龄儿童注意缺陷/多动障碍的患病率为 5%～7%；《中国注意缺陷多动障碍防治指南》第二版指出，我国儿童 ADHD 的总体患病率约为 5.7%，患者中男孩多于女孩。

注意缺陷/多动障碍分为注意障碍、多动—冲动两类核心表现，可以组合出三种亚型，分别是注意缺陷亚型、多动—冲动亚型和混合型。注意缺陷/多动障碍与多种心理障碍共病，详见表 3-1。

表 3-1　注意缺陷/多动障碍常见共病情况

共病类型	比例
抑郁障碍	40.5％
焦虑障碍	35.1％
抑郁、焦虑障碍	15％
抽动障碍	30％～35％
对立违抗障碍	35％～50％
学习障碍	40.5％
品行障碍	21％～45％

70％～80％的 ADHD 儿童的症状可持续至青少年期甚至成年期，易发展为反社会人格、品行障碍、药物或酒精滥用、青少年违法、成年期就业不良，并易发生安全事故(如车祸等)。因此，当发现学生有相关典型症状时，应引起重视。

知识链接

注意缺陷/多动障碍的典型特征

一、注意缺陷/多动障碍之注意缺陷亚型的典型特征

1. 经常不能密切关注细节或在作业、工作或其他活动中犯粗心大意的错误(例如，忽视或遗漏细节，工作不精确)。

2. 在任务或游戏活动中经常难以维持注意力(例如，在没有任何明显干扰的情况下，显得心不在焉)。

3. 当别人对其直接讲话时，经常看起来没有在听(例如，在没有任何明显干扰的情况下，显得心不在焉)。

4. 经常不遵循指示，以致无法完成作业、家务或工作中的职责(例如，可以开始任务，但很快就失去注意力，容易分神)。

5. 经常难以组织任务和活动(例如，难以管理有条理的任务；难以把材料和物品放整齐；做事凌乱、没有头绪；时间管理不良，不能遵守截止日期)。

6. 经常回避、厌恶或不情愿从事那些需要在精神上持续努力的任务(例如，学校作业或家庭作业)。

7. 经常丢失任务或活动所需的物品(例如,学校的资料、铅笔、书、工具、钱包、钥匙、文件、眼镜等)。

8. 经常容易因外界的刺激而分神。

9. 经常在日常活动中忘记事情(例如,做家务)。

二、注意缺陷/多动障碍之多动—冲动亚型的典型特征

1. 经常手脚动个不停或在座位上扭动。

2. 当被期待坐在座位上时却经常离座(例如,离开在班级的座位或者是其他情况下需要保持在原地的位置)。

3. 经常在不适当的场合跑来跑去或爬上爬下。

4. 经常无法安静地玩耍或从事休闲活动。

5. 经常"忙个不停",好像"被发动机驱使着"。

6. 经常讲话过多。

7. 经常在提问还没有结束时就把答案说出。

8. 经常难以等待轮到自己。

9. 经常打断或侵扰他人(例如,插入别人的对话、游戏或活动,没有询问或未经允许就开始使用他人的东西)。

三、注意缺陷/多动障碍之混合型的典型特征

如果在过去的 6 个月内同时符合注意缺陷亚型和多动—冲动亚型的特征,则属于混合型注意缺陷/多动障碍。

如出现上述 6 项或更多症状并持续至少 6 个月,达到和发育水平不相符的程度,并且直接负性地影响社会和学业活动,则有可能属于注意缺陷/多动障碍。建议及时与家长沟通,并带学生咨询精神科医生。

4. 当学生考试焦虑时

"老师，老师，我是林浩宇的妈妈，这孩子从昨晚到现在一直拉肚子，整夜都没有睡，今天这么重要的考试还要跟您请假，这可怎么办呢！这会儿我赶紧带他去看看医生。"

"快去吧，让孩子好好休息，早日康复。"

这是本学期林浩宇妈妈跟我请的第三次假了，前两次是因为月考时林浩宇头疼和肠胃不适。他妈妈带他去医院检查，也没有查出什么问题。每次考试过后，林浩宇的身体就恢复了正常。林浩宇学习很不错，但是每次考试都发挥不出正常水平，而且近几次考试他都无法正常参加。我私下和他聊过，他对我说："老师，我学习很努力，但是考试一开始，我的脑子就一片空白，前一天晚上几乎睡不着觉，我很想拿到优秀的等级。"

我很清楚，这是考试压力引发的焦虑。我经常找林浩宇聊天，给予他情感上的支持，他的焦虑情绪慢慢好转。但是下次碰到类似情况，他又会出现同样的症状。所以我觉得一直没能真正解决他的焦虑，我也不知道该如何去做了……

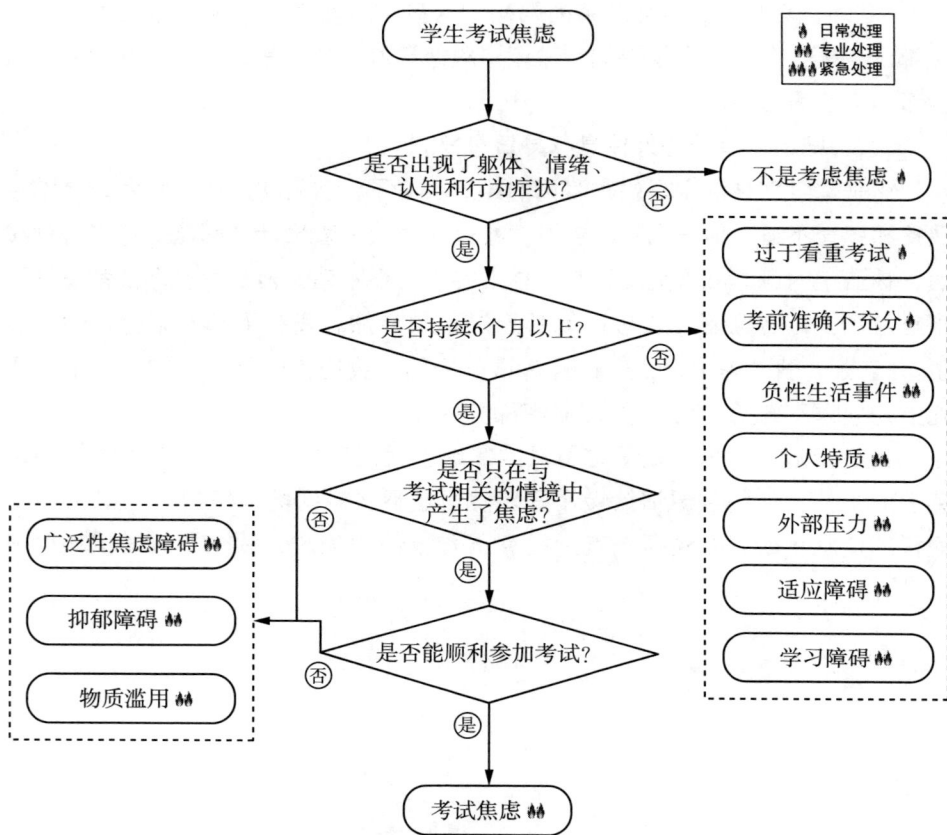

图 4-1 学生考试焦虑的识别流程图

现在学生都非常重视考试，也很担心考试结果，以至于很多学生遇到考试就会紧张不安、烦躁焦虑。研究表明，有 60% 的学生正经历着不同程度的考试焦虑（Burcaş & Creţu，2021）。过高或过低的考试焦虑往往都会影响学生的发挥，导致考不好甚至弃考，严重影响考试结果和个人身心健康的发展。在日常教学中，教师如何识别学生的考试焦虑呢？带着这样的问题，我们开始本章的内容。

一、考试焦虑的表现

（一）考试焦虑是如何界定的？

考试焦虑（test anxiety）是学业焦虑的特殊形式，是学生在面对测验、考试等事件时所表现出来的焦虑、恐惧或紧张（Cassady，2010）。学生因担心自己的表现达不到预期，出现忧虑的心境。他们可能会不断思考考试失败的后果，怀疑自己的能力，同时还会伴随负面情感和生理体验，如恐惧、手心出汗、肌肉紧张等。

考试焦虑可分为多种成分，主要由情感、认知、生理和行为四部分构成。虽然《精神障碍诊断与统计手册》(第五版)没有将考试焦虑视为心理疾病，但是它在学生中很常见，严重的考试焦虑会影响学生的身心健康和学业表现。在教学中，教师经常遇到学生考试发挥失常的情况，这可能与考试焦虑有关。因此在本书中专门将考试焦虑列为一章，希望能为教师提供识别与诊断考试焦虑的依据。

（二）考试焦虑会有什么后果？

首先，考试焦虑过低或过高均会影响学业表现。如图 4-2 所示，适度的考试焦虑有利于学生掌握知识和考场发挥，考试焦虑过低容易造成学习动力不足，考试焦虑过高则会带来诸多不良影响。考试焦虑在不同阶段会有不同表现：考前焦虑会影响学生学习状态，耽误复习进度；考试过程中焦虑会让学生难以静下心思考，严重时甚至会晕厥；考后焦虑会让学生不断回想做错的题目，出现懊悔、自责、恐惧等负面情绪，过度担忧考试结果。其次，考试焦虑可能会导致更差的学业表现，甚至有学生为避免考试成绩不理想而不愿去学校；更差的学业表现也会导致更严重的考试焦虑，形成恶性循环。最后，考试焦虑严重的学生更容易产生逃避心理或自我怀疑，这些负性思维模式会影响心理健康的正常发展；同时，考试焦虑带来的一系列生理和躯体反应也会严重影响学生身体健康。

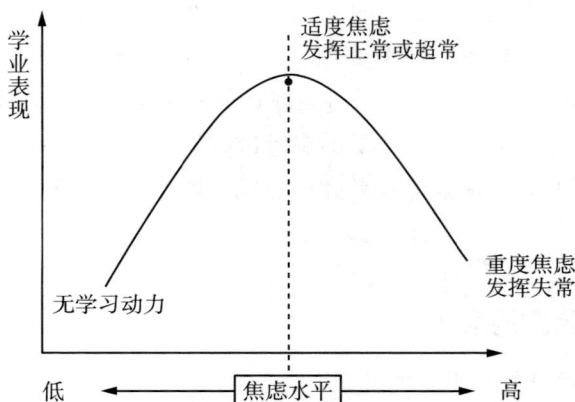

图 4-2 焦虑水平与学业表现之间的关系

（三）考试焦虑的判断标准是什么?

如何判定学生是否患有考试焦虑呢? 教师可以根据学生的躯体、情绪、认知和行为症状进行判断(见表 4-1)。

表 4-1 考试焦虑的症状清单

躯体症状	情绪症状	认知症状	行为症状
头疼	恐惧	注意力难以集中	回避
头昏眼花	惊恐	消极的想法	拖延
心跳加速	无助	消极的自我形象	拿自己和别人比较
肠胃不适	失望	自我贬低	呆立
出汗过多	烦躁不安	高度警觉	看错题
恶心	易怒	不真实感	视听出现困难
坐立不安	担忧	难以或无法思考	
失眠	忧郁	思想空白	
虚弱	神经过敏	记忆力下降	
口干			
胸闷			
耳鸣			
手脚发凉			
呼吸困难			

这些症状可能出现在考试之前、考试过程中或考试之后。教师尤其需要注意,学生无法正常参加考试可分为两种情况:第一,学生在考试之前出现较为

严重的焦虑症状，以各种借口或理由拒绝到考场参加考试；第二，学生在考试过程中出现较为严重的焦虑症状，如晕厥、严重烦躁不安、思维空白、腹泻不止，甚至突发精神分裂症、癔症，导致考试中断。这些情况应当引起教师的重点关注，并及时送学生就医。

知识链接

考试焦虑的自我评估

案例中的林浩宇出现了非常明显的躯体化症状，无法正常参加考试，可以看出他已是重度考试焦虑。除了从躯体、情绪、认知和行为症状上判断学生状态，我们还可以借助专业的考试焦虑测评工具了解学生的心理健康状况。如可以采用考试焦虑量表，让学生进行自陈评价。教师结合自己的观察和学生的自我评估，就能够有一个较为全面的判断。

考试焦虑量表

下表中的每一个句子都是在描述你现在可能有的或曾出现过的一般感受与体验，请认真阅读。这里的答案无正确、错误之分，回答每一个问题时不必用太多时间去思考，但必须最符合你通常感受到的情况。每一个问题都要回答，请在最能说明你实际情况的答案上打"√"。

题目	从不	有时	经常	总是
1. 在考试之前我会非常担心	0	1	2	3
2. 重要的考试会让我很害怕	0	1	2	3
3. 考试前我常常觉得心神不安	0	1	2	3
4. 一想到考试成绩就会干扰我的学习和在考试中的发挥	0	1	2	3
5. 即使已经复习得很好了，我还是会为考试而紧张	0	1	2	3
总分				

计分说明：考试焦虑得分为5道题目分数相加，最低分为0分，最高分为15分，得分越高表明考试焦虑程度越高。0~3分代表没有考试焦虑，4~9分代表中度考试焦虑，10~15分代表重度考试焦虑。

二、影响考试焦虑的因素

引起学生考试焦虑的原因有很多，常见的有以下几种。

（一）过于看重考试

考试不但可以检验学生的知识掌握情况，而且通常与个人价值相关联，其结果甚至可以影响未来的发展。如果学生把考试结果看作自身价值的体现，他们会对考试更加重视，也更可能引起焦虑。学生会担心考试时遇到自己不会的题目，害怕不能按时完成考试，如在考试过程中反复看表就是焦虑的一种表现。

（二）考前准备不充分

如果学生在考试之前还没有掌握所考知识点，随着考试日子临近，准备不充分的状态会明显增加考试焦虑。此外，突击考试会让学生毫无准备，这样的情况也会引发他们的焦虑。

（三）负性生活事件

考试失败会让学生怀疑自己的能力，这种糟糕的经历可能会引发下一次考试焦虑。尤其是当学生极力想在未来的考试中证明自己时，这种焦虑体验会更加明显。生活中，一些偶发负性事件会给学生考试带来影响。如，在考试之前发生父母吵架或打架、亲人离世、与同伴闹矛盾等事件，都可能会影响学生考试时的情绪和状态。

（四）个人特质

考试焦虑具有个体差异，有完美主义倾向的人更容易考试焦虑，在考试中经历高度焦虑的学生往往更关注所犯的错误、怀疑自身的表现、在意他人的看法。在人格特质中，神经质与考试焦虑的关系最为密切。如果学生对压力源高度敏感，可能会经历更多的考试焦虑。此外，如果学生本身特质焦虑水平比较高，他们会倾向于把考试视作一种威胁，并表现出持续的担忧。

（五）外部压力

在学习的过程中，学生经常会感受到来自外部的压力。这些压力主要源自三个方面：教师、家长和同学。学生可能担心考得不好会受教师批评，认为学习表现差会辜负家长的期望。作为班级群体的一员，学生往往想要追随同伴、获得同学认可，无形中会进行比较，不愿意比别人考得差。这些压力都有可能引起考试焦虑。

（六）适应障碍

当学生升学或转学时，可能会出现适应障碍。这样的情况通常发生在进入新环境后的三个月内，学生会表现出一些特殊的情绪反应或行为变化。考试焦虑可能会伴随适应障碍出现，主要表现为紧张、担心、神经过敏等。因此，在新生入学或学生转学后的三个月内，如果学生出现考试焦虑的症状，教师要考虑是不是由适应障碍引起的。

（七）学习障碍

考试焦虑还可能是学习障碍的表现形式。学习障碍表现为个体在学业、语言、演说或运动技能等某个具体领域中遇到的困难，而这种困难不是由智力发展障碍或缺乏教育机会造成的，其对学业和生活有显著负面影响。因此，如果学生表现出考试焦虑的症状并且学业表现很差，有可能是由学习障碍导致的。有的学生只在学习某个学科时产生困难，在该学科考试中会感到焦虑，这就是我们常说的"偏科"问题。关于偏科的相关内容，可以参阅本书第 6 章。

三、和考试焦虑有关的心理疾病

在生活中，我们经常会遇到这样的情况：有些学生不仅在考试情境中产生焦虑，还会在其他情况下产生焦虑。我们总结了一些常见的情况。

（一）广泛性焦虑障碍

已有研究发现，在某种焦虑障碍的患者中，半数以上的人同时患有另一种焦虑障碍。其中，广泛性焦虑障碍是最为常见的共病情况，患有该障碍的个体几乎在任何情境下都会一直焦虑。

广泛性焦虑障碍的核心诊断标准包括：①在至少 6 个月的多数日子里，对于诸多事件或活动表现出过分的焦虑和担心；②个体难以控制这种担心；③出现至少 3 种与焦虑相关的症状。这种焦虑会导致个体的社交、学业或其他重要功能方面受损，并且需要排除躯体疾病或药物的生理效应。因此，如果教师发现学生在多种场景下均感到焦虑，应当考虑学生是否患有广泛性焦虑障碍，并建议及时就医。

（二）抑郁障碍

焦虑障碍可能伴随其他的心理疾病。研究指出，大约一半的青少年焦虑障碍患者同时患有其他心理疾病（Essau，2003）。其中，最有可能出现的是重度抑郁障碍。如果学生出现了考试焦虑，并且伴随抑郁情绪或丧失快乐，甚至产生自杀想法，教师须对此予以高度重视。关于抑郁障碍识别与诊断的相关内容，可以参阅本书第 21 章。

（三）物质滥用

除了上述两类比较常见的情况，与焦虑障碍共存的还有物质滥用。《精神障碍诊断与统计手册》(第五版)将物质滥用限定为如下具体物质：酒精、咖啡因、大麻、致幻剂、吸入剂、阿片类物质、镇静剂、安眠药、抗焦虑药、烟草、兴奋剂等。在排除广泛性焦虑障碍和抑郁障碍之后，如果学生出现了比较严重的考试焦虑，教师可以考虑学生是否存在物质滥用问题，并建议学生及时就医或寻求专业心理咨询与治疗人员的帮助。

5. 当学生不来上学时

"老王，听说你们班陈果休学了?"隔壁班李老师端着茶杯，神情复杂地对我说。

陈果是我班上八年级的学生，从七年级入校开始，这孩子就断断续续不来学校，直到最近彻底见不着人了。听家长说，陈果小学就出现了不想上学的苗头，四年级之前都还好，到了五六年级，他开学一段时间之后就不愿意上学了，有时请病假，有时说家里有急事，之后发展为隔周上学，再后面基本上自己在家学习了。

刚升初中的时候，家长寄希望于孩子在新环境里有个新面貌，可好景不长，没过多久孩子又开始不上学了。作为班主任，我和陈果的家长沟通过多次，也和他谈了几次。家长先是表示配合工作，一定想方设法让孩子来上学，后来慢慢妥协，最近看起来想要放弃让孩子回归学校了。我和陈果本人沟通时，他大部分时间都在沉默。现在他基本上不再开口说任何和上学有关的事，只是要休学的态度十分坚决。他父母反映他在家也不说这些事，自己待在房间里不知道在做什么。

孩子不来上学，作为老师，我该怎么办呢?

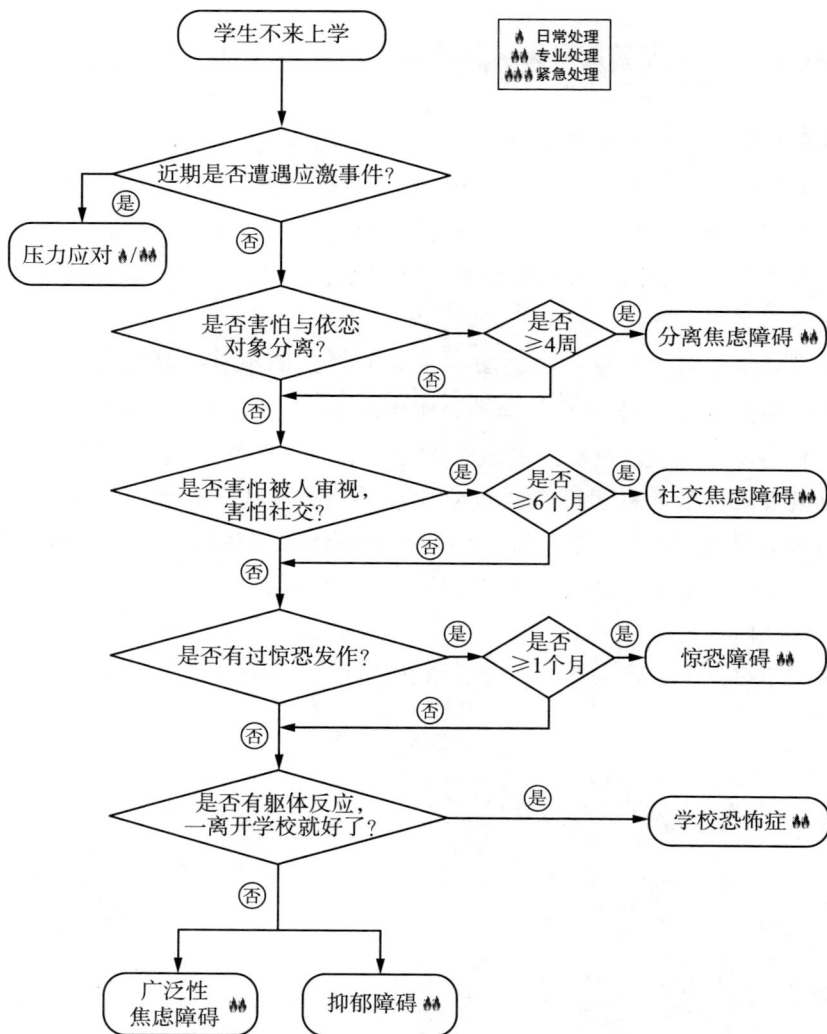

图 5-1　学生不来上学的识别流程图

　　所有的教师在职业生涯中都会遇到不上学的学生。当家长忧心忡忡地找你倾诉、向你请求支援时，你可能需要先了解一些情况。

一、学生不上学的排查流程

　　学生不上学这一行为通常伴有对学校的负面情绪，以焦虑和恐惧情绪为主。当遇到学生不上学的情况时，教师可以围绕焦虑和恐惧负面情绪探讨一下背后的具体原因。

　　首先，我们可以了解学生近期是否遭遇应激事件，因而引发了他的处理方式——不上学。比较常见的事件有师生冲突、考试失利或即将面对重大考试、同学矛盾等，但不限于此。比如，有一名学生因为观看了一个质疑教育意义的短视频，对上学的意义产生了怀疑，觉得上学没有意义，于是告知父母不想上学，这属于近期遇到的刺激引发了学生不上学的行为。对不同的学生而言，相同的事件可能会产生不同的刺激，激发不同的心理过程。如果学生体验到由该事件激发起的难以消化的情绪（如痛苦、悲伤、羞耻、困惑等），就会选择不上学以回避这些情绪。

　　其次，我们可以了解学生是否处在环境刚刚发生变化的适应阶段，如一年级、七年级和高中一年级等。如果上学对学生而言意味着与主要依恋对象（如父母）之间的分离，他可能很害怕分离的体验，并且会为了与依恋对象待在一起而拒绝上学。如果出现这样的情况，那么学生可能存在分离焦虑障碍，进而表现出不上学的行为。

　　再次，我们可以了解学生在学校是否存在人际交往上的负面体验，比如：他是否非常害羞，害怕与人打交道？他是否害怕别人对他有评价或审视？他是否难以融入集体的活动？如果存在上述情况，那么学生可能存在社交焦虑障碍，并为了回避社交情境而不来上学。此外，学生在学校的负面体验还可能受到师生关系、班级氛围的影响，甚至可能与校园欺凌有关。

　　学生不去上学还可能与在学校发生过的突发体验有关，如可以了解学生是否在学校出现过类似于惊恐发作的体验。惊恐发作常表现为突然发生的强烈的害怕或不适感，并在几分钟内达到高峰。发作者可能出现心慌、心悸、出汗、气短、恶心、头晕等症状，甚至有濒死感。这类体验有极强的突发性，不可预期，一旦出现可能会吓到学生。为了避免此情况再现，他们可能会选择远离学校这个场所来回避惊恐发作。因此，教师也需要了解学生是否曾在学校有过惊恐发作，是否存在惊恐、障碍。

最后，我们可以了解学生的负面体验是否只在学校情境里出现。教师需要了解学生在家中、其他场所中的情绪和身体状态，看看他是否一上学就表现出一系列的不适，但离开学校就没事了。如果学生离开学校后仍有明显的负面情绪，应考虑焦虑、抑郁等问题（具体内容参见第 4 章和第 21 章）。此外，有品行障碍的学生群体也会经常出现说谎、不来上学的情况，但该群体更让教师头疼的表现是一系列不符合道德规范和社会准则的行为，如偷窃、虐待或伤害他人、夜不归宿、参与不良团伙等（具体内容参见第 18 章）。建议家长向精神科医生咨询上述情况。如果学生只是针对学校有焦虑和恐惧情绪，那么他可能存在学校恐怖症。

二、学校恐怖症的定义

学校恐怖症（school phobia）是儿童和青少年时期一种常见的情绪障碍，属于恐怖症的一个特殊类型。学校恐怖症的特征主要为学生害怕和拒绝上学，对学校特定环境有明显的恐惧、焦虑及排斥。患有此类疾病的儿童青少年大概率伴随一系列生理反应，如恶心、呕吐、头晕、腹泻、气喘、昏厥等。部分儿童青少年在病程中后期会出现家庭暴力，如毁物、攻击父母、自伤等，以达到不去学校的目的。如果他们留在家中，症状可能会消失；一旦要求他们返回学校，症状可能再度出现。

目前学校恐怖症在《精神障碍诊断与统计手册》（第五版）中不作为单独诊断，只是隶属于焦虑障碍。在《现代儿童精神医学》中提出的学校恐怖症四条诊断标准如下：

（1）去学校产生严重困难。

（2）严重的情绪焦虑。

（3）父母知道他们在家。

（4）缺乏明显的反社会行为。

全球范围的调查结果显示，学校恐怖症的发生率为 2.4%。据统计，3.8%～10% 的儿童情绪障碍为学校恐怖症，女孩比男孩多见（武丽杰，2006）。学校恐怖症可发生于各种智商水平的儿童青少年。

学校恐怖症不同于逃学行为，二者背后的心理机制和处理方式存在明显差异。在了解学生不来上学的不同表现时，可对二者进行区分（见表 5-1）。

表 5-1　学校恐怖症与逃学的区别

学校恐怖症	逃学
有焦虑、恐惧情绪	一般无明显情绪表露
一般有生理上的不适	无生理不适
无违纪行为	常有违纪行为
学业表现正常或较好	学业表现不良
告知父母拒绝上学	隐瞒父母不去上学

三、学校恐怖症背后可能的原因

学校恐怖症是从精神障碍诊断的角度去理解学生现在的处境与面临的风险的，但即便同为学校恐怖症，学生的内心体验和经历也可能截然不同。学校恐怖症背后常见的原因有以下几种。

1. 学习困难，如近期学习吃力、考试不理想，或对即将来临的考试感到担心等。学业受挫是让学生远离校园环境的最为常见的原因之一，不来上学可以有效回避学习、考试、排名、被批评等情境，从而避免直面压力和焦虑。值得注意的是，学习困难并不一定代表学生的学业表现不好或智力水平不佳，这是学生认为自己在学业上遇到了困难或打击的主观体验。

2. 家庭管理问题。当家庭出现变化(如搬家、亲友生病或去世、家庭增加新成员等)或出现矛盾(如父母争吵、父母闹离婚等)时，父母无法很好地配合学校安排去监督学生落实学校规则。这类情况容易引发学生不来上学、滞留在家的问题，属于家庭管理方面的混乱。

3. 学校人际冲突，如和教师、同学发生了矛盾。这些矛盾有显性的矛盾(如争吵)，也有隐性的矛盾(如被逐步排挤出社交圈)。学校人际冲突对学生在学校里的情绪状态有很大的负面影响，如果学生感到学校里有难以面对的人，或难以处理的人际关系，他也可能选择不来上学。

4. 校园欺凌。校园欺凌会直接让学生想要脱离被欺凌的环境，导致他不来上学。它不限于人际冲突，还包括网络匿名欺凌、身体受到伤害、被忽视等形式。校园欺凌对于学生的身心健康有严重影响，详情参见第 24 章。

知识链接

学生不上学背后的家庭原因

学生不上学背后的原因，其实大部分都与家庭问题有关。上学是多方协力的过程，如果家庭方面存在问题，会给学生上学带来阻碍，甚至直接导致学生不上学。常见有下列的几类情况。

（1）家长配合度不足

无论对于什么年龄的学生来说，坚持按照学校规章参与上学、上课等活动都需要家长全力配合。小到每天接送学生，大到和学生规划每学期的安排和目标，家长都是管理学生上学的重要力量。如果家长配合度不足，比如认为上学没什么用，或者认为不去上学没什么问题，很可能会纵容学生不上学的行为。在这种情况下，仅靠教师单方面监督和提醒是很困难的。

（2）家庭规则意识训练不到位

上学是学生对未来进入社会的提前演练，学校也是一个小社会，里面的运行涉及各种规则，按照规章制度上学就是规则之一。如果家长对于学生规则意识的训练和教导不到位，很容易让学生认为规则不重要，可以随意打破，或可以在规则上讨价还价，不知道底线在哪儿，不清楚后果是什么。在这种情况下，学生也很容易跟家长闹着不上学。

（3）提升家庭凝聚力

有一些家庭本身存在内部的问题，学生会用不上学的方式把家庭凝聚在一起。比如，学生的行为可能增加了家庭内部交流讨论的机会，或者将家庭矛盾的火力从其他地方转移到自己身上。这些情况都是学生在用不上学的方式凝聚家庭，某种意义上甚至是用自己的方式挽救家庭。

6. 当学生书写、阅读能力差时

笑笑从小聪明伶俐、性格开朗、善于沟通，是全家人的开心果，也是邻里公认的"小机灵鬼"。

匪夷所思的转折出现在小学一年级，笑笑的学业表现竟然远不如正常学生。

到了二三年级，笑笑妈妈越发觉得不对。笑笑的问题主要表现在语文上，他写字困难，即使用整个上午写作文也写不出 20 个字。好不容易写出来的字里还有各种奇形怪状的字，如左右偏旁部首调换，或者像是镜子照出来的对称字。有些字明明不复杂，但笑笑无论写多少遍也学不会。

笑笑朗读文章也总出问题，一句话磕磕巴巴，老读错字，断句的位置也不正确。妈妈形容笑笑学语文像是给记忆力罩了一层膜，学的东西进不去。

全家对笑笑的情况都百思不得其解。全家人都是高学历，外公外婆都是大学生。笑笑也做过智力检测，显示智力水平良好，怎么他的学习成了家里这么大块儿心病？

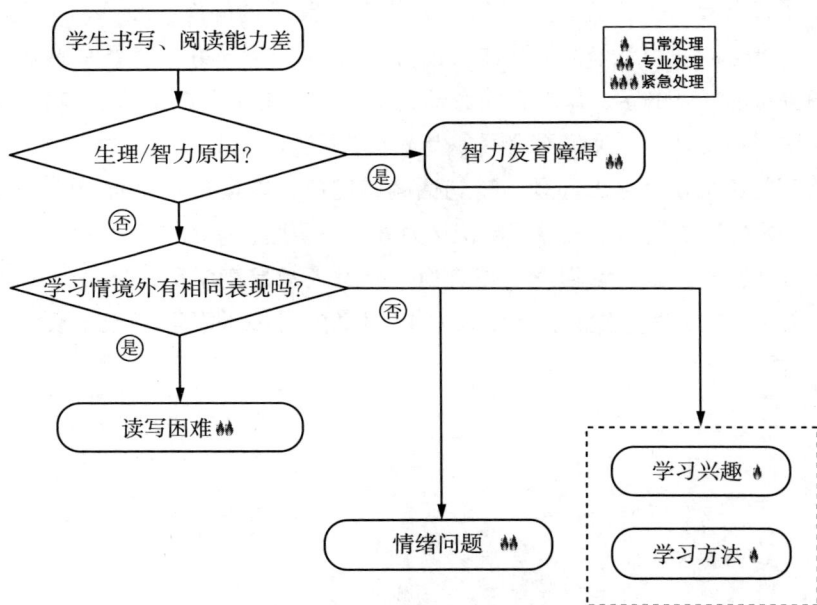

图 6-1　学生书写、阅读能力差的识别流程图

学生书写、阅读能力差是教师在一线工作中常会遇到的问题。目前我国的考试方式仍以纸笔考核为主，书写、阅读的困难会直接影响学生的考试表现，也会影响学生对学习的体验，进而打击学生的学习兴趣。学生书写、阅读能力差的原因到底是什么呢？我们需要一层一层了解问题背后的真相。

一、学生出现书写、阅读能力问题背后可能的原因

书写、阅读涉及一系列的认知和肌体活动，如视觉与听觉加工、大脑认知理解、手眼协调和小肌肉精细运动等。书写、阅读看似简单，其实背后涉及诸多因素，任何一个因素都可能导致学生书写、阅读能力差。

当我们看到学生老写错字、读错字时，可以先了解他的基本情况，判断如下问题：

> 他是否存在听力问题？
> 他是否存在视力问题？
> 他是否存在智力问题？
> 他是否在口部肌肉发育上存在困难？
> 他手部精细练习是否不足？

如果以上回答中有"是"，那么我们建议家长带学生去找相关专业人员进行评估，了解孩子在生理上或发育上是否存在困难，进而影响了书写、阅读。

如果以上回答均为"否"，那么我们需要了解学生的书写、阅读困难是否也发生在学习情境外，比如，给好朋友写信、写贺卡时也总是会写字慢、写镜像字、写错别字吗？读喜欢的童话书时也会磕磕巴巴、经常读错、不理解故事含义吗？

如果学生在学习情境外没有出现书写、阅读的困难，可能有以下几种原因。

1. 情绪问题

当学生有明显的情绪问题如抑郁、焦虑、敌对时，往往没办法将注意力和能力集中到手头的任务上，因而会表现出无法投入书写，或者无法有效率地看书、朗读。教师可以进一步了解学生是否存在短期或长期的情绪问题。

2. 学习兴趣

儿童青少年的学习行为非常容易受到兴趣的影响，如果学生对于相关学科的学习本身有抵触心理、不感兴趣，很容易影响学习行为和效果。教师可以从培养学习兴趣的角度入手，尝试与学生交流。

3. 学习方法

书写、阅读困难比较容易影响语文学科的学习效果。以书写为例，如果学生没有掌握仔细识别和记忆字形的方法，总是含混着记，或者没有养成按照笔画写字的习惯，总是出现漏笔画、错笔画的现象，也会影响书写。

如果学生在学习情境外也出现了书写、阅读困难，那么学生有可能存在读写困难的情况。

二、读写困难的定义

读写困难是学生学习困难的主要类型，占其中的 80％～90％。读写困难是一种表现为书写、阅读能力缺陷的神经综合征，属于较常见的学习困难。读写困难是对书写、阅读能力发展不良的学生的神经医学判定名词，具体表现为字词发音有困难和写字出界等，是学生学业表现欠佳的主要原因。

学习困难包括很多亚类型，如阅读困难（dyslexia）、书写困难（dysgraphia）、动作协调困难（dyspraxia）、听觉加工困难（auditory processing disorder）和视觉加工困难（visual processing disorder）等。有学习困难的男生比例要高于女生，尤其是在 6～17 岁这个年龄段。适龄学生中 5％～8％有阅读困难，5％～20％有不同程度的书写困难。

学习困难的典型特点如下：

（1）即使能认读文字，仍很难找出文章的重点。

（2）写字时经常漏写，或多写了笔画或文字。

（3）书写时把文字的偏旁部首左右倒转或写成镜像字。

（4）容易忘记学过的字词。

（5）书写能力比口语表达差很多，有很多词语在说话时懂得运用，却写不出来。

（6）理解文字的能力比理解说话差很多。

（7）写作文时思维组织紊乱。

书写困难是学生学习困难的主要类型。书写困难一般有以下表现。

（1）握笔的姿势很僵硬和笨拙。

（2）写字的时候很容易累，回避与书写和画画有关的活动。

（3）笔画不规范，写字有困难，字与字间距大小不一。

（4）不能沿直线或者在界线内写字和画画。

（5）不能组织自己的想法并将其在纸上表达出来。

（6）一旦将想法写出来，就难以再保持想法的连续性。

（7）学习句法和语法有困难，通过演讲表达观点和通过书面语言表达观点存在很大差距。

阅读困难一般有以下表现：

（1）字词发音有困难。

（2）在识别同音或者同义的字词上有困难。

（3）在字词解析、阅读速度、阅读节律、拼写、词汇量、字词理解和写字方面存在困难。

此外，注意缺陷/多动障碍和读写困难常常存在共病现象，约50％的注意缺陷/多动障碍儿童同时患有学习困难，其中以读写困难为主，注意缺陷/多动障碍与读写困难的特征比较见表6-1。当学生不仅有书写、阅读能力差的表现，还有注意力不集中、容易冲动或多动的表现时，教师要同时考察注意缺陷/多动障碍共病的情况。

表6-1　注意缺陷/多动障碍与读写困难的特征比较

注意缺陷/多动障碍	读写困难
容易漏字、跳字、漏行，同样容易漏掉标点符号	容易读错字、读错音、读不流畅
很少写镜像字	常爱写镜像字
学过的字能以记住	学过的字难以记住
因为注意力难以集中导致书写慢，写一会儿停一会儿	因为感到写字困难、没有写作思路导致书写慢，每个字都写得慢

三、读写困难对孩子的影响

在我国，读写困难的知晓率仍偏低。2017—2018年中国科学院心理研究所国民心理健康评估发展中心的调查显示，仅有48％的调查对象听说过读写困难这个词；教师群体听说过的比例略高，但也仅达到50.3％。

目前我国读写困难学生往往得不到正确的诊断和干预，不但导致其读写困难情况恶化，而且衍生出情绪与行为问题，为学生成长带来了一系列的负面影响。

1. 学业表现受损

通常读写困难学生的学业表现会受到比较明显的损害，至少在部分学科上出现低于平均水平、学习吃力、成果和努力与智商不匹配的现象，这直接影响了读写困难群体在学业上的表现。如不正确对待读写困难问题，他们的学业发展会受到直接负面影响。

2. 情绪行为问题

由于读写困难学生的学业表现受到直接影响，他们会衍生出比普通学生更多的情绪行为问题，如表现出更多的抑郁情绪、焦虑情绪、敌对情绪和问题行为，还可能表现出情绪敏感易波动、自伤、爱发脾气、不服从教师管教、沉迷网络游戏等问题。

3. 家庭冲突

如果家长对于学生读写困难的现状缺乏了解，容易将学生的情况归因于不努力学习、不重视学习、脑子笨等，进而激发亲子之间的误解和矛盾。也容易互相责怪推诿，进而激发家庭冲突。

4. 人际退缩

读写困难学生在学校很容易被"关注"，比普通学生更容易体验到来自教师、同学的负面评价。他们的归属感低、孤独感强，因而也容易在学校的人际交往中出现退缩的现象，如沉默、不参与集体活动、不举手发言、独来独往、难以处理人际矛盾等。读写困难群体也比一般群体更容易遭受校园欺凌。

5. 自尊受损

读写困难学生容易体验到更多的挫败感，尤其是在学习难度日益增加的小学高年级和中学阶段。如果学生不了解自己的读写困难情况，就容易体验到"无论怎么努力都没办法"的无助感，会明显损害学生的自尊。

需要注意的是，上述这些负面影响并非必然发生在每个学生身上，也并不是和读写困难必然相关的。读写困难状况不同的学生面临不同的环境，在情绪调控、人际交往、学业发展等方面的情况也各有不同。教师如果能充分了解读写困难，不将问题错误归因到学生的智力或动机上，就能避免因误解而额外带来的心理伤害。如果我们提高对这种疾病的觉察和识别能力，找到更合适的促进学生适应学校、坚持学习的方法，就能更有效地帮助这类学生。有读写困难的学生通常和普通学生一样聪明，其中也不乏智力超群者，教师的鼓励和支持能促进他们发挥自己独特的创造力和才能。

知识链接

特定学习障碍

学习困难达到一定的程度，会被诊断为特定学习障碍。特定学习障碍常见的表现为以下症状。

1. 不准确或缓慢而费力地读字（例如，读单字时不正确地大声或缓慢、犹豫、频繁地猜测，难以念出字）。

2. 难以理解所阅读内容的意思（例如，可以准确地读出内容，但不能理解其顺序、关系、推论或更深层次的意义）。

3. 拼写方面的困难（例如，可能添加、省略或替代元音或辅音）。

4. 书面表达方面的困难（例如，在句子中犯下多种语法或标点符号的错误，段落组织差，书面表达的思想不清晰）。

5. 难以掌握数学感、数字事实或计算（例如，数字理解能力差，不能区分数字的大小和关系；用手指加个位数字，而不是像同伴那样回忆数字事实；在算术计算中迷失，也可能转换步骤）。

6. 数学推理方面的困难（例如，应用数学概念、事实或步骤去解决数量的问题时有严重困难）。

要注意，学习困难需要满足多个条件且达到一定的程度，不可轻易根据其中的任何一条判断学生患有学习困难，必要时可咨询精神科医生。

知识链接

阅读困难和书写困难之间的联系是什么？

书写困难通常与其他问题一起出现，如拼写和书面表达困难、阅读困难，甚至口头表达困难。由于书写需要记住每个字的笔画顺序和分布关系，有工作记忆和/或注意力缺陷的儿童在书写技能方面也常存在困难。同为神经语言障碍，阅读困难和书写困难可以共存。

推荐观看：央视纪录片《我不是笨小孩》。

7. 当学生扰乱课堂时

上课画小人……

上课骚扰前后的同学……

上课打伞……

上课逗窗外的小鸟……

上课坐到地上……

上课去走廊遛弯……

以上行为都来自我班的一名学生——壮壮。

这名学生让每科老师都感到头痛，他在整个年级都享有"盛名"。从小学一年级开始，两年过去了，他不但没有遵守规矩，而且情况变得更糟糕。他倒也不是故意捣乱，但就是难以改正，好像他天生就不知如何守规矩、完成任务。他的记忆力像小鱼一样只能维持几秒，这会儿答应了好好听课，没过几分钟注意力又被别的事物吸引了。有时，他一拍脑袋，喊一句"哎哟"，人立马蹿出座位溜到走廊，仿佛脑子里蹦出了什么了不得的事得马上处理——他忘了自己正上着课呢。

老师们一节课对壮壮要多次呼其名，有时还需要中断教学单独教育他。如果不管他会扰乱课堂，如果管他又会耽误上课，实在让人头疼。

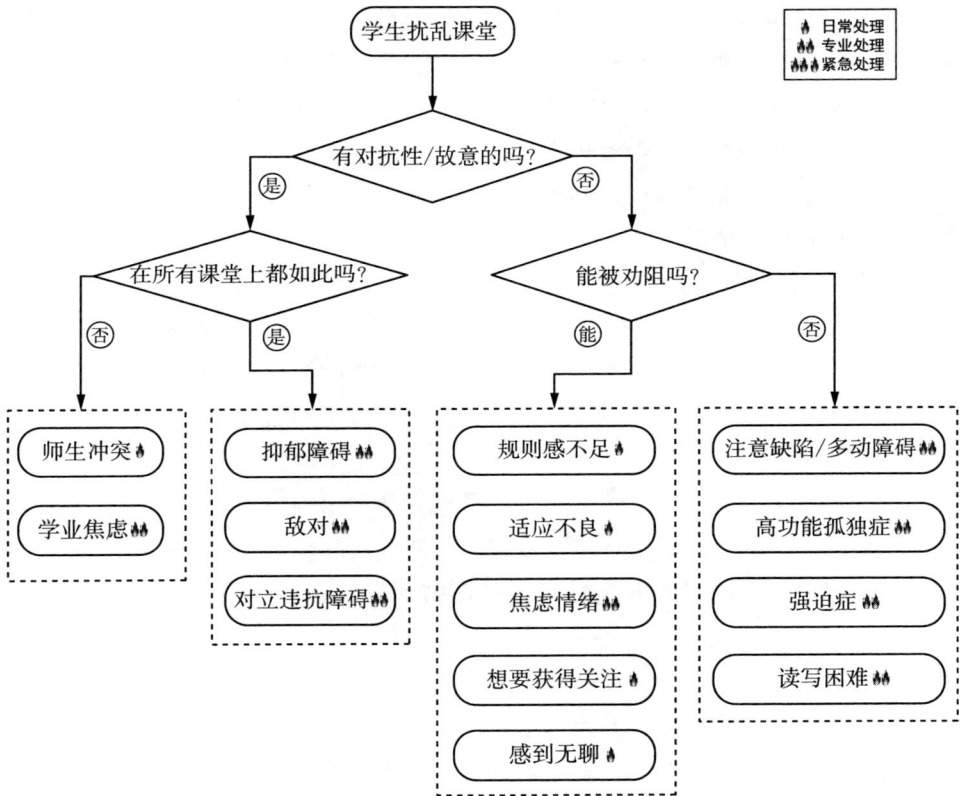

图 7-1　学生扰乱课堂的识别流程图

课堂教学是教师的主要工作任务和工作情境，如果遇上扰乱课堂的学生，确实会极大影响授课效率和体验，也会影响班级其他同学的学习。学生扰乱课堂的原因，存在多种可能的情况。

一、学生扰乱课堂的原因

首先，教师需要判断学生扰乱课堂的行为是否有对抗性，是否故意违背课堂规则。学生扰乱课堂的动机不同，情况可能就完全不同。

如果学生没有对抗性，我们可以进一步观察学生扰乱课堂的行为能否被劝阻，在教师沟通协商后能否缓解或终止。

如果学生扰乱课堂的行为可控，表明这种行为往往受到学生当下状态的影响，可能存在以下情况。

1. 规则感不足

遵守课堂要求、安静听讲、举手发言，这一系列行为都代表着规则和秩序。如果学生对规则的理解不充分，对于遵守规则的执行力不强，可能会忽视规则的重要性，甚至做出一些违规的行为去试探教师的底线。

2. 适应不良

学生在升学、转班级、转学时也容易在课堂上出现小动作不断、扰乱课堂秩序的情况，这可能是因为他们还没有完全适应新环境，对于新的课堂规则不清楚、不习惯教师授课风格、跟不上上课进度等。

3. 焦虑情绪

焦虑情绪会干扰到学生在课堂中的表现。对于儿童和青少年来说，焦虑情绪明显表现在小动作不断、安静不下来、难以专注于课堂内容等行为上。焦虑情绪会影响学生的执行功能，建议教师及时关注并处理。

4. 想要获得关注

部分学生可能想通过打破规则来获得教师、同学或家长的关注，如不遵守课堂规则。但这类情况并非源于他们想对其他人造成负面影响，而是源于他们希望自身获得更多的关注。

5. 感到无聊

如果学生感到课堂内容无聊，如对某学科缺乏学习兴趣，或者已经提前学习了相关内容，那么他可能难以保持注意力集中，也难以遵守课堂规则。

如果学生扰乱课堂的行为无法被劝阻，说明他的状态难以调整，这往往意味着学生行为的背后有更深层次的原因，可能存在以下情况。

1. 注意缺陷/多动障碍

患有注意缺陷/多动障碍的学生在集中注意力方面存在困难，或容易多动、冲动，因此很难在整个课堂中保持静坐和专注，容易出现安静不下来、小动作不断、扰乱课堂的行为。该类情况需要专业处理，建议家长带学生咨询精神科医生（具体内容参见第3章）。

2. 高功能孤独症

高功能孤独症群体在社交交流和社交互动方面存在持续性的缺陷，因此在课堂上也很难和教师有良好的互动。他们容易沉浸在自己的世界里，完成自己的任务，难以适应环境，也可能出现扰乱课堂的情况。该类情况需要专业处理，建议家长带孩子咨询精神科医生（具体内容参见第13章）。

3. 强迫症

强迫症群体会控制不住反复的想法或行为，强迫思维或强迫行为很可能会干扰他们的上课状态。当你观察到学生好像在反复做什么，如反复计数、反复默背字词，因而无法认真学习、难以遵守课堂秩序，你可能需要进一步了解学生在做什么、想什么。该类情况需要专业处理，建议家长带学生咨询精神科医生（具体内容参见第9章）。

4. 读写困难

如果学生存在读写困难，那么他们可能很难投入到课程中，尤其是语文、写作类的课程。具体来看，他们可能表现出不认真听讲、小动作不断、自己做自己的事，因为他们在执行相关的学习任务中常伴有畏难情绪或感到迷茫。该类情况需要专业处理，建议家长带学生咨询精神科医生（具体内容参见第6章）。

讨论完不存在对抗性动机的情况，下面我们继续分析：如果学生扰乱课堂存在对抗性动机，那么有哪些原因会导致这种情况的出现？

如果学生存在对抗性，而且只在特定的课堂上出现，那么可以考虑是否存在师生冲突，或者是否存在学业焦虑（如数学焦虑）。

如果学生在所有的课堂上都表现出对抗性，可能有以下几种原因。

1. 抑郁障碍

如果学生患有抑郁障碍，可能表现为情绪上的失控，容易产生负面情绪，脾气暴躁，对一切事物都感到厌烦和愤怒，因此表现出比较强的对抗性，如不配合教师、不配合同学。该类情况需要专业处理，建议家长带学生咨询精神科医生。

2. 敌对

敌对既可以是一种情绪状态，也可以是一种人格特质。敌对性较强的人可能会对周围的环境表现出不信任和对抗。学生如果有较强的敌对性，也可能表现为扰乱课堂。该类情况需要专业处理，建议家长带学生咨询精神科医生。

3. 对立违抗障碍

对立违抗障碍是儿童青少年期最常见的行为障碍之一，下面将详细介绍此类问题。

二、对立违抗障碍的定义

对立违抗障碍（ODD）是儿童在发育过程中出现反复的抗拒，公然反抗，不服从及敌视权威的一种行为模式。对立违抗障碍属于破坏性行为障碍之一，包括情绪失去控制、与成人争吵、易激惹、公然违抗他人等症状表现，主要在童年早期（9 岁前）起病。儿童青少年患病率较高，国内调查 7～15 岁的青少年时，发现其患病率为 8%。

对立违抗障碍患病率随年龄增长而增加，14～16 岁为高峰年龄，随后下降。整体而言，患病率从儿童期到青少年期呈现抛物线形状。我们一般认为青春期前男生的患病率高于女生，青春期患病率男女比例相似或女生略微低于男生，青春期后女生的患病率有上升趋势。

知识链接

对立违抗障碍的典型特点

（一）愤怒的/易激惹的心境

1. 经常发脾气。

2. 经常是敏感的或易被惹恼的。

3. 经常是愤怒和怨恨的。

（二）争辩的/对抗的行为

1. 经常与权威人士辩论，或儿童和青少年与成人争辩。

2. 经常主动地对抗或拒绝遵守权威人士或规则的要求。

3. 经常故意惹恼他人，自己有错误或不当行为却经常指责他人。

（三）报复

在过去 6 个月内至少有 2 次是怀恨的或报复性的。

三、对立违抗障碍的识别

学生扰乱课堂存在多种情况和原因，我们如何识别哪些学生可能患有对立违抗障碍呢？如果我们能对心理疾病的症状更为敏感，也许能够帮助相应群体获得更多支持和帮助，也有益于他们的长远发展和家庭的幸福和睦。

1. 愤怒的/易激惹的心境

对立违抗障碍群体比较明显的情绪特点是愤怒，这种愤怒的感觉在外人看来是稳定的，比如，会感觉这个同学总是在生气，一直是气呼呼的，和他一起做什么总会不欢而散。通常其他的情绪（如悲伤）在对立违抗障碍群体中不常见，也不会稳定出现。

2. 争辩的/对抗的行为

对立违抗障碍群体好争辩，尤其喜欢与权威争辩，比如家长、教师、班主任、校长、班长、小团队领袖等，其他人可能感觉到"他总是和我对着干"。要注意，如果只是和手足同胞、同龄朋友争辩，则不能算是典型的争辩行为。

同时，这类行为更容易出现在和熟悉的成年人或同伴之间。如果是和陌生人互动，未必会出现这类行为。

3. 报复

对立违抗障碍群体行为的动机通常和报复有关。该群体通常不认为自己是对立的，会为自己的行为辩护，认为自己的反应合情合理。如果他们被触怒，会有"咽不下这口气"的感觉，并实施报复行动。

对于对立违抗障碍群体来说，这类稳定的愤怒情绪和对抗行为每周至少出现 1 次，且持续至少 6 个月，严重影响到了他们的学习和生活。

一定要注意，了解病症信息并非给学生贴标签。我们的目的是帮助一些学生识别他们自己或家庭可能忽略的问题，从而获取有效的资源，让他们得到有效的帮助。

第二部分

心理行为问题

8. 当学生上课睡觉时

宋老师站在讲台上，看到第三排的小林依旧精神不佳，内心不由得轻轻地叹了口气。开学以来，小林的精神状态一直不太好，特别是上午上课的时段，每天的头两节课他总是在发愣和打盹之中度过。老师提醒他的时候，他会努力坐直一点、睁开眼睛，但是过了一会儿，头又不知不觉地低下去，打起盹来。

小林违反了课堂纪律，更重要的是还缺失了课堂参与。宋老师不由得为小林的学习担心，决定课后时间要好好和他谈一谈。

学生上课睡觉

日常处理
专业处理
紧急处理

睡觉学生数量?

一名 → 个体原因

多名 → 共同原因

个体原因 → 偶发还是经常?

共同原因 → 偶发还是经常?

偶发:
- 身体不适
- 偶发睡眠不足
- 没吃早餐

经常:
- 学习动机不足
- 不良睡眠习惯
- 睡眠障碍
- 抑郁或其他心理疾病
- 应激事件

偶发:
- 共同经历的压力
- 生理状态
- 教室空气、温度

经常:
- 教学方式
- 学习风气

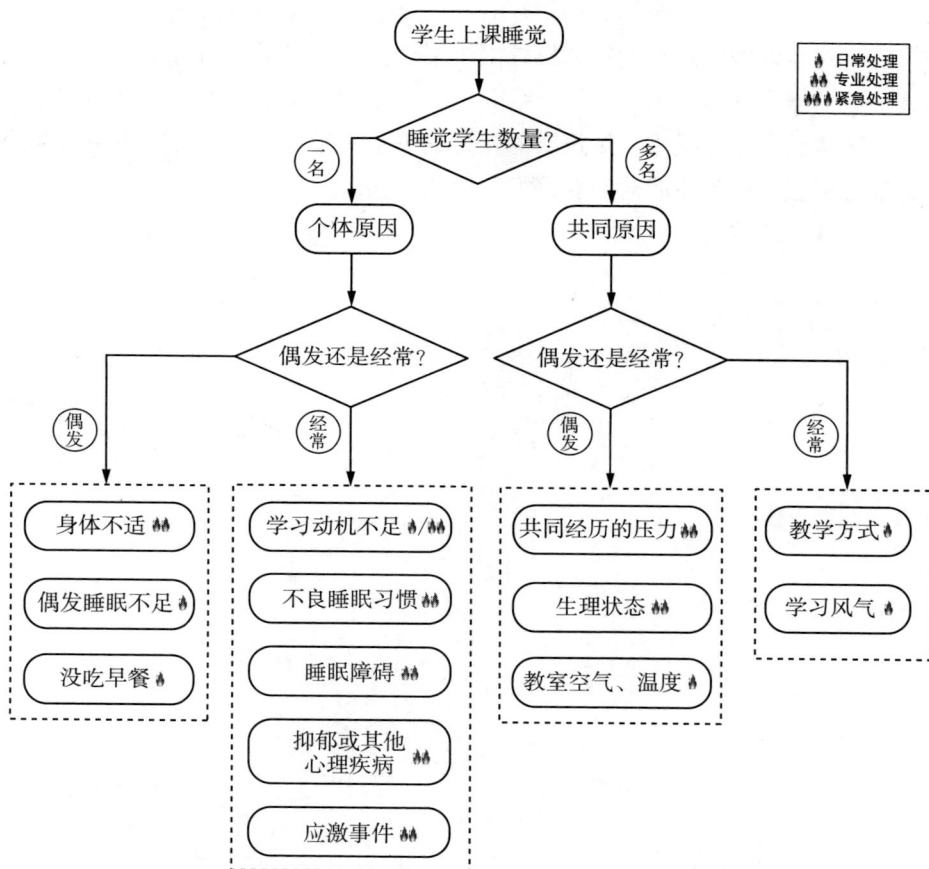

图 8-1　学生上课睡觉的识别流程图

一、学生上课睡觉的原因

当发现学生上课睡觉时，有些教师的第一反应是："是不是我的课讲得太无聊了？"如果你常常这样想，也许就失去了发现主要问题的机会。学生上课睡觉并不意味着不尊重教师，我们需要注意：同一种表现背后可能有多种不同的原因，同一种原因也可能导致多种不同的表现。学生上课睡觉的原因既可能来自学校之内，也可能来自学校之外。学生上课睡觉的常见原因是感到无聊或疲劳，进而可区分无聊是由于教学方式枯燥还是由于学生缺乏动机，疲劳是由于生理不适、心理疾病、近期压力还是由于睡眠不足。下列不同的原因对应着不同的鉴别特征，教师可以通过信息收集来协助判断。

（一）是我的课讲得太无聊吗？

如果课堂内容枯燥，教学方法单一，教学方式难以调动学生的积极性，学生不愿参与课堂，则会有一些学生在课堂上犯困。

鉴别特征：学生在其他课堂上不犯困，仅在这个课堂上气氛沉闷。除了有一些学生犯困，还有一些学生走神、做小动作，对课程缺乏兴趣。

信息收集：与其他教师交流，了解学生在其他课堂上的表现；请其他教师听课并给出反馈意见；调研学生对本门课程的感受与建议。

（二）是学生缺乏学习动机与兴趣吗？

如果学生缺乏内在动机，对所学的内容不感兴趣，会对学业产生焦虑情绪或厌倦学习，并将上课睡觉作为逃避学习的表现。

鉴别特征：除困倦以外，学生还表现出即使在清醒时也不积极参与课堂活动、不完成作业、对学习任务反感的情况。

信息收集：观察学生课下的学习行为，向其他教师了解学生在其他学科课堂或活动中的表现，与学生沟通并了解其对学业的想法。

（三）是学生身体不适吗？

当身体不舒服时，人的自控力就会下降。同时，身体的不适往往也会导致人更加疲倦，需要更多的休息。所以，当学生出现在课堂上睡觉的行为时，教师需要考虑学生身体的原因，包括短期原因和长期原因。长期原因通常指学生存在某种生理疾病，如过敏、糖尿病等；短期原因如感冒、发烧带来的困倦，还需要警惕一些更严重的突发疾病（如心脏病等）。短期原因也包括并非疾病的偶然原因，如早餐吃得太多或没吃早餐。

鉴别特征：学生除了犯困是否还有其他不适症状，是否有患病的风险。

信息收集：询问学生的身体感受，询问学生是否患病、是否发生了可能导致其患病或不适的情况，请校医检查判断。

（四）是学生有睡眠障碍吗？

睡眠障碍既可以是独立存在的原发性疾病，也可以继发于某些心理或躯体疾病。难以解释的日间过度嗜睡是常见的睡眠障碍症状之一，学生出现此症状往往意味着其可能存在睡眠障碍，其中失眠障碍最常见。

失眠障碍指在有适宜的睡眠机会和环境的条件下，个体对睡眠时间和（或）睡眠质量感到不足并引起日间功能损害的一种主观体验。失眠障碍不仅会降低学生的生活、学习质量，还会引发一系列躯体和心理疾病，是中小学生迫切需要解决的身心健康问题。失眠障碍的识别要点包括：①存在入睡困难、睡眠维持困难或早醒症状。三种症状可以单独出现，但以同时存在更为常见。儿童和青少年睡眠潜伏期和入睡后觉醒时间长于 20 分钟具有临床意义。②日间疲劳、嗜睡，社会功能受损。可引起日间易激惹和不良的专注力、精力或动力缺乏、注意力不集中、记忆力下降、烦躁和情绪低落等。③上述症状每周至少出现 3 次，持续至少 3 个月。如果病程短于 3 个月可称为急性/短期失眠障碍。失眠障碍常常作为其他躯体疾病或心理疾病的共病而存在，40%～50% 的患者有共病的心理疾病。失眠障碍的症状评估常使用"失眠严重程度问卷"等。

除失眠障碍外，日间嗜睡症状也是嗜睡障碍、发作性睡病等心理疾病的主要临床表现。其中，嗜睡障碍主要表现为尽管睡眠时间够，但是仍然过度困倦，表现为同一天内反复睡眠或者每天睡眠时间超过 9 小时或更长，且不能恢复精神或者难以醒过来。有嗜睡障碍的学生几乎每天都无意地日间打盹，每次打盹时间相对较长（1 小时以上），睡后体验为非恢复性的，警觉性较低。发作性睡病主要表现为日间嗜睡、猝倒发作、睡眠瘫痪、睡眠幻觉、夜间睡眠紊乱等症状，一些患者可能在行走、吃饭、说话时突然睡眠发作，而呈现出一些无意识的行为或刻板动作。

鉴别特征：日间疲劳、嗜睡，入睡困难、睡眠维持困难或早醒，睡后体验为非恢复性的（不能恢复精神），社会功能受损。

信息收集：观察学生在课堂上的表现，询问其晚上的睡眠情况，与家长沟通。可请学生记录睡眠日记，必要时建议寻求心理健康专业人员的评估和帮助。

（五）是学生患有抑郁障碍或其他心理疾病吗？

睡眠问题可能是抑郁障碍的警示信号，因为抑郁障碍患者往往存在睡眠紊乱或睡眠障碍，出现嗜睡或者失眠问题。此外，其他心理疾病常常也会带来身心状态的紊乱，导致睡眠问题更容易发生。如果学生患有抑郁障碍或其他心理疾病，因而情绪低落、精神不振，那么他更可能在课堂上犯困。

鉴别特征：抑郁障碍的典型症状是持续的情绪低落、失去兴趣爱好、食欲和睡眠问题、社交退缩、自我评价过低。

信息收集：观察学生的情绪和行为表现，了解其在学校和家庭的情况，与家长沟通。如有需要，建议寻求精神卫生专业人员的评估和帮助。

（六）是应激事件导致的吗？

睡眠是一种放松的状态，当学生处在高度的应激状态时，往往会出现睡眠障碍，导致其夜间睡眠不足，白天在课堂上犯困。当学生遭遇家庭、生活和学习中的各种应激事件时，往往会出现激素变化、焦虑不安、生物钟紊乱等情况，从而影响睡眠质量（见知识链接）。所以，我们在分析学生的睡眠问题时要了解学生的整体生活环境，并对应激事件进行排查。应激事件有长期的和突发的两种类型：长期的如家庭关系问题，突发的则是近期遭遇的事件，如失恋、亲人发生意外等。即使事件已经过去，但由于在遭遇应激事件时消耗了较多的身心能量，学生处在比较疲惫的状态，也往往更加容易犯困。

鉴别特征：目前或之前出现应激反应，学生表现出心神不安、情绪不稳、容易惊跳等。

信息收集：向学生本人及其家长、朋友了解学生家庭环境各方面情况，询问有哪些事情给学生带来心理压力或心理冲击。

知识链接

应激事件是怎样影响睡眠的

应激事件是指生活中可能引起心理压力的突发性事件，如工作压力、人际冲突、健康问题等。应激事件会对一个人的睡眠产生显著影响，包括以下几个方面。

激素变化：在遭遇应激事件时，身体会分泌皮质醇和肾上腺素等，这些激素会使身体进入"战斗或逃跑"的状态，导致心率加快、血压升高、大脑持续高度警觉。这种激活状态不利于进入和保持睡眠。

例如，在应激事件发生后，人们常常感到自己难以平静下来，导致入睡困难。

焦虑不安：应激事件会引发紧张不安、担忧沮丧、后悔自责等情绪，这些负面情绪可能导致入睡困难、睡眠中断、频繁噩梦、睡眠质量下降等。

生物钟紊乱：遭遇应激事件时，人们可能会为解决问题而熬夜，导致睡眠时间减少。应激事件可能导致人们改变原有的作息规律，使睡眠受到干扰。

（七）是学生的作息习惯不良吗？

上课睡觉常常是学生缺觉的表现。学生缺乏规律的作息习惯，晚上睡觉太晚，导致夜间睡眠时长不足，长期处于缺觉的困倦状态。为保证中小学生享有充足睡眠时间，促进学生身心健康发展，2021年3月，教育部办公厅发布《关于进一步加强中小学生睡眠管理工作的通知》，要求小学生每天睡眠时间应达到10小时，初中生应达到9小时，高中生应达到8小时。小学生就寝时间一般不晚于21：20，初中生一般不晚于22：00，高中生一般不晚于23：00。但我国青少年的睡眠不足问题仍普遍存在，《2022年青少年心理健康状况调查报告》显示，上学日仅12.2%的小学生睡眠时长达到10小时及以上，初中生只有11.0%睡眠时长达到9小时及以上。由于上午到校的时间是固定的，所以学生的起床时间往往是限定的。当学生晚间由于学到太晚或玩到太晚而延迟上床时间时，就会出现睡眠不足的问题。经历了较长的假期，在重新回到学校后，学生的作息时间发生改变，如果没有提前调整好，也容易出现睡眠不足、上课困倦的现象。

鉴别特征：学生最困倦的时间往往是上午的前两节课，其次是午后。除此之外，学生在课堂外也表现得很疲惫、精力不足。与此同时，还会伴随睡眠不足带来的其他影响，包括注意力下降、学习效率低下、情绪波动等。

信息收集：了解学生的生活作息，观察学生在课堂外的精神状态，与家长沟通以了解学生的睡眠状况。

除了上述原因，还应注意：在青春期发育阶段中，激素的变化导致学生容易感到疲倦，即使睡眠时长与原来一样，白天也会更容易犯困。

二、学生上课睡觉的不良影响

学生在课堂上睡觉会带来许多问题。

第一，学生在课堂上睡觉可能会错过重要的学习内容。当教师讲授关键概念和知识点时，学生如果正在打瞌睡，就有可能错过这些内容。断断续续地听讲会导致学生学习的内容不连贯，不利于形成知识体系，影响理解和记忆，从而影响他们的学习表现。

第二，学生在课堂上睡觉可能会缺乏对课堂活动的参与。课堂活动是学生与教师和同学互动的重要机会，可以帮助学生更好地理解和掌握知识，也有利于学生练习沟通表达的能力。如果学生在课堂上睡觉，就会错过这些机会。

第三，学生在课堂上睡觉可能会影响师生关系。教师通常希望学生能够认真听讲，积极回答问题。如果学生经常在课堂上睡觉，教师可能会对学生产生不良印象，例如，认为学生不守纪律、不尊重自己、缺乏学习动机、学习能力较差、自控力不足等。这些有可能是误解，但也会影响师生关系，给学生带来更多压力。

第四，学生在课堂上睡觉可能会错过重要通知。教师通常会在课堂上宣布一些重要信息，例如，考试安排、作业要求等。如果学生在课堂上睡觉，就可能错过这些信息，导致无法按时完成任务或无法做好应有的准备。

第五，学生在课堂上睡觉可能会干扰到其他人。学生在课堂上睡觉时可能会发出打呼噜声或者其他噪声，这会干扰到其他学生的学习。学生在课堂上睡觉还可能会影响教师的教学秩序，这又会影响教师和其他学生对这名学生的印象。

总的来说，学生在课堂上睡觉对学业和人际关系都可能产生不良后果，影响学业表现和未来的发展。

三、学生睡眠不足的不良影响

《关于进一步加强中小学生睡眠管理工作的通知》指出，"睡眠是机体复原整合和巩固记忆的重要环节，对促进中小学生大脑发育、骨骼生长、视力保护、身心健康和提高学习能力与效率至关重要"。该通知要求加强科学睡眠宣传教育、明确学生睡眠时间要求、统筹安排学校作息时间、防止学业过重挤占睡眠时间、合理安排学生就寝时间、指导提高学生睡眠质量、加强学生睡眠监测督导。保障学生睡眠充足十分重要，学生睡眠不足会产生多方面的不良影响，包括认知能力、情绪健康、身体健康等方面。

（一）对认知能力的影响

睡眠不足会影响注意、记忆和思维等认知能力，具体表现为以下几个方面。

睡眠对于记忆的巩固非常重要。在睡眠期间，大脑会重新组织和加工已经学习过的信息，并将其转化为长期记忆。学生在学习新知识后入睡有助于提高记忆效果，睡眠不足会影响记忆的存储和检索，从而降低学业表现。也就是说，在睡眠不足的状态下进行的背诵等记忆活动的效率会降低，也更容易出现一时想不起来原本记得的内容的情况。

睡眠不足会导致注意力下降。在睡眠期间，大脑会进行清理，去除不必要的信息和记忆，从而使大脑更加清晰和专注。研究显示，睡眠缺乏会导致总体反应速度下降，例如，听觉反应时延长，这显然不利于课堂听讲。

在睡眠期间，大脑会产生丰富的联想，从而激发灵感与创造力。古代诗人梦中得佳句的例子数不胜数，诺贝尔文学奖得主莫言曾说："很多人问我小说灵感在哪儿，我多次说来自梦境……我经常在梦中有灵感，我常常从梦中醒来，开始写作。"反之，睡眠不足也可能导致学生思维迟钝，难以进行有效的思考和判断，这会降低学生解决问题和应对复杂任务的能力。

（二）对情绪健康的影响

睡眠不足对情绪健康有多种不良影响，包括焦虑、抑郁、易怒、情绪波动等。睡眠问题与情绪问题常常相伴而生、相互影响，例如，睡眠过多或过少是抑郁障碍的主要症状之一。同时，睡眠问题也可能是抑郁障碍的前兆症状。

即使没有达到患病的程度，持续的睡眠不足也会使人在消极事件发生时消极情绪（如愤怒、抑郁、恐惧等）增强，而在积极事件发生时积极情绪（如快乐、喜悦等）减弱。短期或长期的睡眠不足，都会导致紧张、焦虑、疲劳和整体情绪困扰的增加。

睡眠不足通过多种机制影响情绪健康。首先，睡眠不足可能会影响大脑中调节情绪的神经递质，如血清素和多巴胺。这些神经递质对情绪的稳定和调节非常重要，睡眠不足可能导致它们失衡，从而影响情绪健康。其次，记忆研究显示睡眠剥夺会带来记忆偏差，使人更容易记住消极的事件而遗忘积极的事件。最后，学生睡眠问题可能带来学业等方面的问题，导致学生的自我价值感降低、消极情绪增多。

　　睡眠充足的学生不仅情绪健康更好，问题行为也更少。研究发现，睡眠不足可能导致学生出现更多的行为问题，如饮酒、吸烟、冲动行为等，而且学生年龄越小，影响越突出。睡眠不足影响注意、情绪和决策，会导致行为的冲动性增加，而冲动性与许多行为问题有关，如注意缺陷/多动障碍、对立违抗障碍、成瘾行为、暴饮暴食等。

（三）对身体健康的影响

　　青少年时期是生长发育的关键阶段，充足的夜间睡眠是生长激素正常分泌的基础，因而睡眠不足可能影响学生的生长发育。不仅如此，长期睡眠不足还可能会导致身体健康问题，例如，容易感冒、肥胖、糖尿病、心血管疾病等。

　　睡眠不足会降低人的免疫力，使学生更容易患病。睡眠不足会导致免疫细胞数量减少，同时也会降低免疫细胞的功能；导致体内炎症因子水平升高，增加炎症反应；影响免疫调节因子如干扰素等的表达，还会影响一些与免疫系统相关的基因表达等。这些微观层面的变化导致学生更容易罹患多种疾病。

　　熬夜会影响瘦素的分泌。瘦素是一种由脂肪细胞产生的激素，它可以抑制食欲、促进脂肪分解和代谢，从而帮助人们减轻体重。当睡眠不足时，瘦素分泌水平下降，食欲和食物摄入量增加，同时阻碍脂肪分解和代谢，从而导致体重增加。此外，睡眠不足还会影响胰岛素的分泌和敏感性，进一步加剧肥胖问题。

　　睡眠不足会使得交感神经系统处于兴奋状态，导致肾上腺素和去甲肾上腺素等压力激素的分泌增加，从而引起血压升高、心率加快等生理反应，增加患心脏病、中风等心血管疾病的风险。此外，睡眠不足可能会影响学生的注意力、反应速度、判断能力等，从而增加发生多种意外事故的风险。

☑ 知识链接

失眠的自我评估

　　失眠是指尽管有适当的睡眠机会和睡眠环境，仍然对睡眠时间和/或睡眠质量不满意并且影响日间社会功能的一种主观体验。症状常表现为：①入睡困难，即入睡时间超过30分钟；②维持睡眠困难，即入睡后频繁醒来且醒来后再入睡困难；③早醒，并且不能再次入睡。

国家卫生健康委员会推荐使用失眠严重程度问卷（insomnia severity index，ISI）评估失眠症状。该问卷共有5道题、7个评估条目，每个条目都为0~4计分。回答者根据自己的情况逐一回答后，将所有条目的分数加起来计算总分。总分≥7分提示存在失眠问题，而总分在15分以上应及时咨询医生。

失眠严重程度问卷

请根据你最近一个月的情况回答下面的每一个问题。

1. 你当前出现下列问题的严重程度。

	无	轻度	中度	重度	极重度
入睡困难	0	1	2	3	4
维持睡眠困难	0	1	2	3	4
早醒	0	1	2	3	4

2. 你对自己当前睡眠模式的满意度。

很满意	满意	一般	不满意	很不满意
0	1	2	3	4

3. 你认为自己的睡眠问题在多大程度上干扰了日间功能（如日间疲劳、处理工作和日常事务的能力、注意力、记忆力、情绪等）。

没有	轻微	有些	较多	很多
0	1	2	3	4

4. 在你看来，你的失眠问题对生活质量的影响或损害是否明显到其他人都能注意到。

完全注意不到	会注意到一点点	有些会注意到	很容易注意到	非常明显
0	1	2	3	4

5. 你对自己当前的睡眠问题有多大程度的担忧或痛苦。

没有	轻微	有些	较多	很多
0	1	2	3	4

9. 当学生做事特别慢时

王平是个做事比较拖延的孩子，做很多事都比别人慢，原因是他有些重复行为，比如重复检查。即使是非常简单的课堂练习，如完成 5 道填空题，其他同学很快就做完了，他也总是比别人慢一些。考查学习效果时，他倒不是不会做题，但总需要反复检查好久。老师觉得这可能是因为他对自己要求比较高，一些简单的作业也要反复琢磨、反复修改。但是他的重复检查行为占用的时间越来越多，明显跟不上别人的节奏，老师不得不重点留意他。

老师向家长了解情况时，王平的父母说他洗手要用半个多小时，在洗手间不停地清洗。尽管有明显的证据表明他的想法是错的，他还是坚信双手就是"不干净，有细菌"。这种想法困扰着他近一年了，慢慢地，他花费越来越多的时间来清洗想象中的污垢。父母非常担心他上学迟到，为了催他快点出门，数不清着过多少急。

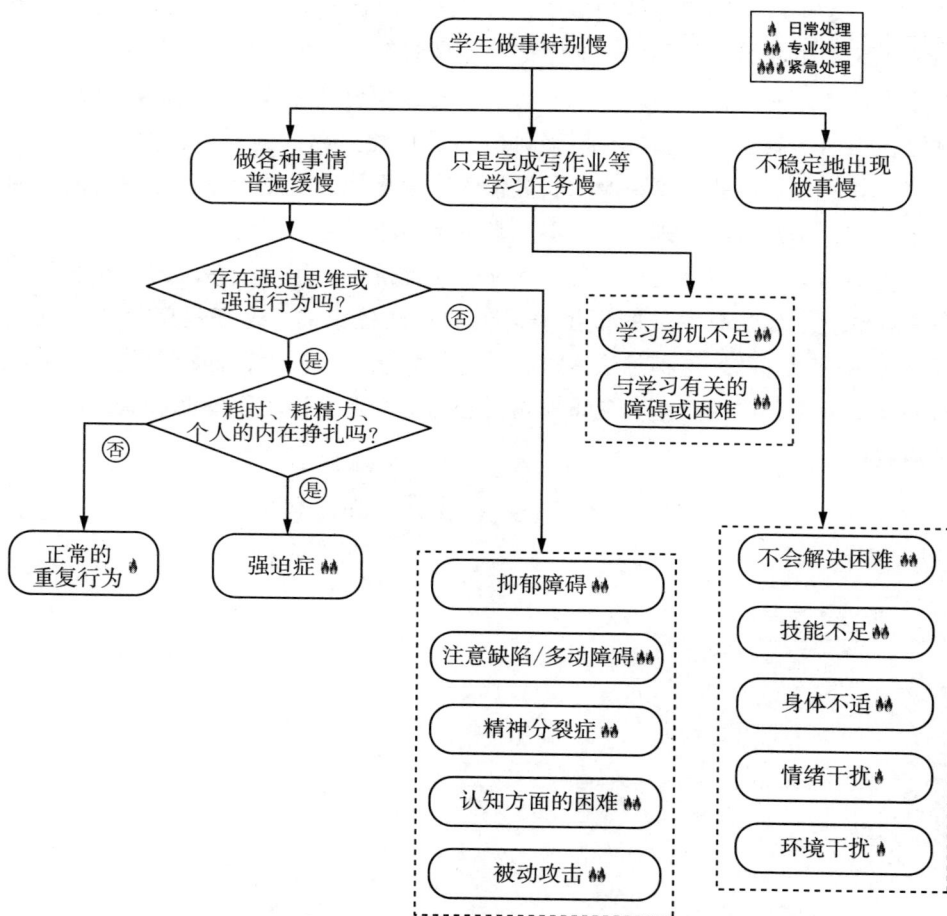

图 9-1　学生做事特别慢的识别流程图

一、为什么慢的背后可能是强迫症？

强迫症往往会让人耗费大量时间来完成简单的任务，导致学生显得拖拉、磨蹭。有时，周围的人可能注意不到患病学生的症状。一方面由于大部分人心理健康素养不足，缺乏辨识心理疾病的能力；另一方面由于患病学生会对自己的症状感到羞耻，觉得自己举止怪异，希望尽量不让人知道。

（一）什么是强迫症

强迫症是以强迫思维和强迫行为作为主要症状的心理疾病，周围人比较容易观察到的是强迫行为。

强迫行为指的是不必要的、难以控制且难以抗拒的重复出现的仪式化动作和行为，例如，一遍又一遍地洗手、写作业时反反复复地擦掉重写、考试时反反复复地重新看题、做事时必须遵循一种固定的特别仪式、学习用品或生活用品必须按固定的方式排列、反复寻求家长或教师的某些安全保证、必须重复念叨某些话或祈祷以确保不会发生不幸等。

强迫思维指的是重复出现的无法控制的、闯入脑海的想法和冲动，虽不能被直接观察到，但常常会导致强迫行为的出现。强迫思维常表现为担心自己感染病菌、过度怀疑自己没有锁好门或关闭电器、害怕自己失控或伤害别人、担心头脑中闪过的灾难想法会成真、迷信某个数字不吉利、担心物品没有按"应该"的方式摆放等。

强迫症患者可能只具有强迫思维或强迫行为之中的一类，也可能两类症状同时都有。这两类症状都具有"耗时"的特点，所以强迫症的诊断手册中列出了症状严重程度达到"每天耗时超过一小时"的标准。

（二）为什么强迫思维与强迫行为会让人做事缓慢

强迫症患者要付出大量的时间抑制强迫思维或者执行强迫行为，这导致其不能按时开始做该做的事，或者在做事中间需要停下来处理症状。这种"磨蹭"可能会让学生无法按时到校、完成作业、完成考试、跟上集体行动的节奏，继而引发与家人的冲突、引起同学的另眼相看。

例如，一名患有强迫症的学生有强迫洗手的症状，每次洗手要花 20 分钟以上的时间，如果没有达到足够的时间，他会担心没洗干净。如果在洗手后意外碰到了池边，或者看到了墙上有脏东西，即使没有碰到自己，他也感觉需要从头再洗一遍。如果他在课间休息时去洗手，可能整个课间休息的时间对他来说都是不够的，比较容易耽误学生下一节课。另一名患有强迫症的学生无法在考试时间内做完题目，这些题目对他来说并不难，但他读题非常慢，因为他要确保自己完美、准确地理解了题目，所以会一个字一个字地反复读，平均每道题都要读四五遍。等到做题的时候，他又会反复检查、反复擦掉重写，耽误了大量的时间。

二、如何识别强迫症

（一）如何区分强迫症与正常的倾向

生活中，人们常常会问：一个人有洁癖，或者喜欢反复检查，是不是患有强迫症？

正常人也会有一些强迫行为，这些行为与外部环境、个人特点都有关系。例如，管理重要档案或者大量钱财的工作人员常常有反复检查的行为：反复确认保险柜、办公室的门是否锁好了，反复核对数目是否正确无误等。这通常不是病态，而是职业要求。又如，在流感等疾病的影响下，人们会更加频繁地洗手、消毒，这是个人防护行为的表现。因此，我们不能"过度诊断"强迫症，随意贴上强迫症的标签可能会给学生带来心理压力。

低龄儿童也会患上强迫症，但青少年晚期到成年早期是强迫症发病的典型年龄。强迫症在儿童中的发病率为 1%～3%（Walitza et al.，2011；Zohar，1999），我国 6～16 岁中小学生的发病率为 1.3%（Li et al.，2022）。研究者发现，不同年龄段的强迫症症状是相似的，儿童强迫症的各种症状表现与成人并无不同。

很多人会开玩笑地说自己有"强迫症"，其实正常和异常的强迫行为是一个连续体，普通人身上可能也有强迫行为。这些行为的频率和强度比强迫症患者更低，但二者在行为表现上差异不大。普通人也常常会有类似于强迫思维的消极想法在头脑里冒出来，而与强迫症相比，这些想法出现的频率更低，造成的痛苦也更少。因此，仅有一些强迫行为或者强迫思维出现，并不代表这个人就患有强迫症。

与其他心理疾病相似，是否严重干扰生活是判断是否患有强迫症的一个重要标准。强迫症的一大特点就是"消耗"，表现在耗时、耗费精力及个人的内在挣扎上。根据《精神障碍诊断与统计手册》（第五版），诊断强迫症的标准之一是："强迫思维或强迫行为是耗时的（例如，每天消耗 1 个小时以上）或这些症状引起具有临床意义的痛苦，或导致社交、职业或其他重要功能方面的损害。"一名具有强迫性清洁症状的患者每天要花 3～4 小时在家里消毒，为此严重挤压了自己的睡眠时间；一名以强迫检查为主要症状的高中生每天晚上上床后会多次起来反复检查书包，因为他总是担心忘带第二天要用的学习用品，通常会折腾一两个小时。这些都是强迫症患者耗时的例子。

强迫症的另一个特点是患者对于症状有强烈的自我挣扎，一方面明知强迫行为是不必要的，另一方面又不由自主地继续做出强迫行为。无论做还是不做，患者都感到非常痛苦：做，意味着自控的失败；不做，则保持着焦虑的状态。例如，一名强迫症患者每天都要多次洗手，否则就会感到非常不安。他曾经尝试过减少洗手的次数，但是这样会让他长时间都处于坐立不安的状态，严重影响学习。强迫症还会影响他的人际交往，比如，他会有意识地减少与人的接触，因为担心别人会传染病菌给他，也担心别人会在他控制不住的时候注意到他的强迫行为，在背后对他指指点点。

（二）强迫症的多样表现

强迫症的表现非常多样，其症状可以围绕患者生活和学习的方方面面。因为强迫症很难用一组核心症状简单概括，所以你在使用心理量表进行筛查或评估时会发现它不像抑郁和焦虑一样可以找到简短而有效的量表进行测量。强迫症的常见症状通常分为四类。

1. 清洁：这是最广为人知的一类症状。典型的表现是反复清洗，包括洗手、洗澡、洗衣等。其实，清洁的强迫行为也是多样的，患者可能过度清扫房间、反复消毒、直接丢弃不干净的物品、频繁地换衣服、在家里划定"清洁区"与"污染区"等。清洁的强迫行为常常与担心污染的强迫思维有关，患者担心与其他人或者其他东西接触会被污染。令患者恐惧或厌恶的污染物有污垢、细菌和病毒，还可能是血液、某些人、昆虫或其他动物。这种观念也会表现出一种明知没有必要，但还是无法克制的挣扎。例如，明明知道自己路过垃圾桶时距其有1米多远，书包是不可能蹭上垃圾桶的，但就是感到书包已经被污染了，必须要采取行动。清洁的强迫行为与洁癖并无必然关系。比如，一名强迫洗手的高中生每次进洗手间都要洗手半小时左右，但当他出现在心理咨询师面前的时候，白色的球鞋发黄发黑、污迹斑斑，而他对此毫不在意。

2. 检查：这也是人们熟悉的一类症状。反复检查通常是由于担心危险或伤害。很多人都有过怀疑自己没锁好门而想要回去检查的冲动，也可能因为无法回家检查而坐立不安。这种担忧确实带有强迫倾向，但如果是偶然发生的，就并不等于强迫症。强迫症的检查是一种固定的仪式，患者会反复检查多次，耗费大量时间，常常导致迟到，妨碍学习与生活。世界上的危险层出不穷，相应的担忧和检查内容也数不胜数，例如，担心自己没有锁门、关窗、关火、关水、关灯、关闭其他电器等，担心自己没有保管好手机、钱包或其他贵重物品，担心自己没有按要求正确地回答考试题目，担心自己漏答了考卷上的题目，担心自己读题时遗漏条件或理解错误，担心自己忘带作业或其他学习用品，担心自己给别人造成了伤害等。对应的反复检查可能是检查物品，也可能是不断与别人核对、反复请求别人作出保证。

3. 秩序：这类症状的共性为追求整齐、有序、"恰当"，典型的表现是要求物品以某种方式整齐地排列，如同一笔杆颜色的铅笔必须摆放在一起、书桌上的物品必须保持"恰当"的距离等。患者也可能追求"恰当"数字，如触摸自己的某个身体部位的次数必须固定。这种追求的背后往往伴随着迷信思维，如有的患者认为 6 或 8 是吉利的，如果自己没有把物品按恰当的方式排列或者没有使用吉利的数字，就会发生灾难或伤害。有的患者并无固定的数字追求，但会出现重复触摸或敲击的行为，直到自己感觉"对了"为止。强迫计数也常常可归入这个症状类别，即看到某种特定事物（台阶、汽车等）就必须计数，否则会非常不安。有的患者则表现为追求对称，例如，看书的时候经常会检查桌子是否对齐了自己身体的中轴线，如果左手碰到了东西，那么右手也必须马上碰一下等。

4. 禁忌思维：这类症状表现为努力与自己头脑中冒出来的"不好"的思维作斗争。"不好"的思维通常是暴力、违法或不道德的内容，具体内容因时代、文化、个人价值观而异。事实上，每个人脑海中都会冒出各种想法，包括一些"不好"的想法。但强迫症患者会感到自己的想法过于危险，担心其如果不加控制就会成真，并力图控制这种想法，如试图用好的想法抵消坏的想法。

强迫症的具体表现多种多样，还有很多不能归入以上四类。例如，患者对身体某个部位或某个功能过度关注，如余光强迫症（担心自己的余光影响别人努力控制，但又因为无法控制而痛苦）、口水强迫症（过度关注唾液分泌与吞咽）等。几乎任何外界的事物、自身的活动（包括思维内容）都可能成为强迫症症状的依托。强迫症患者将大量时间消耗在无价值的细节上，压制着人的创造力。令人慨叹的是，不计其数的强迫症症状又恰恰反映出人类心灵的创造性。

三、其他导致拖延的原因/病症

每个行为都有其原因和意义，学生的拖延可能来自各种外因和内因。除强迫症以外，其他的原因如下。

（一）学生做各种事情普遍缓慢的原因

1. 其他心理疾病的影响。除强迫症以外，其他心理疾病也可能造成学生的状态低迷、能力受限。例如，抑郁障碍会让学生缺乏兴趣和活力、思维与行为迟缓，注意缺陷/多动障碍会让学生难以持续完成任务，精神分裂症会降低学生的学习能力、自控能力等。

2. 认知方面的困难。例如，智力发育迟滞会导致学生在理解问题、解决问题等方面的迟缓和困难。

3. 被动攻击。学生对父母和教师的督促和提醒感到不满，不想听从指令，但又不想因为直接对抗而引起冲突，于是采取拖拉磨蹭的方式。

（二）有的学生并不是做什么都慢，就是写作业慢、完成各种学习任务慢

这种情况背后可能的原因是学生学习动机不足，或遇到了与学习有关的障碍、困难。

1. 学习动机不足。学生不喜欢学习，兴趣点在其他的事情上，导致学生完成学业相关任务的速度缓慢，而在其他领域则不会出现这种情况。

2. 与学习有关的障碍或困难。学习障碍表现为学生的智商没有问题，但是存在信息加工中的各种困难，可能在听力、会话能力、阅读能力、书写能力、计算能力、推理和推论能力等方面出现问题。例如，读写困难会导致学生在阅读或书写时比其他学生更慢；视野狭窄表现为学生通过一个狭窄的管筒看事物，阅读、抄写等都会受到影响。

（三）学生不稳定地出现做事慢的原因

1. 不会解决困难。学生在遇到困难、阻碍时会停下来，不知道如何解决问题，也不知道沟通和求助于他人，表现为花很长时间也没有完成任务。这种情况是不稳定发生的，而且多见于年龄较小的学生。

2. 技能不足。学生缺乏某些技能，不断失败，因而无法按时完成任务。例如，当学生不会系鞋带时，可能会埋头尝试很久，从而导致其掉队。若学生不熟悉做事的步骤，也会做做停停、边做边想。

3. 身体不适。发烧、肚子痛、头痛、身上痒……各种身体不适都可能让学生无法集中精力学习和完成其他任务，同时可能伴随情绪暴躁。除了可以观察到的咳嗽、流涕等外在症状，教师还要注意一些没有外在症状的心理不适。

4. 情绪干扰。消极事件或糟糕处境容易导致学生处在负面情绪中，无法专心做事。

5. 环境干扰。环境中存在诱惑、噪声、他人干扰等，导致学生的注意力经常被分散。

此外，强迫症与强迫型人格障碍都可能造成做事缓慢，但这两者也是有区别的。强迫型人格障碍属于人格障碍的一种，是长期存在的心理行为问题模式。强迫型人格障碍的典型特征是完美主义——追求秩序与控制、关注细节，而不是强迫思维和强迫行为。强迫症患者为自己的症状感到痛苦，而有强迫型人格障碍的人则不认为自己有问题。

☑ 知识链接

拔头发与啃指甲

有些学生可能在课堂上总是做一些小动作，有的是拔头发，有的是啃指甲。其实这两种小动作都是内心紧张不安的表现，学生是在通过习惯动作释放紧张。这时批评学生只会加重学生的压力，对解决问题并无帮助。

虽然教师和家长很容易将这些行为视为坏习惯，但它们可能表明潜在的心理健康问题。拔毛癖（trichotillomania）是一种心理疾病，也被称为拔毛症，是一种强迫行为。它是一种反复出现的无法抗拒的冲动，使人想要拔掉自己的头发、眉毛、睫毛等身体上的毛发，这种行为可能会导致脱发、皮肤损伤以及产生羞耻或尴尬的感觉。拔毛癖患者在拔毛发前可能会感到紧张，但拔完后会感到轻松或愉悦。经常吃手或者啃指甲也可能是一种强迫行为，被称为咬甲癖（onychophagia）。这种行为通常也表现为反复出现的无法抗拒的冲动，使人想要咬自己的手指或指甲。其可能会导致手指或指甲受损，以及皮肤感染、牙齿问题等。拔毛癖和咬甲癖都被归为以身体为中心的重复行为——强迫行为，作为一名教育工作者，有必要认识到拔头发与啃指甲可能是更深层次心理问题的症状。诊断或治疗心理疾病不是教师的职责，但教师可以为学生创造一个支持和理解的环境。不要公开批评学生的这些行为或因此惩罚他们，因为这会加重学生的焦虑，从而进一步催生强迫行为。教师可以观察表现出这些行为的学生，并建议学生和家长咨询心理健康专家。教师还可以与专家、家长共同合作，促进学生减轻焦虑，逐渐改善强迫行为。

10. 当学生不和教师说话时

丁老师从三年级开始接手二班，班上有个女生叫苏小梅，她虽然不吵不闹，但是让丁老师很操心，因为她不和老师讲话。

但苏小梅只是不跟老师讲话，她跟同学是讲话的，听说她以前就是这样的表现。最开始老师觉得她是不是在对抗老师，但无论是再三追问还是耐心等待，她始终不说话。不过，老师叫她做什么，她也会做什么。因此，老师有点怀疑她是不是孤独症孩子。

丁老师作了几个月的努力，一直没有找到切入点，直到现在也无法与苏小梅正常交流。有一次，丁老师要求同学们在课堂上背诵古诗，苏小梅不开口。丁老师把她留下来，让她复习和背诵，她还是不开口。有一次，丁老师想出一个主意：是不是可以通过画画来了解苏小梅的内心？结果也失败了：她画是画了，但就是不交给老师。

其实这个孩子理解能力没什么问题，在学校的学习表现算是中上等。家长说孩子回家也没什么问题，该说说，该玩玩，看起来挺正常的。

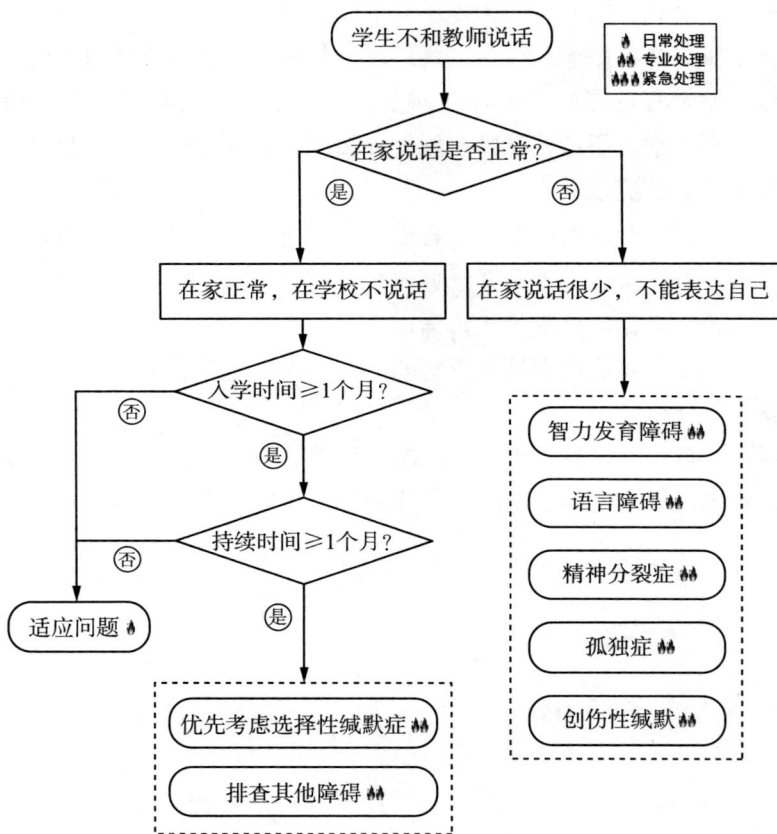

图 10-1 学生不和教师说话的识别流程图

一、不说话是故意"选择"的吗

学生面对教师的时候不说话，会让教师感到疑惑、挫败。此时最重要的是通过观察和侧面了解情况，确认学生在其他场合能否进行正常的言语表达。教师需要弄清楚：这名学生在家里能正常表达自己吗？他在学校里是完全不说话，还是和一部分人说话？在家庭与学校之外的场合，他的表现又是如何呢？

如果学生像苏小梅一样，学业表现良好，在家里说话正常，就基本上可以排除智力问题、语言障碍。那么，教师要重点考虑他的问题是不是选择性缄默症。

患有选择性缄默症的学生在其感到安全的场合可以正常说话，而在其他场合则缄口不语。"选择性"这个词可能会让人误以为学生保持沉默是故意的——他能说话但是不说，他的沉默是自己主动选择的，甚至可能是在违抗教师的要求。其实，"选择性"不是指主观意愿上的选择，是指这种缄默只出现在一部分人际场合而不是所有人际场合，强调的是行为表现的区别和差异。选择性缄默症通常出现在患者感受到压力的场合，这种压力可能是不熟悉的人带来的，所以患者在与家人相处并且没有外人的场合中通常能正常说话。而如果有陌生人在场，特别是面对教师这样的权威角色时，他会担心自己得到负面评价、担心自己犯错、担心自己不被喜欢和认可，因而非常焦虑，表现出缄默。

选择性缄默症不是故意拒绝说话，而是一种焦虑障碍，与社交焦虑障碍密切相关。多数患有选择性缄默症的儿童同时患有社交焦虑障碍，也可以说选择性缄默症是社交焦虑障碍的一种特殊形式。选择性缄默症与社交焦虑障碍有很多相似之处：患者在性格上都可能会非常害羞、孤僻，在人际交往中也表现出共有的一些行为特点，如回避眼神接触、表情与体态僵硬、举止不自然等。

二、怎样识别选择性缄默症

如果在回答问题、完成课堂任务（如朗读或背诵课文）、表达个人需求（如要求上厕所）等情况下，学生缄口不语、不能正常表达，这种情况需要引起教师的注意，考虑选择性缄默症的可能性。但并不是只有当学生不和教师说话时才有必要考虑选择性缄默症，其他需要考虑选择性缄默症的情况如：学生能和教师说话，但存在明显的困难，如音量过小或在除学校以外的其他场合不能说话。

识别选择性缄默症，首先要看学生是否符合核心症状：一方面，在需要说话的特定场合（如学校）持续地不能说话；另一方面，能够在其他情况下正常交谈和互动。

在学校里，患有选择性缄默症的学生的表现各有不同：有的完全不出声，仅使用身体语言或手势表达自己；有的会和好朋友说话，但不和教师及其他同学说话；有的会和教师说话，但说话的方式不正常，如用手捂着嘴说话，声音细若蚊鸣。最严重的选择性缄默症会表现为在任何表达上都有困难：不仅难以进行口头表达，也难以作出书面表达（不仅说不出来，而且写不出来）；不仅难以使用言语表达，也难以使用非言语表达（难以使用手势、绘画来表达自己）。

结合学生在现实中的多样表现，教师在识别选择性缄默症时需要注意几个要点。

（一）区分正常的害羞与选择性缄默症

区分的要点在于选择性缄默症的不说话是"持续"的。在接触陌生的儿童与成人时，或在刚刚进入新的人际环境时，许多学生可能会害羞得不敢说话，但这种情况会随着适应而好转。心理发展水平正常的学生有时会因为害羞、恐惧、困惑、疲惫、厌烦等情绪或感受而不说话，但这种现象是短暂的，患有选择性缄默症的学生则会持续地保持沉默。所以在识别选择性缄默症时需要考虑时间因素，其诊断标准要求症状持续时间超过一个月，而且入学后的第一个月应该除外。这是因为学生在升学、转学后需要时间适应新环境，而害羞的学生比较"慢热"，他们在最初一段时间里比其他学生主动表达得更少，但会慢慢适应环境，而选择性缄默症并不会随着对人和环境的熟悉而消除。如果学生的表现是波动的，如情绪好的时候会和教师正常交流，而情绪不好的时候则整天不说话，这不是选择性缄默症的表现。选择性缄默症患者的"持续不说话"是表现在特定场合中的一贯行为，无论对话多么简单或者多么必要，他们都会保持沉默不语。例如，即便同龄人友好地询问名字、年龄这些简单的问题，或者需要请求教师允许自己上厕所，患有选择性缄默症的学生也会闭口不言。

（二）"特定场合"因人而异

患有选择性缄默症的学生具有说话的能力，在他们感到舒适的环境中表现得像其他儿童一样正常，家人甚至会说他们"多话""吵闹"。但在感到威胁、压力的场合，他们则表现为沉默不语。这种威胁、压力很大程度上是个人感受，不同的人对不同的场合感受不同。许多患有选择性缄默症的儿童在有陌生人的场合不说话，但也有的能与完全陌生的儿童交流得很好，因为让他感到压力的不是陌生人而是成年人。患有选择性缄默症的学生在学校里可能与所有人都不说话，也可能只与让他感到安心的少数人说话，案例中的苏小梅就是后者。

（三）使用非言语沟通的程度因人而异

有的患有选择性缄默症的学生回避所有的沟通形式，包括非言语的形式，苏小梅不把自己画的画交给老师就属于这种情况。回避非言语沟通的学生会紧闭嘴巴、面无表情、躲开目光接触，让其他人难以了解他的想法和感受。也有许多患有选择性缄默症的学生利用非言语沟通来表达自己的想法，如点头摇头、做手势、在书上指出字词等。他们通过非言语沟通可以满足当前的一些需求，但是过于依赖非言语沟通则不利于行为改变。

（四）排除其他原因

根据选择性缄默症的诊断标准，当学生出现持续不说话的症状时，还需要排除一些其他常见原因。其一，这些症状不是因为口语上的困难。例如，学生来到一种自己不熟悉的语言环境，因为听不懂和不会说而保持沉默，这并不是选择性缄默症。其二，这些症状不是因为其他疾病，如孤独症谱系障碍、精神分裂症或其他精神障碍。

选择性缄默症通常起病于 5 岁前，但是可能入学后才引起临床关注。从症状出现到明确诊断大约有 4 年的滞后，这在很大程度上是由于患者进入小学后症状更加突出，带来的问题也容易引发教师和家长关注。但较晚年龄出现症状的情况也不少见。我国某医疗机构分析了 39 例患有选择性缄默症的儿童的情况，根据儿童主要照料者的汇报，其中一直有症状的 20 例，幼儿园阶段出现症状的 4 例，小学阶段出现症状的 13 例，初中阶段出现症状的 2 例。

选择性缄默症是一种相对少见的疾病，不同研究报告的发病率在 $0.1\%\sim1\%$。女童的发病率高于男童，大约为 2：1（Kumpulainen，2002；Garcia，2004）。在疾病分类中，选择性缄默症容易被误认为语言障碍，实际上应归入焦虑障碍。从发病率的性别差异来说，选择性缄默症也更贴近焦虑障碍（语言障碍的发病率通常是男性更高，而焦虑障碍的发病率通常是女性更高）。

三、选择性缄默症会带来哪些问题

选择性缄默症的典型症状非常鲜明：在一些场合不能说话，而在另外一些场合表达正常。同时，选择性缄默症患者最常见的"不能说话"的场合是在学校里、在教师面前，因此教师非常容易注意到这种问题。但是，由于对这种心理疾病的知晓率不足，教师和家长可能无法及时识别。在这样的情况下，教师也可能会误解学生不说话的原因：有的觉察到学生的紧张，但认为他过段时间就会好了；有的则认为学生是在拒绝交流或对抗教师的要求。

如果没有得到恰当的诊断和治疗，选择性缄默症可能会导致多方面的不利影响，阻碍学生的健康发展。

（一）学业问题

选择性缄默症限制了学生的表达，一方面导致学生难以遵循要求完成课堂任务，包括积极发言、回答问题、朗读、背诵等，另一方面阻碍了学生在遇到不懂的知识和题目时及时求助。教师往往难以评估这些学生的学习水平、困难和需求，因此难以为他们提供针对性的引导和帮助。

（二）人际问题

选择性缄默症会阻碍人际交往，这些学生往往难以主动进行人际交往，在他人主动接近时往往作出较少的积极回应，因此他们在社交中可能会变得越来越孤立、缺乏朋友。社交孤立还会增加遭受校园欺凌的风险。

（三）情绪问题

选择性缄默症阻碍学生表达自己的需求，导致这些学生的需求较难得到重视和满足，增加了日常生活中的挫败感。选择性缄默症也阻碍学生表达自己的情绪感受，让这些学生缺少理解和支持。有些患有选择性缄默症的学生会在家里尖叫，发泄自己压抑的情绪；有的则在家里表现得专横霸道，寻求一种控制感的补偿。选择性缄默症往往会带来日益严重的焦虑、抑郁和其他情绪障碍，甚至促发自杀意念。强烈的焦虑情绪也可能以躯体形式表达，例如，学生在上学之前出现头痛、肚子痛，甚至呕吐或腹泻。

四、如果不是选择性缄默症，还可能是什么

（一）孤独症

孤独症属于发育障碍，会影响儿童的言语沟通与非言语沟通技能。孤独症谱系障碍与选择性缄默症都会表现为严重的沟通困难，患有选择性缄默症的儿童也可能表现出没有表情、没有眼神交流，与孤独症患者在人际交往中的表现相似。两者的区别主要在于：选择性缄默症患者在自己感到舒适、安全的场合能够正常地说话、交谈，而孤独症患者的表现则不会因场合不同而有很大差别。因为前者是特定场合下的焦虑表现，而后者是能力方面的缺陷。观察、了解学生在家里的表现，往往有助于区分这两者。

（二）创伤性缄默

创伤性缄默是在亲身经历或目睹创伤事件后出现的不说话的现象，它与选择性缄默症相似的地方是：患者具有言语能力，但却不再说话。此外，创伤后反应也可能导致学生回避人际交往。在鉴别时，应询问学生在缄默症状出现前是否遭遇过创伤事件，包括车祸等危及生命的突发事件、在学校遭受欺凌、重要亲人遭遇事故等。在症状表现上，两者的区别在于：患有选择性缄默症的儿童至少会在某个场合说话，而不是在所有场合都保持沉默，而患有创伤性缄默的儿童通常在所有场合都保持沉默。

（三）语言障碍

患有语言障碍的学生在语言的习得和使用上存在困难，表现为在所有环境中（包括家里）说话都有困难，而不是在不同场合表现出明显的差异。有一部分选择性缄默症患者也存在语言障碍，他们会担心因自己的语言表达能力较差而受到负面评价。

此外，学生不与教师说话还可能出现在学生患有精神分裂症、智力发育障碍等疾病的情况下，也可能出现在一些暂时的情况下，如因为愤怒而暂时拒绝沟通。

> **知识链接**
>
> ## 越关注口吃，越会口吃
>
> 口吃与选择性缄默症有相似之处。大多数口吃者往往能在放松的人际关系和话题中（如和母亲聊天）流畅地说话，但在压力较大的场合口吃严重。这种情况提示我们，口吃者的语言能力发展是没有问题的，口吃的出现与特定场合下的心理状态有关。在特定场合，对口吃的恐惧导致了说话时的紧张，高度的紧张又给语言系统带来压力，造成了语言表达不畅。教师是典型的权威角色，学生与教师讲话时容易紧张，所以口吃问题在学校里可能会更加突出。
>
> 学生的口吃程度通常与对口吃的恐惧感成正比，他越是害怕口吃、越是极力避免口吃，就越是容易口吃。所以，家长和教师越强调讲话流利的重要性，学生就越觉得言语表达是一件重要而有压力的事，会更加担心自己口吃，结果反而口吃得更厉害。因此，家长和教师在日常生活中越关注学生口吃，越不利于缓解其口吃问题。

成人也要注意，不要轻易给儿童贴上口吃的标签。2～7 岁是儿童语言能力迅速发展的阶段，这个阶段儿童逐渐学会使用语言来表达他们的想法，但是他们在将内心的想法转化成语言表达出来时可能不像成人那样流畅，而是需要时间去想恰当的词语和句子，也需要时间把他们想到的词语和句子整合起来再说出来。所以，学前儿童有时候说话不流畅、容易卡壳并不是真正的口吃，而是语言发展的必经阶段。

11. 当学生网络使用不当时

"宋老师，您说怎么办呀？这孩子我实在是拿他没辙，他刚刚说，不给他玩手机他就不上学。"

刚挂下电话的我使劲揉了揉太阳穴，家长的话还萦绕耳畔。

我之前就知道小铁爱玩手机，学校不让学生带手机，所以他平时的表现还好。但有时我在校门口看到他一出学校就把手机从爷爷手里拿过来，那样子看起来有些迫不及待。最近班上悄悄流行起了一款组队求生的游戏，大家一边玩游戏一边连麦说话。小铁玩得最为疯狂，我听家长说他有时候玩到夜里十二点。家长和他沟通过，也试过提出交换条件，可常常不管用。更严重的是，他如果打输了一局游戏就很想赢回来，这一玩就是一整晚，白天上课也无精打采，心思也很难放在学习上。最近临近期末考试，家长心里着急，和孩子又大闹一场，就给我打来电话哭诉。

眼看着事情愈演愈烈，小铁沉迷手机游戏严重影响到了他的学业表现。作为老师，我该怎么办呢？

学生网络使用不当

🔥 日常处理
🔥🔥 专业处理
🔥🔥🔥 紧急处理

是否对网络使用有强烈的冲动或渴望？　　否

是

是否存在戒断反应？　　否

是

是否有成瘾式沉迷？　　否　　问题性使用网络🔥🔥

是

是否主要用于游戏？　　其他风险成瘾🔥🔥
否

是

网络游戏成瘾🔥🔥

学习困难🔥🔥

社交焦虑障碍🔥🔥

抑郁障碍🔥🔥

注意缺陷/多动障碍🔥🔥

对立违抗障碍🔥🔥

从众心态🔥

缺乏对规则的理解🔥

家庭管理不良🔥

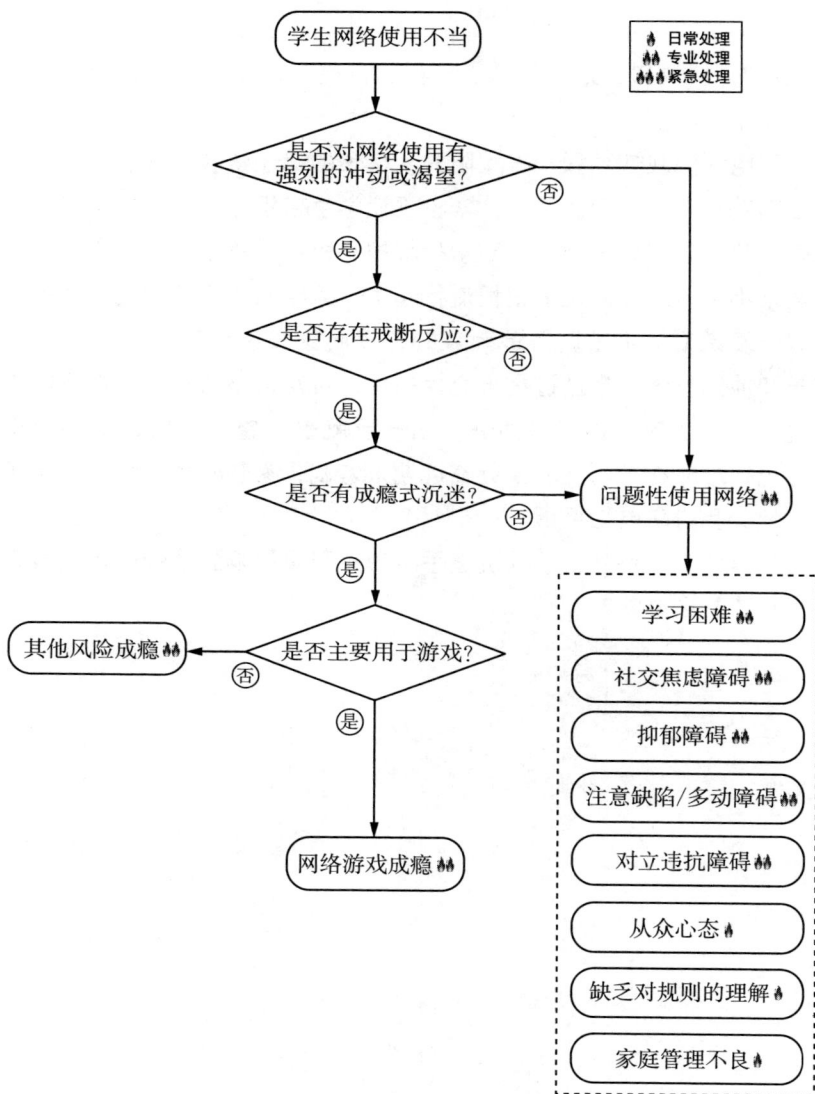

图 11-1　学生网络使用不当的识别流程图

现如今几乎每一个人都离不开网络，包括儿童青少年。一方面，网络可以让学生获取更多的资讯和信息、学习更多的在线课程，并进行社交和休闲娱乐活动；另一方面，网络的过度使用容易导致成瘾行为。大量研究表明，网络成瘾会对儿童青少年的成长产生负面影响，如身体机能下降、人际交往困难、学习困难和物质成瘾等。

越来越多的新闻媒体报道了儿童青少年沉迷网络引发的悲剧。教育部办公厅 2018 年发布《关于做好预防中小学生沉迷网络教育引导工作的紧急通知》、2021 年发布《关于进一步加强中小学生睡眠管理工作的通知》，其中明确要求网络游戏运营方每日 22：00 到次日 8：00 不得为未成年人提供游戏服务。网络使用不当会直接影响学生的学习和生活，作为教师，我们也需要了解什么是网络成瘾。

一、网络成瘾的排查流程

很多学生每天都会使用网络，部分学生还拥有自己的手机，这让他们有更多机会接触网络。我们如何判定学生对网络的使用是否属于网络成瘾呢？

第一步，我们需要识别学生对于网络使用是否有强烈的冲动或渴求。很多学生使用网络是功能性、目的性的，如查阅相关资料、登录学校的网站、学习、社交。如果学生能按照自己的需要正常使用网络，在平时的学习、娱乐和生活中不依赖网络，则属于合理使用网络。还有一些学生使用网络是被动的，比如同学们都在玩一款手机游戏，他们也跟风玩玩，若同学们举办线下活动，他们便放下手机去参加，这种被动式的卷入不属于网络成瘾。

如果我们观察到学生非常想要使用网络，具有强烈的主动性，如一直嚷嚷着要上网玩游戏、看短视频，对于网络使用有巨大的兴趣和渴求，那么我们需要进行下一步的判断。

第二步，我们需要观察学生对于网络使用是否存在戒断反应。戒断反应是成瘾理论里的一个专有名词，最早用于描述酒精或毒品成瘾，它是指停止使用药物或者是减少使用药物剂量时个体出现的症状表现。在网络成瘾的排查中，我们需要观察的是学生减少或停止上网时是否会出现周身不适、烦躁、易激惹、注意力不集中、睡眠障碍等症状，这些症状可以通过使用类似的电子媒介如电视、掌上游戏机等来缓解。

如果我们观察到学生一旦不能上网或者是只能有限度地上网就会表现出一

系列的症状，而当他上网后这些症状就能得到缓解，那么我们基本上可以推论孩子在网络使用上出现了戒断反应。

第三步，我们可以进一步观察学生对于网络使用是否有成瘾式沉迷。主要可以观察以下五个方面。

(1)为达到满足感而不断增加使用网络的时间和投入的程度。

(2)使用网络的开始、结束及持续时间难以控制，经多次努力后均未成功。

(3)固执地使用网络而不顾其明显的危害性后果，即使知道使用网络的危害仍难以停止。

(4)因使用网络而减少或放弃了其他的兴趣、娱乐或社交活动。

(5)将使用网络作为一种逃避问题或缓解不良情绪的途径。

如果学生满足上述三点，且平均每日连续使用网络时间达到或超过 6 小时，同时符合症状标准已达到或超过 3 个月，就可能达到了网络成瘾的程度，建议父母咨询精神科医生。

二、网络成瘾的类型

网络成瘾又称因特网性心理障碍(internet addictive disorder，IAD)，指个体反复过度使用网络导致的一种精神行为障碍，表现为对使用网络产生强烈欲望，突然停止或减少使用时出现烦躁、注意力不集中、睡眠障碍等。网络成瘾的病程标准为平均每日连续使用网络时间达到或超过 6 小时，且符合症状标准已达到或超过 3 个月。

研究发现，在 86% 的案例中，网络成瘾有其他伴生的 DSM-IV 类精神疾病。网络成瘾和注意缺陷/多动障碍、重度抑郁、社交恐怖症有关。

成瘾是一种重复性的强迫行为，其即使在已知可能造成不良后果的情形下仍然被持续重复。这种行为可能源于中枢神经系统功能失调，对其的重复也可以反过来造成神经功能受损。

沉迷手机网络游戏属于成瘾中的行为成瘾，行为成瘾是指个体高频率反复从事可能对其身心健康和社交生活有害的活动的一种强迫行为。

经过专家论证，正式制定了我国首部《网络成瘾临床诊断标准》，该标准根据不同的使用内容将网络成瘾分为五个类型，分别是网络游戏成瘾、网络色情成瘾、网络关系成瘾、网络信息成瘾和网络交易成瘾。

网络游戏成瘾：该类型主要是指网络成瘾者将主要时间、精力用于玩网络游戏，包括单机版游戏、联网版游戏、手机游戏等。该类型比例最大，占所有网络成瘾的 82%。

网络色情成瘾：该类型主要是指网络成瘾者将主要时间、精力用于浏览色情信息，包括小说、漫画、视频、聊天室、直播平台等。

网络关系成瘾：该类型主要是指网络成瘾者将主要时间、精力用于网络社交，主要包括通过网络聊天工具或色情网站结识朋友。

网络信息成瘾：该类型主要是指网络成瘾者将主要时间、精力用于浏览、获取信息，主要包括浏览各种有用和无用的信息，在青少年群体中也表现为猎奇心理。

网络交易成瘾：该类型主要是指网络成瘾者将主要时间、精力用于交易，包括购物、拍卖、赌博、打赏等。

专家还指出，将青少年上网的频率控制在每周 2～3 次，每次不超过 1.5 小时，应该属于安全使用网络的范围。

各国学者用不同的成瘾标准进行了研究。有研究显示，网络游戏成瘾的患病率约为 27.5%。也有研究显示，亚洲国家以及 12～20 岁男性青少年患病率最高。另一项来自亚洲的研究显示，在 15～19 岁的青少年中，男性患病率为 8.4%、女性为 4.5%。还有一项研究显示，我国青少年网络成瘾的比例大概是 10.4%。整体而言，有网络成瘾及其风险的青少年比例不太乐观。

三、其他可能性

还有部分学生虽沉迷网络，但达不到上述成瘾标准，那么可能是因为什么呢？

（一）学习困难

有部分学生存在学习困难，在学校环境中可能很难完成课堂任务、达到学业标准。这会让他们的自尊受挫，使他们容易退缩到一个更安全、更没有负面评价的环境中，比如说虚拟的网络。

（二）社交焦虑障碍

有部分学生因为社交焦虑障碍而难以在现实生活中交到朋友，在人际交往场合中容易感到紧张和担忧。网络虚拟环境可以让他们相对轻松地结交朋友或者浏览信息，他们也相对更容易沉迷网络。

(三)抑郁障碍

存在抑郁障碍的学生会感到情绪低落、兴趣丧失，网络能让他们以较低的成本获取信息。网络也可以以间接的方式参与学生生活的方方面面，如学习、社交，而且方便他们在独处时使用。抑郁障碍群体也更容易沉迷网络。

(四)注意缺陷/多动障碍

该群体有较高的冲动性和冒险倾向，这和部分网络成瘾群体是一致的，因此他们也容易在网络上有比较多的冲动行为和冒险行为，如过度游戏、过度消费等。

(五)对立违抗障碍

该群体的一个明显特征是喜欢与权威对抗，在课堂上也容易和教师对着干或发生冲突。该群体沉迷网络的表现很可能是在课堂上使用手机，故意打破教师设立的规则，进而表现出网络使用不当的行为。

(六)从众心态

有部分群体沉迷网络是出于从众心态。例如，学生所在的班级或者是朋友圈中人人都沉迷网络，他就很可能出于从众的压力而表现得像别人一样使用网络，以保证和群体的同步性。

(七)缺乏对规则的理解

有部分学生沉迷网络是因为缺乏对规则的理解，他们不太清楚如何在家里或者课堂上合理使用网络，因此会在不该上网的时候上网或者突破边界式地上网，进而表现出网络使用不当的行为。

(八)家庭管理不良

网络使用不当归根结底是一个家庭管理问题，常见的相关家庭管理包括家长是否给学生手机、是否允许学生上网、能否设置一个合理的使用程度、能否有效停止网络使用。有部分学生沉迷网络，是因为极度缺乏相关家庭管理以及亲子关系不良。

📋 **知识链接**

DSM-5 建议的网络游戏障碍诊断 9 条标准

在 12 个月内持续体验到以下 9 条标准的 5 条以上，即属于网络游戏障碍。

标准	选项	
1. 你是否花大量时间想着游戏？即使你没在玩的时候，也在计划什么时候能再玩	是	否
2. 当尝试去减少或停止玩游戏或当不能玩游戏时，你是否感到不安、暴躁、易怒、生气、焦虑或悲伤	是	否
3. 为了得到与过去同样的兴奋度，你是否感到需要增加玩游戏的时间、玩更刺激的游戏或使用更强的装备	是	否
4. 你是否觉得应该少玩游戏，但是未能减少你花在这上面的时间	是	否
5. 因为玩游戏，你是否对其他事物丧失了兴趣或减少了对其他娱乐活动（爱好、会见朋友）的参与度	是	否
6. 假如知道负面后果（比如没有得到足够的睡眠、上课/上班迟到、花太多钱、同他人争吵或忽视了重要的职责），你是否会继续玩游戏	是	否
7. 你是否会向家人、朋友/他人就玩游戏的时间撒谎，或尽力不让家人/朋友知道你玩游戏的时间	是	否
8. 你是否用玩游戏来逃避或忘记个人问题或缓解不舒服的感觉？比如内疚、焦虑、无助或沮丧	是	否
9. 玩游戏是否使你的重要关系或工作、教育的机会受到威胁，甚至导致你失去它们	是	否

12. 当学生出现异常精神症状时

最近，班上发生了一件让我非常头疼的事。

我的学生小朱这学期开学以来有些奇怪，九年级是个忙碌紧张的学习阶段，可她常常在课堂上发呆，难以集中注意力，好像完全不重视现在这个阶段。她常忘记事，到了轮流值日的时间，她却不见踪影了。事后问她，她竟然完全不记得这回事了，但是班长已提前一天通知她了。最近我又得知一件令我不安的事：她认为班上一名男生是她的男朋友，准确地说是她幻想如此。我悄悄问过这名男生，也问过他俩周围的人，大家都说没这回事，他们甚至没怎么说过话。可在小朱的心里，两人就是情侣关系。在凌晨 3：00 左右，她常常会起来唱歌跳舞，仿佛一个人沉浸在另外一个世界。同宿舍的室友有些担心她，纷纷找我报告她的情况。

小朱一直性格孤僻、内向，但之前从来没有做出过奇怪的事。她这学期以来的表现令我困惑，也让身边的人感到讶异。小朱的情况理应得到重视，但我该怎么做呢？

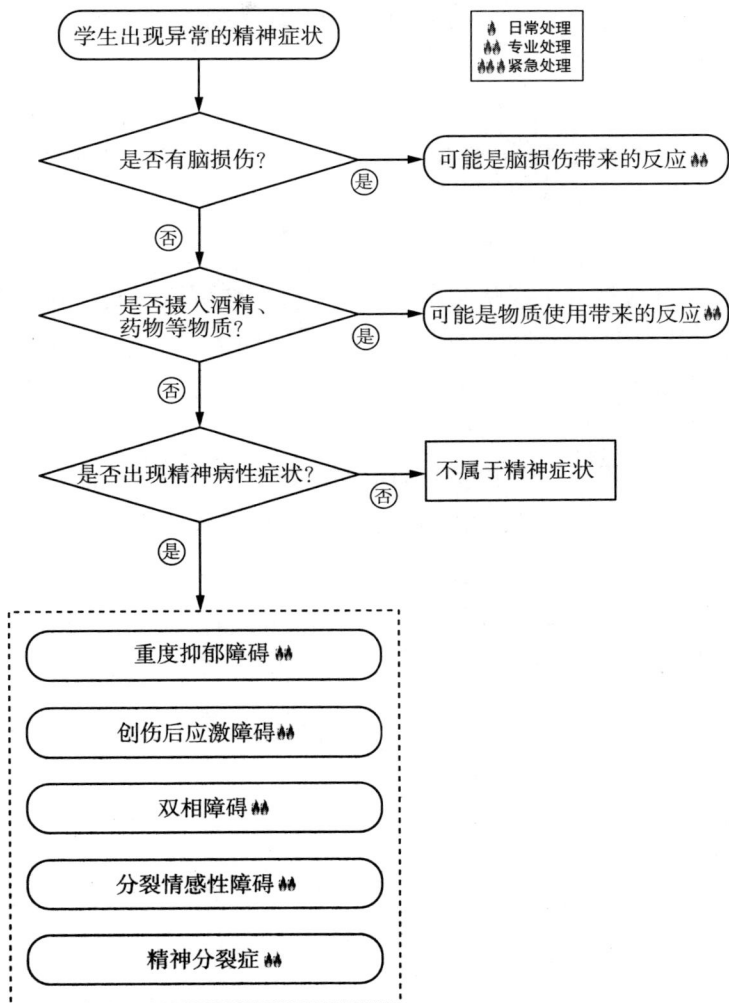

图 12-1 学生出现异常的精神症状的识别流程图

一、精神病性症状

常见的精神病性症状通常包括幻觉和妄想两个特点。

（一）是否出现幻觉？

幻觉是指在没有客观刺激作用于相应感官的条件下感觉到的一种真实的、生动的知觉，属于知觉障碍的一种，有幻听、幻视、幻触、幻嗅等形式。其中最常见的形式是幻听，常常表现为言语幻听。听到有人对自己进行评论（夸奖、赞美、批评或指责等），称为"评论性幻听"；听到有人对自己施加命令如离家出走，称为"命令性幻听"。

幻觉还包括幻视、幻嗅和幻触。

1. 幻视：在没有真正视觉刺激的情况下，个体可以看到一些本不存在的图像，如看到某些物体变形、出现奇怪的颜色或图案。

2. 幻嗅：在没有真正嗅觉刺激的情况下，个体可以闻到一些本不存在的味道，如闻到特殊的味道。

3. 幻触：在没有真正触觉刺激的情况下，个体有被触摸的感觉。患者既可以感觉到来自人的接触，也可以感觉到来自动物等的接触，如皮肤有被针刺的异常感。

一些可能会出现幻觉的情况如下：

使用酒精或毒品等物质

癫痫

偏头痛

高烧

极度疲劳

重度抑郁障碍

创伤后应激障碍

边缘型人格障碍

双相障碍

分裂情感性障碍

精神分裂症

……

作为教师，我们怎样才能知道学生的表现是不是幻觉呢？可以根据实际情况尝试使用或改编下列问题：

"你可以带老师一起听听/看看/闻闻吗？"

——询问这类问题可以帮助教师判断刺激是否客观存在。我们可以倾听学生的讲解，在此过程中排查真实性和合理性。如果学生说"可以"并描述"你看，这个小女孩在我手臂上跑"，而且指着手臂某处，我们可以进一步向他询问细节：

"她是谁？她在你手臂上跑是要做什么吗？"

——通过询问这类问题验证学生对于幻觉的体验是确切的还是模模糊糊的，是有完整的剧情还是令他自己也感到困惑。

例如，如果学生说："我也不知道，有时候感觉手臂痒痒的，好像会看到一个小女孩在跑，有时候又不见了，好奇怪。"这代表这个幻觉是片段的不确切的，和实际感觉（手臂痒痒的）有关，也可能是学生的某种联想。

如果学生说："她是莉莉，她在躲避她舅舅的追杀，只要她感应到她舅舅行动了，她就会变成指甲盖大小，藏到我的手臂上，我必须庇护她，晚上我也不敢睡觉，莉莉随时会找我。"这代表学生是坚信自己的幻觉的，并且幻觉存在完整的剧情和一些不合常理的逻辑，这可能还和妄想有关（程度更为严重）。

如果学生说"不可以"，教师可以进一步询问原因：

"是只有你能看见、老师看不见吗？还是有别的什么原因？"

——询问这类问题可以帮助教师理解学生对于幻觉的看法：它是不是独特的？是否只有自己能看见？是否带有特殊的寓意？由此判断学生是否出现了幻觉或古怪的、偏离常理的判断。

例如，如果学生说："你不在 k 组织里，你是看不见的，我们被选中执行任务的才会看见。""大家都看不见，我不明白为什么好像就我能看见，我是不是视力出了问题？"这两种回答所指向的风险程度是不同的。

（二）是否出现妄想？

妄想是一种不受相反事实和逻辑推理纠正而坚信不疑的信念，包括错误的判断与逻辑推理。存有妄想的人所相信的事情是其周围与其所处环境、宗教信仰、文化背景相似的人都不能理解的。妄想是精神分裂症的常见症状，90%的患者在病程中曾经出现过妄想。

妄想的常见类型有下列几种。

1. 被害妄想：坚信自己或自己的亲人正在遭受其他人的迫害、监视或阴谋。例如，坚信有人在跟踪自己、想要加害于自己。

2. 关系妄想：坚信日常事件、物体或其他人有着非比寻常的个人意义。例如，看到电视上的某个节目，坚信这个节目是为自己设计的，在针对自己发送秘密消息。

3. 钟情妄想：坚信自己被某异性看中、所爱，即使遭到对方的严词拒绝，也会认为对方是在考验自己对爱情的忠诚。

4. 影响妄想：坚信自己的言行受外界某种力量控制。例如，坚信自己的整个思想及行动都受到某个外太空神秘生物的操控和支配，使他不能控制自己。他走在路上自言自语，其实是在和这股神秘力量辩论。

5. 疑病妄想：表现为对自己身体健康的过分关注，担心或坚信自己患有躯体疾病并反复就医，但各类检查均不能证实疾病存在。例如，总觉得身体不舒服，觉得自己一定得了重病，把能做的检查都做了，医生说身体没问题，自己还是无法相信。

此外，精神分裂症谱系障碍群体可能还有嫉妒妄想、夸大妄想、罪恶妄想、躯体妄想等。

在上文的案例中，小朱有钟情妄想的可能。要注意，有些妄想会伴有伤害自我或伤害他人的风险。教师怎样知道学生的症状是不是妄想呢？我们以小朱的案例来举例说明。

我们可以追问："你们是什么时候在一起的？"

——通过事件来判断妄想的性质。对于小朱来说，她自己是半信半疑的还是完全确信的，是充满细节的还是模糊不清的，这可能指向不同的严重程度。

如果小朱说："今年暑假，他到我家楼下，向我的窗户扔了三颗石子，那代表表白。我生日那天，他又在我们家门口放了三颗小石头，这是心意确定的意思，那天我们就正式在一起了。"这样的表述说明小朱内心构建了常人难以理解的逻辑，它提示着更高的精神疾病风险。

如果小朱说："他周三最后那节物理课总是留到最晚，我物理差，会留下来自习。教室里最后就剩我俩，我不知道他是不是在等我，或者他是在陪着我吗？反正从这学期就开始了。"这样的表述说明小朱内心对于现实发生的事情存在一些主观推测，可能推测错了，但不会让人感觉很荒谬，小朱患精神疾病的倾向没有上一种说法强烈。

我们还可以继续追问："你感觉他喜欢你，他却矢口否认，你觉得他为什么这么做?"

——通过询问小朱对于想法的理解,了解她是否有怀疑、是否有自我反思和觉察的能力。如果小朱说:"这是我们保护对方的方式,我们之前已经约定好了,你们不懂!"这可能提示小朱主观偏执地坚信对方喜欢自己,且构建了一个完整的逻辑,可能存在更高的精神疾病风险。如果小朱沉默了,或者露出尴尬的神色,这可能提示小朱并非坚定不移地相信对方喜欢自己,有自欺欺人的成分或其他想法,可以进一步询问。

除了解幻觉和妄想以外,我们还可以通过判定现实检验能力来分析学生的情况。现实检验能力是一种基本的自我功能,可以区分外在客观世界和内心主观世界,以便精确地判断自我与环境之间的关系。具备现实检验能力,对于真假、虚实就会有合乎常理的判断。

请阅读下面的案例。

有一名罹患抑郁症的初中女生想要留级,她说走在路上觉得路上的人都知道自己患了抑郁症,她不想出门也不想上学,希望先留一级,休学一阵子再重新上学。

心理咨询师询问她:"你觉得路上的人真的都知道你有抑郁症,都瞧不起你吗?"

女生回答:"按理说他们都不知道,但我就是有这种感觉。"

在这个案例中,女生主观上感觉路上的人都知道自己有抑郁症,但其实她能辨别出这在逻辑上不会是真的,有自己想象的成分。这就是有现实检验能力的表现。

本章开头的案例中,如果小朱坚信班上的那名男生是自己的男朋友,虽然对方表示两人几乎没有说过话,周围同学也说这两个人接触较少,他们之间也没有信息、邮件等往来,但小朱仍然一口咬定事实如此,把男生当自己的男朋友对待,那么这就是没有现实检验能力的表现。

具有现实检验能力的人通常会考虑客观证据,且有一定的自我怀疑能力。现实检验能力也是判断是否有精神障碍的参考指标之一。

当然,只有幻觉和妄想远不足以作出任何精神障碍诊断,6%~8%的正常人也会有幻觉体验。我们切勿给学生贴标签,但在发现有疑似现象时应引起重视,及时与家长沟通并获得专业帮助。

📋 **知识链接** ---------------------------------

脑损伤与精神障碍

　　大脑受到伤害有可能会引发异常表现，甚至直接引发精神障碍。例如，在遭受脑外伤后可能会出现外伤性谵妄，包括出现丰富的幻觉，意识不清或恍惚，强烈但不符合实际情况的情绪如紧张、恐惧、兴奋不安。这主要是由于脑组织在颅腔内有较大幅度的旋转、移位，部分脑区或脑区连接方式受损等。

　　对精神状态的早期识别非常重要，因为精神疾病不像想象中那样明显，尤其是在儿童青少年时期，容易被忽视或误判。精神疾病可以导致许多适应不良行为，对精神疾病（如精神分裂症）的早期治疗不仅可以使患者及其家庭得到解脱，而且可以改善预后效果。中毒引起的精神疾病更是可以治愈的，当症状很快缓解时，大脑原有的功能很快就可以恢复。

二、儿童及青少年精神分裂症的特点

　　儿童及青少年精神分裂症（child and adolescent schizophrenia）是指发生在儿童青少年时期（指18岁以下）的，以特征性思维歪曲、情感不协调、明显的感知障碍行为异常为特征的精神病症。儿童及青少年精神分裂症患病率较低，但症状相对较严重，干预也较困难。

　　对于青少年而言，精神分裂症谱系障碍多始于情感异常，且常有幻觉、妄想和偏执。除典型的幻觉、妄想外，儿童及青少年精神分裂症患者还可能有以下表现：

　　过度的情绪不稳定

　　严重的焦虑和恐惧

　　语言古怪离奇，别人不理解

　　难以与同学相处或保持朋友关系

　　畏缩、消极、封闭自己

　　个人卫生自理能力下降

　　精神分裂症患者的行为会随着时间的推移慢慢变化。例如，一些原本很开朗、善交际的学生逐渐变得害羞或畏缩，好像性情都发生了变化，还会谈论一些奇怪的话，前言不搭后语，即使询问后也无法理解。这些早期症状往往能被教师首先发现，需要引起重视。

📋 知识链接

精神分裂症的症状诊断标准

A. 存在 2 项（或更多）下列症状，每一项症状均在 1 个月中相当显著的一段时间内存在（如经成功治疗，则时间可以更短），至少其中 1 项必须是（1）（2）或（3）：

（1）妄想；

（2）幻觉；

（3）言语紊乱（如频繁的离题或不连贯）；

（4）明显紊乱的或紧张症的行为；

（5）阴性症状（即情绪表达减少或动力缺乏）。

B. 此障碍发生以来的明显时间段内，1 个或更多的重要方面的功能水平（如工作、人际关系或自我照顾）明显低于障碍发生前具有的水平（当障碍发生于儿童或青少年时，则人际关系、学业或职业功能未能达到预期的发展水平）。

C. 这种障碍的体征至少持续 6 个月，此 6 个月应包括至少 1 个月（如经成功治疗，则时间可以更短）符合诊断标准 A 的症状，可包括前驱期或残留期症状。

三、异常精神症状的排查

当我们发现学生出现异常精神症状时，也需要进行一些排查，切勿急着贴标签。

首先，我们可以排查学生大脑是否受过伤。大脑受伤可能会直接影响我们的知觉、思维、记忆水平。例如，颅脑损伤可能伴发急性精神障碍（包括谵妄、意识模糊、遗忘或健忘）、慢性精神障碍、记忆障碍、思维障碍等，我们会观察到这个人记不住东西、注意力涣散等。此时出现的异常精神症状其实是颅脑损伤的伴发症，应由专业的脑科医生介入处理。

其次，我们可以了解学生最近是否使用过物质。个体尤其是儿童青少年可能对一些物质有比较明显的神经反应，如酒精、烟草、药物等。这些物质可能影响人的中枢神经系统，并引起感觉、情绪上的变化，容易让人产生对时间、空间的错觉或幻觉，有"致幻"的效果，可能会被误以为是异常精神症状。

常见的被滥用的物质包括酒精、苯丙胺（也叫安非他明）、巴比妥类药物、大麻、可卡因、致幻剂、阿片类药物。

如果发现学生有可能使用了相关的物质，此时出现的异常精神症状很有可能是这些物质带来的，因此要观察一段时间后再确认。随着物质的禁用，学生的异常精神症状可能也会消失。

13. 当班里有孤独症孩子时

张老师是五年级一班的班主任，近来常常为新来的插班生小迪而烦恼。小迪的父母说他是孤独症孩子，他们对学校没太多要求，最主要的就是希望学校能保证他的人身安全。但张老师觉得小迪根本不像孤独症孩子，在他看来孤独症孩子是没办法跟外界沟通交流的，而小迪能和大家进行交流，只是上课的时候老师没办法对他进行任何约束。例如，在一节美术课上，小迪摆了一桌子笔，后来的语文课上，老师让他把笔收起来，他不同意。有时候正上着课，小迪会自己走出去或是发出奇怪的声音，扰乱课堂秩序。

张老师后来又跟小迪的父母聊过一次，想了解医生有没有给小迪下过什么诊断，他们说医生的诊断是高功能孤独症。但当张老师委婉地提出能否看一下医生的诊断时，小迪的父母表现得比较抗拒。张老师理解他们的拒绝是出于对小迪的隐私的保护，但他不太了解小迪是否真的属于孤独症孩子，也不知道该如何面对小迪。

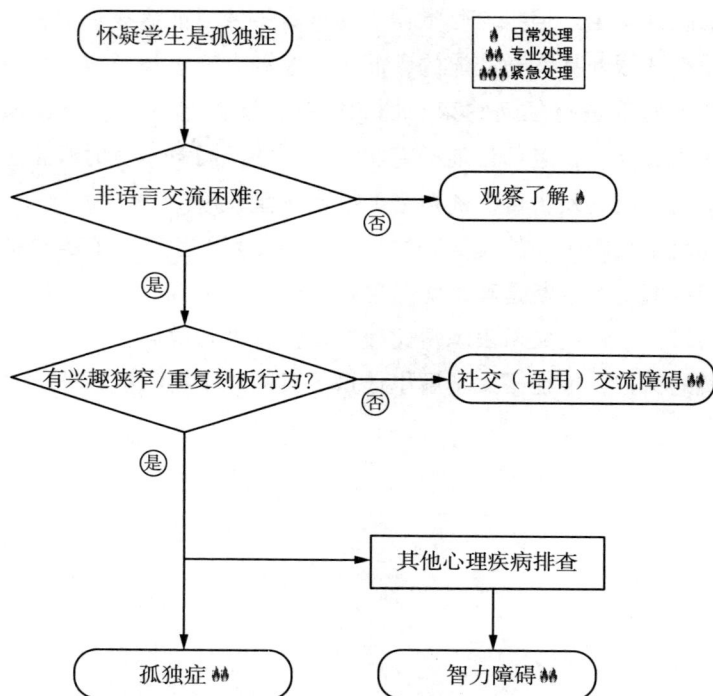

图 13-1　怀疑学生是孤独症的识别流程图

　　案例中的张老师很困惑：小迪明明能与人交流，怎么会是孤独症孩子呢？小迪扰乱课堂秩序的行为又该如何理解？

一、能不能交流不是判断孤独症的唯一标准

　　孤独症谱系障碍简称孤独症，也被称为自闭症，是一种发生在儿童早期的脑神经发育障碍。孤独症的核心症状是社交障碍、兴趣狭窄和重复刻板行为，接下来我们将通过分析孤独症的核心症状一起来看看小迪是否患有孤独症。

（一）社交障碍更多地体现在非语言交流上

　　社交交流和社交互动障碍被认为是孤独症儿童最核心的特征。由于很多孤独症儿童都有语言方面的困难，如可能不能说完整的句子、不能与他人进行日常交流等，所以他们的社交障碍很容易被等同于语言障碍。事实上，语言障碍并不是判断儿童是否患有孤独症的必要条件，甚至有些孤独症儿童的语言能力很不错。

　　孤独症儿童在社交方面的特异性更多地体现在非语言交流方面，如缺乏面部表情、较少与人有眼神接触、难以理解他人的情绪情感等。社交障碍的症状详见表13-1。日常生活中，我们与他人交流互动时需要能够准确理解和恰当回应他人话语中所传递的情绪或情感，也需要能够适时地主动表达自己的情绪和感受，这对于维系人际关系很重要。然而，孤独症儿童在对"弦外之音"的理解和交流上存在困难，这种非语言交流方面的差异可能才真正解释了为什么孤独症儿童给人的感觉不太一样。

表 13-1　DSM-5 中孤独症社交交流和社交互动障碍的症状

症状	举例
社交情感互动存在缺陷	社交接触异常，不能正常地来回对话；较少分享兴趣、情绪或情感；不能发起或回应社交互动
非语言交流存在缺陷	语言和非语言交流的整合存在困难；眼神接触和身体语言异常，或在理解和使用手势方面存在困难；完全缺乏面部表情和非语言交流
发展、维持和理解人际关系存在缺陷	难以调整自己的行为以适应各种社交情境；难以分享想象性游戏或交友困难；对同伴缺乏兴趣

　　注：1. 孤独症儿童表现为目前或历史上呈现出以上三种症状。

　　　　2. 以上为示范性举例，而非全部情况。

小迪虽然能与人交流，但并不排除其患有高功能孤独症的可能。高功能孤独症患者是孤独症谱系障碍中认知能力较好，智力正常（IQ≥70）的一部分群体。小迪能和大家进行正常的沟通交流，可见他的智力和语言发展没有明显的迟滞。张老师只注意到小迪语言交流方面没问题，却忽视了观察小迪是否有非语言交流方面的障碍，例如，平时是否缺乏面部表情、说话的时候是否不看人眼睛等。

小结：

虽然很多孤独症儿童有语言方面的困难，但语言障碍不是判断儿童是否患有孤独症的必要条件。相反，孤独症儿童在社交方面的特异性更多地体现在非语言交流方面。案例中的张老师并未留心观察小迪在非语言交流方面是否存在困难，仅依据小迪能与人进行日常语言交流的观察结果就判断小迪不是孤独症儿童，显然是不合适的。

（二）兴趣狭窄和重复刻板行为

兴趣狭窄和重复刻板行为在 DSM-5 中又被称为限制性的重复的行为模式、兴趣或活动，主要体现在孤独症儿童会沉迷其中不能自拔。这会影响孤独症儿童的社会交往，也会对他们的生活、学习造成不良影响。孤独症儿童的兴趣狭窄和重复刻板行为的表现多种多样（见表 13-2），下面介绍几个日常生活中比较常见的行为。

表 13-2　DSM-5 中孤独症限制性的重复的行为模式、兴趣或活动的症状

症状	举例
刻板或重复的语言或动作	简单的躯体刻板运动；刻板或重复地摆放玩具或翻转物体；刻板或重复使用言语，例如模仿言语、特殊短语
坚持相同性，缺乏弹性地坚持常规或仪式化的语言或非语言的行为模式	对微小的改变极端痛苦；难以转变；僵化的思维模式；仪式化的问候；需要每天走相同的路线或吃同样的食物
高度受限的固定的兴趣，其强度和专注度方面是异常的	对不寻常物体的强烈依恋或先占观念；过度局限或持续的兴趣
对感觉输入的过度反应或反应不足，或对环境的感受方面表现出异常的兴趣	对疼痛或温度的感觉麻木；对特定的声音或质地的不良反应；对物体过度地嗅或触摸；对光线或运动的凝视

注：1. 孤独症儿童表现为目前或历史上呈现出以上症状中的两种。

2. 以上为示范性举例，而非全部情况。

孤独症儿童对大多数孩子喜欢的玩具不感兴趣，或者玩玩具的方式非常特别。例如，一名患有孤独症的 4 岁男孩可能对玩具汽车不感兴趣，或者不像其他小朋友那样一边喊着"滴滴滴"一边"开"着玩具汽车到处跑，而是会把玩具汽车倒过来，一圈一圈地拨弄轮子。如果不被打断，他就可以这样自己玩上半天。

孤独症儿童可能很难接受变化，这在 DSM-5 中被称为"坚持相同性"。对多数孩子来说再正常不过的变化，对他们来说可能是痛苦的。例如，小迪在语文课上就是不肯把摆了一桌子的笔收起来，他并不是故意和张老师对着干，而是对于课堂的转换比其他孩子要慢得多。他还没有办法接受美术课已经结束，也没有办法立刻做好上语文课的准备。

孤独症儿童还可能对周围环境过于敏感或过于迟钝，这在 DSM-5 中被称为"对感觉输入的过度反应或反应不足"。例如，小迪在课堂上会自己突然走出去或者发出奇怪的声音，他并不是故意扰乱课堂秩序，这有可能是因为他对于环境过度敏感。环境给小迪的刺激已经超载，让他觉得无法忍受，所以他用走出去或者发出奇怪的声音的方式缓解自己内心的压力。

从小迪的课堂表现来看，他很可能比较难以接受变化，即坚持相同性；而且他对环境极度敏感，即对感觉输入的过度反应。所以，小迪可能存在兴趣狭窄和重复刻板行为。

小结：

评估一个孩子是否患有孤独症，要综合考虑孤独症的核心症状——社交障碍、兴趣狭窄和重复刻板行为。首先，孤独症儿童的社交障碍更多地体现在非语言交流方面。其次，从课堂表现来看，小迪可能存在兴趣狭窄和重复刻板行为。所以，案例中的张老师应该观察小迪是否有非语言交流方面的困难，如果有，加之小迪可能存在兴趣狭窄和重复刻板行为，就考虑小迪很可能患有孤独症而不是仅依据小迪的语言交流能力判断他是否患有孤独症。

知识链接

孤独症儿童的患病率与诊断

孤独症曾经是罕见疾病，但近年来随着其患病率的增加渐渐进入公众视野，成为最受关注的疾病之一。美国疾病控制和预防中心公布的统计数据表明，2012 年美国 11 个州的 8 岁儿童孤独症患病率约为 1.45%（69 名儿童中有 1 名），2014 年增长为 1.68%（59 名儿童中有

1 名），男女患病比例约为 4∶1(Baio et al.，2018；Christensen et al.，2018)。我国患病率略低于美国，但也呈现上升趋势。

迄今为止，孤独症诊断还没有单一、完善的工具和方法，所以在诊断时要对孩子做全面的检查评估。临床医生需依据孤独症诊断标准综合以下几个方面对孤独症儿童作出诊断：详细询问儿童的病史，对儿童进行躯体与神经系统检查，对儿童进行精神检查，使用量表评定儿童的发育水平。

二、关于孤独症，我们应该知道

孤独症已经不再是罕见疾病，但是我们对孤独症的了解程度仍然有待提高，因此我们将有关孤独症的基本知识简要整理如下。

（一）孤独症不是心理疾病，也不是性格孤僻

孤独症是一种脑神经发育障碍，起病于 3 岁前，3 岁以后表现较为明显。有的儿童是出生后逐渐出现孤独症症状，而有的儿童则是经历了 1～2 年的正常发育后突然出现倒退，并伴随出现孤独症症状。

（二）孤独症病因至今尚不明确，是一种症状性疾病

研究人员发现了许多可能引起孤独症的风险因素，但没有一种是直接导致孤独症的。目前孤独症缺乏针对性的药物治疗手段，康复训练是促进孤独症儿童能力发展、改善其终生生活质量的主要途径。

（三）孤独症并非父母不称职所导致的

几十年前，有人认为母亲养育不当会导致孩子患有孤独症。当时有一种"冰箱妈妈理论"，指的是母亲冷淡的教养会导致孩子患孤独症，这种说法已经被科学研究推翻。研究证实了孤独症与父母采用什么样的教养方式无关。

（四）孤独症儿童常伴有其他病症（共病）

超过 70％的孤独症儿童会有不同类别、不同程度的其他病症（共病）。常见的共病有注意缺陷/多动障碍、智力障碍、焦虑抑郁、精神障碍、感知觉异常、胃肠道问题、癫痫等，这些病症对孤独症儿童的生活质量和康复效果都会造成不良影响。

（五）孤独症儿童个体差异很大

孤独症儿童之间差异很大，甚至可以说每个人都不同。因此孤独症突出

"谱系"概念，代表从轻到重的连续变化的谱系，而不是简单的"是"或"不是"。在语言交流方面，有的孤独症儿童存在严重的障碍，无法说出有意义的词语；有的孤独症儿童能与人进行简单的交流；而有的孤独症儿童表现得很擅长。在智力方面，孤独症儿童的智商跨度相当大，从不足 40 到高于 120。在社交方面，有的孤独症儿童对与人交流丝毫没有兴趣，有的孤独症儿童对与人交流颇感兴趣，而有的孤独症儿童特别喜欢与人交流。

（六）关于社交障碍的新观点

社交障碍以往一直被认为是孤独症儿童的一种缺陷，这种缺陷是导致他们社交互动失败的原因。但是，近来有研究者提出了新思路，他们认为孤独症个体与典型发展群体之间的交流障碍是双向的，是由双方在理解上存在困难造成的。换句话说，孤独症儿童与普通人群之间之所以会出现交流障碍，不仅仅是因为孤独症儿童难以理解对方，也是因为对方难以理解孤独症儿童。这种理解应该是相互的，也许就像纪录片《遥远星球的孩子》中所说的那样："他们只是与我们不同，而非有什么缺陷。"

三、社交困难有可能是其他心理疾病的信号

许多孤独症儿童存在社交方面的困难，但是社交困难并不一定是孤独症，还有可能是其他心理疾病的信号。

（一）社交（语用）交流障碍

孤独症儿童和患有社交交流障碍的儿童可能都在以社交为目的的交流方面存在困难，而且这种困难都发生于发育早期。二者的主要不同是看儿童是否存在兴趣狭窄和重复刻板行为：孤独症儿童会表现出不同程度的兴趣狭窄和重复刻板行为，而患有社交交流障碍的儿童则不会。

（二）智力障碍

智力障碍是孤独症常见的共病之一，共病率为 10%～60%（周浩等，2019），患有智力障碍的儿童在社交方面表现出的症状与孤独症儿童高度重叠，其存在社交困难可能是由于认知水平缺陷导致其明显缺乏社交认知和社交意识，进而引起社交交流障碍等问题。若儿童的表现不能用智力障碍来更好地解释，应考虑进行孤独症谱系障碍的评估。

当然，孤独症与智力障碍存在较高共病率并不意味着孤独症患者的智商就一定偏低。有研究报告显示，大约 46% 的孤独症儿童拥有大于等于平均值的智商。也就是说，接近一半的孤独症儿童拥有与典型发展儿童一样或比其更高的智商。

14. 当学生回避社交时

八年级开学后，全班打乱，重新安排座位。班主任王老师请大家到楼道里，从低到高依次排开。同学们一边有说有笑地用手比着身高，一边找到自己的位置站好。这时，王老师注意到小暖一个人默默地往最后面走去，于是走到小暖身旁提醒她要不要往中间站。没想到小暖假装没听见，径直走向最后面。王老师很疑惑，但没再阻拦。

事后，王老师越想越觉得不对劲：小暖从上学期开始就不怎么讲话，也不怎么跟同学们玩，平时总是独来独往，而且学业表现欠佳。王老师把小暖单独叫到办公室，问她为什么要坐到最后面，能看到黑板吗？没想到小暖刚一开口讲话，脸就涨得通红，使劲搓着不停发抖的手，看上去很紧张的样子。王老师了解后才知道，原来小暖觉得课上大家都在观察和评论她，自己坐在班里浑身难受，有时候紧张得手心直冒汗，把书本都弄湿了，根本没办法集中注意力学习。所以好不容易等到新学期重新排座位的机会时，小暖就想坐在最后面，这样她觉得能稍微好点。

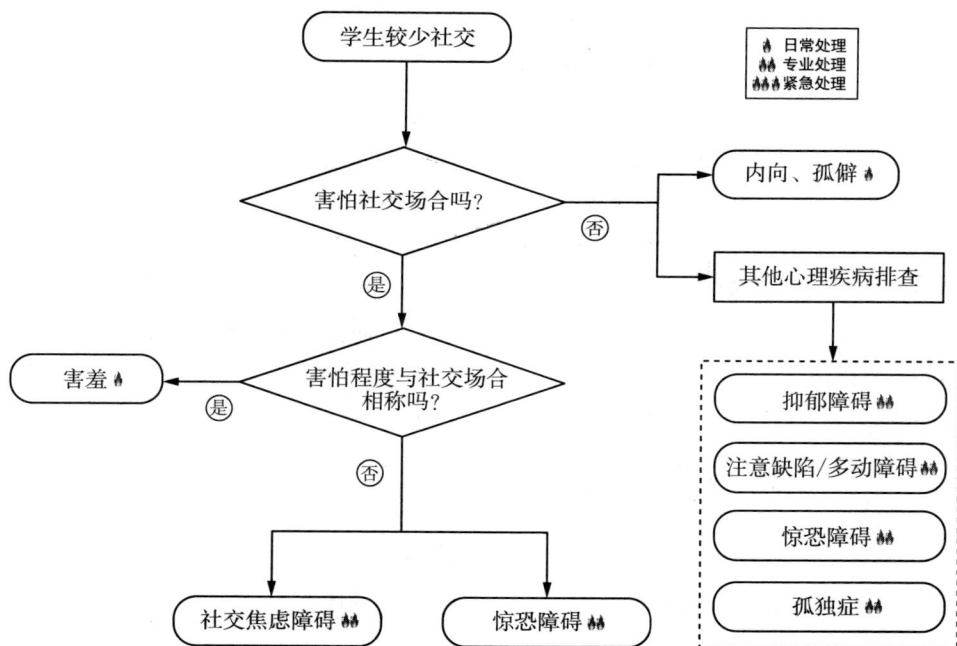

图 14-1　社交焦虑障碍的识别流程图

在学校里，教师可能会遇到不爱讲话、喜欢独来独往的学生。教师和同学都认为他们可能是内向、害羞或是性格有点孤僻，但又有点说不好，隐约觉得他们好像比别人更容易紧张。这些学生与别的学生的不同的原因是性格上的差异还是心理疾病呢？本章将介绍患有社交焦虑障碍的儿童的表现，进而介绍如何区分社交焦虑障碍与内向、害羞、孤僻。

一、如何识别社交焦虑障碍

社交焦虑障碍又叫社交恐怖症，指过度担心他人的负面评价，对他人过分警惕，毫无道理地避免与他人交往。患有社交焦虑障碍的儿童对别人的态度非常敏感，可是却不知道别人其实并没有在意他们，也没有关注他们。一般可以从情绪体验层面和行为层面识别儿童是否患有社交焦虑障碍。

（一）在情绪体验层面总是害怕社交场合

患有社交焦虑障碍的儿童总是对社交场合感到害怕。他们内心戏十足，总觉得别人都在注意、观察自己，担心别人对自己作出负面评价。因此身处社交场合时，他们会不由自主地感到非常紧张和害怕。如案例中的小暖在班里觉得浑身难受，紧张得手心直冒汗，根本没办法集中注意力学习。儿童感到害怕，可能表现为躯体反应如脸红、颤抖、冒汗、口吃等，也可能表现为哭闹、发脾气或不敢讲话等。

如果儿童不害怕与同龄人交往，只害怕与成人互动，则不一定是社交焦虑障碍。患有社交焦虑障碍的儿童不但害怕与陌生的成人互动，而且害怕与陌生的同伴交往。

（二）害怕程度与社交场合不相称

我们在社交场合或多或少会觉得紧张和害怕，如在许多人面前演讲时会不由得紧张，这很正常。但是对案例中的小暖来说，作为一名学生，坐在教室里上课应该是一件再平常不过的事情，然而她却感到非常紧张和不适，根本没有办法集中精力上课，以至于学习表现欠佳。她所感受到的害怕程度，显然与教室这个场合很不相称。

（三）在行为层面会回避社交

患有社交焦虑障碍的儿童会回避社交，以避免让自己陷入紧张和焦虑。但是，在独处时和在与家人或熟悉的人在一起时，他们不会觉得焦虑。他们之所以回避社交，可能与他们容易对社交结果作出消极预期有关。

患有社交焦虑障碍的儿童对一些模糊的社交信息更倾向于作出消极解读，

因此容易对社交结果作出消极预期。例如，他与同学一起完成教师布置的作业，他问同学："你想怎么做？"对方回复他："都行。"这时，他可以进行积极解读："他尊重我，喜欢我，更希望尊重我的想法。"也可以进行中性解读："他对一起完成作业这件事没有具体想法。"还可以进行消极解读："他不喜欢我，其实不愿意跟我一起完成作业。"如果他对模糊信息进行积极解读，就会产生积极情绪体验，促进未来他和同学之间的互动关系。但是如果他进行消极解读，就会产生消极情绪体验，日后会尽可能回避类似的社交场合。在上述例子中，患有社交焦虑障碍的儿童更容易对模糊信息进行消极解读，也更容易回避社交。

小结：

患有社交焦虑障碍的儿童会过度关注他人评价，总是对社交场合感到害怕，而且害怕程度与社交场合不相称。他们会回避这些社交场合，但并非害怕与所有人互动。在与家人或熟悉的人在一起时，他们不会觉得焦虑。

二、内向、害羞、孤僻与社交焦虑障碍不同

在社会交往过程中，内向、害羞、孤僻的儿童与患有社交焦虑的儿童可能都表现得比较安静、很少说话甚至回避社交，但他们之间有明显区别。

（一）内向、害羞、孤僻的含义

内向是一种气质特征。内向的儿童安静、离群，喜欢和享受独处，要不是同伴主动约自己，基本都是一个人找事情做。他们不喜欢参加集体活动，但是如果愿意，他们也可以开启"社交模式"，表现得非常开朗和善于交际。另外，内向的儿童不容易受到外界评价的影响。

害羞是对于负面评价的恐惧。在面对陌生的社交场合时、在意识到自己被他人评价时，害羞的儿童会感到紧张和焦虑。尽管他们想和别人接触、交流，但担心别人会对自己作出负面评价，因此在社交场合中可能会显得退缩、回避。虽然害羞是一种正常的反应，但极端的害羞和社交焦虑障碍都表现为过分关注外界的消极评价。

孤僻是一种性格特征，主要表现为喜欢独处、离群，远离社交场合。通常被我们称为"性格有些孤僻"的儿童，其实是享受独处状态的。他们独处时觉得很安宁、很舒服，所以愿意主动远离他人甚至回避社交。

（二）内向、害羞、孤僻与社交焦虑障碍不同

虽然内向、害羞、孤僻的儿童或多或少都表现为回避社交，但三者与社交焦虑障碍不同。

第一，内向、害羞、孤僻属于性格特征，并非心理健康问题，可以顺其自然。而社交焦虑障碍是一种心理疾病，需要得到重视、及时治疗。社交焦虑障碍自发缓解的可能性很小，仅有不到 1/4 的患者随年龄增长而缓解。

第二，内向、害羞、孤僻的儿童能够接受自己的这部分个性特征，他们的日常生活并不会因此受到明显的不良影响。而患有社交焦虑障碍的儿童因为无法社交而感到非常痛苦，他们的学习、生活甚至社会功能都会受到影响。

第三，内向、害羞、孤僻的儿童其实是具有社交能力的，他们只是因为各种原因"不想社交"。而患有社交焦虑障碍的儿童内心很希望与他人互动，但为了避免社交活动带来的焦虑而选择回避社交。换句话说，他们不是不想社交，而是"无法社交"。

小结：

首先，内向、孤僻的儿童主动选择独处、享受独处，而害羞和患有社交焦虑障碍的儿童相对来说是被动地独处。其次，内向、害羞、孤僻属于性格特征，并非心理健康问题；社交焦虑障碍则是一种心理疾病，需要得到重视、及时治疗。

三、回避社交可能预示着其他心理疾病

儿童回避社交并不一定就是社交焦虑障碍，也可能是其他心理疾病的症状。这些疾病也在不同程度上表现出社交障碍，但是导致社交障碍的原因与社交焦虑障碍有所不同。

（一）抑郁障碍

抑郁障碍的评估要点与诊断标准请参考第 21 章。有抑郁倾向的儿童也会对社交活动失去兴趣，或在抑郁发作时出现社交焦虑。但是患有社交焦虑障碍的儿童通常会有正性评价恐惧，有抑郁倾向的儿童则不然。正性评价恐惧是社交焦虑障碍有效区别于抑郁障碍的核心特征，它是指对他人给予的积极评价感到恐惧并为此而担忧的一种情绪反应。也就是说，患有社交焦虑障碍的儿童不仅会害怕别人的负性评价，还可能因为他人的正性评价而感到焦虑。

（二）注意缺陷/多动障碍

注意缺陷/多动障碍（ADHD）的评估要点与诊断标准请参考第 3 章。患有社交焦虑障碍的儿童与患有 ADHD 的儿童可能都面临社交困难，但是原因并不相同。患有社交焦虑障碍的儿童是因为太害怕社交场合，所以不敢去交朋友。而患有 ADHD 的儿童可能因为注意力不集中，所以不能够准确地接收到

别人向他们发出的社交信号，从而带来社交方面的困难；也可能因为他们的冲动行为会惹恼其他儿童，所以被其他儿童疏远，因此面临社交困难。

（三）惊恐障碍

惊恐障碍的评估要点与诊断标准请参考第 15 章。惊恐障碍患者的社交回避与社交焦虑障碍患者不同，他们担忧自己的惊恐发作被他人发现而导致尴尬，所以尽量避免社交场合。

（四）孤独症

孤独症的评估要点与诊断标准请参考第 13 章。患有社交焦虑障碍的儿童与孤独症儿童都表现出社交回避，但是原因有所不同。患有社交焦虑障碍的儿童是因为害怕他人的负面评价而对社交结果抱有消极预期，所以主动回避社交活动。而孤独症儿童是因为无法准确判断他人的意图和心理状态甚至无法准确识别他人的社交信号，所以无法主动发起、回应社交互动。在某种程度上，孤独症儿童不是"不想"社交，而是"不能"社交。

知识链接

社交焦虑障碍的患病率与患病年龄

美国、法国、德国对社交焦虑障碍的流行病学研究均发现，社交焦虑障碍的终生患病率达到 10% 以上。美国研究发现，社交焦虑障碍的终生患病率为 13.3%，在常见精神障碍中居第 3 位，仅次于重性抑郁（17.4%）和酒精依赖（14.1%）（Magee & William，1996）。社交焦虑障碍的患者中女性明显多于男性（约 2.5 : 1），但就诊比例却是男性高于女性。男性患有社交焦虑障碍时所产生的症状通常比女性更加严重，这促使他们寻医就诊。国内关于社交焦虑障碍的流行病学研究表明，大中学生社交焦虑障碍患病率为 8.15%（肖融等，2006）。在青少年群体中，社交焦虑障碍已成为不容忽视的心理疾病。

社交焦虑障碍是一种慢性心理疾病，多始于青少年时期，临床上的患病年龄普遍在 10~19 岁，但也有低于 10 岁的病例报道。如果没有及时识别或治疗社交焦虑障碍，青少年的学习、生活、职业发展甚至社会功能会受到影响。

15. 当学生感觉"心脏病"发作时

小波是一名高中一年级的学生，自小酷爱踢足球，是校足球队成员，代表学校参加过许多比赛。但近来，小波不敢碰他从小踢到大的足球了。

前不久有一次踢完球，小波突然感到心跳剧烈、胸闷、浑身颤抖，感觉自己就要窒息而死了。同学赶忙帮他叫了救护车，20分钟后救护车来了，小波也好了。但小波还是去医院做了检查，检查结果一切正常。然而濒死的感觉实在是太难受了，小波担心这种情况会再发生，不敢再踢足球了。

不料临近期末考试，上晚自习时，小波再次感到心跳加速，觉得自己要死了。妈妈带着小波去医院做了心血管方面的检查，没有任何问题，但是小波却害怕"心脏病"再次发作，不敢去学校了。后来小波又进一步做了全面检查，仍然没有任何异常。医生看完小波厚厚的检查报告，询问了他的就诊经历后，建议他可以考虑做一下心理治疗。

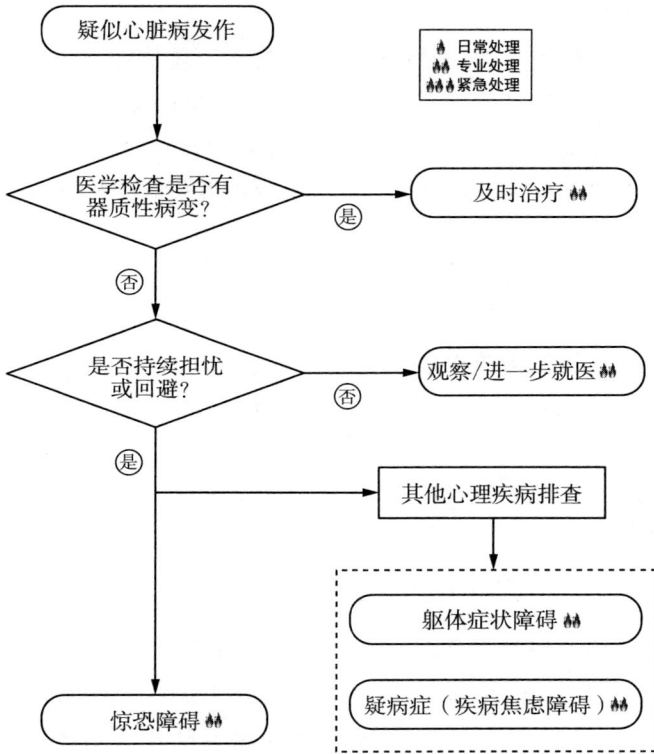

图 15-1　惊恐障碍的识别流程图

一、什么是惊恐障碍

惊恐障碍是一种急性焦虑障碍，以反复惊恐发作为特征。惊恐发作时患者会感受到强烈的躯体症状，例如，心跳加速、胸闷、呼吸困难、头晕、四肢麻木、大汗淋漓，严重时有窒息感和濒死感。症状在几分钟内达到高峰，持续5～20分钟后缓解。

治疗惊恐障碍的最佳去处是精神病院和综合医院精神科。但是，惊恐发作时，惊恐障碍患者感受到的是强烈的躯体症状，如胸闷、心慌、呼吸困难等，没有任何情绪方面的波动，所以患者首诊大多选择综合医院的急诊科或心内科。再加上他们就诊时描述的身体症状与急性心绞痛、肺栓塞、急性脑缺血等内科疾病非常相似，综合医院的非专科医生对惊恐障碍的识别率又较低，所以惊恐障碍极易被误诊为心脑血管等疾病，误诊率高达78%。误诊后，患者仍反复惊恐发作，于是多次去急诊科、心内科就医。研究发现，在得到正确诊断之前，惊恐障碍患者因为被误诊而耽误治疗的时间平均为1.7年，这给患者带来了一定的经济负担和极大的精神痛苦。因此，我们有必要了解惊恐障碍的主要症状与特点。

知识链接

惊恐障碍的患病率与治疗效果

我国惊恐障碍的年患病率为1.5%（何燕玲等，2012），美国和英国惊恐障碍的年患病率分别为2.7%和1.7%（Skapinakis et al.，2011）。惊恐障碍患者在惊恐发作时的自杀风险是其他精神疾病患者的2倍、是无精神疾病者的20倍，若得不到及时有效的治疗，有可能转入慢性波动病程，甚至永久丧失劳动能力。

如果惊恐障碍患者得到早期诊断和治疗，远期治疗效果将让人满意，急性期治疗后50%～70%的患者的症状可以得到缓解。因此，加强对惊恐障碍的识别和诊治具有重要意义。

二、惊恐障碍的特点

（一）以为是心脏病发作，其实是焦虑发作

患有惊恐障碍的人对自己的生理状态比较敏感，却不太能感受到自己的情

绪。他们能够敏锐地觉察到生理状态的变化，并且会对这种变化作消极的解读，产生焦虑和恐慌，但这种心理却被隔离在了意识之外。案例中，小波踢完球觉得心跳加快，这本是运动后的正常反应，但是小波对其非常敏感，并作出了消极的解读：心跳加快是一件可怕的事情，可能意味着自己会因此而死去。一想到会死去，小波必然觉得很恐慌，这种情绪又会进一步加剧心跳，甚至让他觉得都要窒息了。在这个过程中，小波感受到的是躯体上的痛苦，却意识不到自己的恐慌和焦虑情绪，所以看起来很像是心脏病发作，但其实是焦虑发作后表现出来的躯体化症状。

（二）持续担心，促发反复惊恐发作

第一次偶然惊恐发作后，小波感到很恐慌，担心再次惊恐发作，而这可能会促发反复惊恐发作。事实上，就像他担心的那样，后来再次惊恐发作。患有惊恐障碍的人老觉得能预感到自己什么时候会惊恐发作，其实这不是预感，而是担心（焦虑）促发了惊恐发作。也就是说，这种持续担心和对自己的生理信号的过度敏感、消极解读会造成生理不适，生理不适又会加剧担心，然后担心和生理不适二者之间反复产生影响并持续加重，最后真的就会促发惊恐发作。

（三）有时会出现场所恐惧症

患有惊恐障碍的人有时还会出现与惊恐发作场所有关的场所恐惧症，表现为回避曾经惊恐发作的场所。例如，小波在踢足球时第一次偶然惊恐发作，导致他对足球场产生了恐惧，不敢再去踢足球了。后来上晚自习时小波再次惊恐发作，导致他对教室也产生了恐惧，连学校都不敢去了。

📋 知识链接

DSM-5 中惊恐发作的症状

一次惊恐发作是突然发生的强烈的害怕或不适感，并在几分钟内达到高峰。发作期间出现下列 4 项及以上症状。

注：这种突然发生的惊恐可以出现在平静状态或焦虑状态。

1. 心悸、心慌或心率加速。

2. 出汗。

3. 震颤或发抖。

4. 气短或窒息感。

5. 哽噎感。

6. 胸痛或胸部不适。

7. 恶心或腹部不适。

8. 感到头昏、脚步不稳、头重脚轻或昏厥。

9. 发冷或发热感。

10. 感觉异常（麻木或针刺感）。

11. 现实解体（感觉不真实）或人格解体（感觉脱离了自己）。

12. 害怕失去控制或"发疯"。

13. 濒死感。

注：可能观察到与特定文化有关的症状（例如，耳鸣、颈部酸痛、头疼、无法控制的尖叫或哭喊），此类症状不可作为诊断所需的 4 个症状之一。

三、疑似心脏病发作也有可能是其他心理疾病

疑似心脏病发作却检查不出任何生理疾病，除可能是惊恐障碍以外，还有可能是躯体症状障碍或疑病症。躯体症状障碍也表现为各种躯体不适，尽管医学检查排除生理疾病，仍不能打消患者疑虑。患有躯体症状障碍的人长时间担心或相信自己患有躯体疾病，而且所患的具体疾病会不断变化。例如，患者认为自己患了肺癌，经医学检查并非如此，于是患者又开始认为自己患的是食道癌，过段时间可能又觉得自己患了脑癌或者其他什么疾病。

疑病症在 DSM-5 中被称为疾病焦虑障碍，是躯体症状障碍的一种亚型。患有疑病症的人也会过分关注躯体健康，放大躯体不适感，容易将良性的躯体症状曲解为严重疾病，并且非常焦虑。疑病症患者的主要特征是反复就诊，不肯相信医学检查结果，无论医生怎么说身体没有问题，患者都认为是医生的医术或者医疗手段不行，就是坚信自己有病。

虽然患有躯体症状障碍、疑病症和惊恐障碍的人都表现为躯体不适，但是患有惊恐障碍的人惊恐发作时的症状更加强烈，并且每次惊恐发作时症状表现都差不多，例如，胸闷、心跳加速、窒息等。而患有躯体症状障碍和疑病症的人认为自己患有的具体疾病在不断变化，所以躯体症状也是多种多样、不断变化的。

16. 当学生爱发脾气时

四年级五班的张强同学是班里的"不定时炸弹"，非常容易生气。他整天沉着脸，稍有不顺心的事或者受到一点委屈，就控制不住自己的情绪，经常拿别人或东西出气。

例如，他受到一点批评，就跟老师怄气，拍桌子、踢门甚至摔东西，有一次把文具摔得满地都是。如果有的同学在打扫卫生时不小心碰了他一下，他也发脾气，还骂别人"眼睛瞎"。

即使没有人惹他，他看起来心情也不太好，有一次做着数学题气就来了，嘴里骂骂咧咧的："我真是没用，就是个废物，什么都做不好……"

这时，同学们都躲着他，担心会惹他发更大的脾气。

我向张强的妈妈了解他在家里的情况时，她说："他在家里也是个'生气包'，一点小事就发脾气，比如写着写着作业突然就'炸毛'了，大喊大叫的，还摔文具盒……我家被摔坏的铅笔都可以当柴火烧了！唉……这样的状况已经有段时间了，老师你说说这孩子是怎么了呢?"

学生爱发脾气

🔥 日常处理
🔥🔥 专业处理
🔥🔥🔥 紧急处理

与同龄的学生差不多吗？ —（是）→ 青春期阶段的情绪特征🔥

（否）↓

发生于创伤事件之后吗？ —（是）→ 创伤后应激障碍🔥🔥

（否）↓

由经常的担心、害怕所引起的吗？ —（是）→ 焦虑障碍🔥🔥

（否）↓

未发脾气时心境受到破坏吗？ —（否）→ 间歇性暴怒障碍🔥🔥

（是）↓

坏心情是发作性的 → 抑郁发作🔥🔥 / 躁狂发作🔥🔥 / 双相障碍🔥🔥

坏心情是持续性的

↓

破坏性心境失调障碍🔥🔥 → 共同出现：抑郁障碍🔥🔥 / 对立违抗障碍🔥🔥 / 注意缺陷/多动障碍🔥🔥

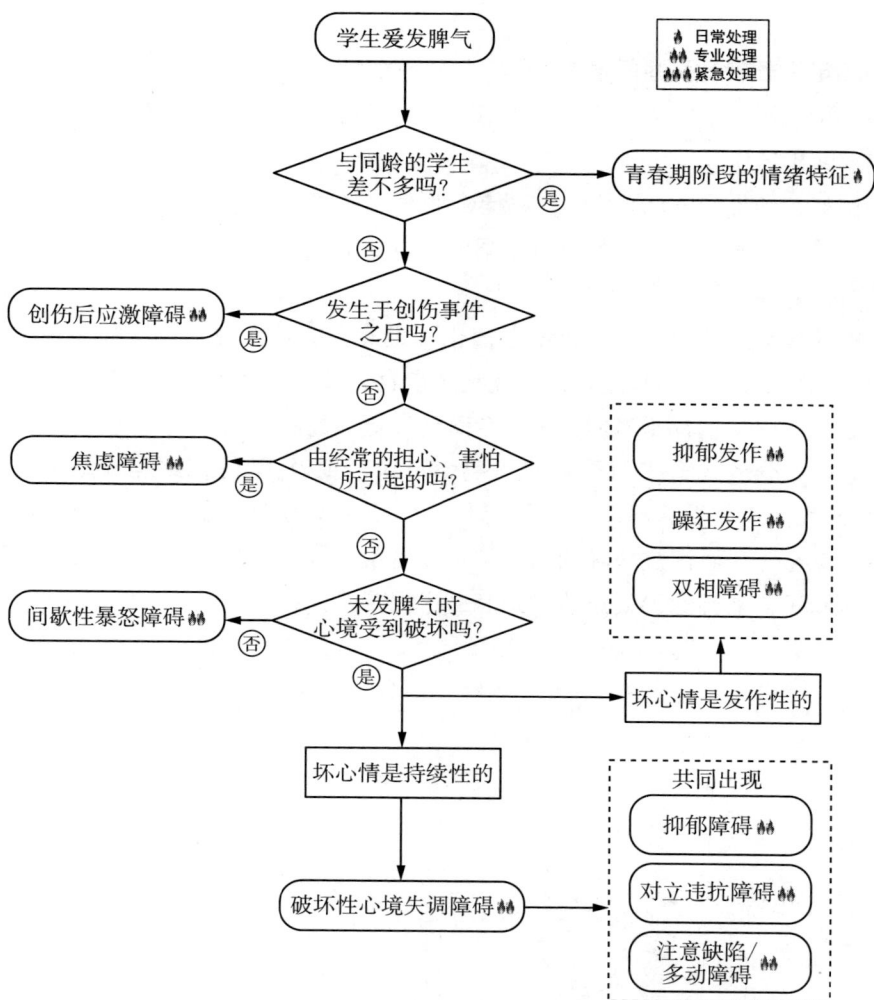

图 16-1　学生爱发脾气的识别流程图

发脾气是人们最普遍的情绪表现之一，在儿童青少年群体中更为常见。如果一个学生经常发脾气，这是成长发育的阶段性表现，还是出现了心理问题呢？

一、学生爱发脾气的种类

（一）爱发脾气是青春期的"专利"吗？

爱发脾气的确是学生处于青春期阶段的情绪特征之一（Stringaris et al.，2018），但是青春期的情绪变化具有多面性，既有特别强烈、狂暴的一面，也有温和、细腻的一面。不同的阶段也有不同的特点，比起低年级学生，通常青春期早期的学生会对情绪体验更为敏感；到青春期中期时，类似于婴儿期的情绪波动可能重新出现，学生有更多的极端而短暂的情绪表达。同样一个刺激，在青春期早、中期的学生那里所引起的情绪与成年人相比强度更大，甚至可以用"急风暴雨"来形容。而到青春期后期时，随着学生人际交往经验的增长，他们已经开始学会适度控制消极情绪，以相对缓和的方式表达出来。总体来讲，情绪变化是由强烈的外部表现逐步转变为比较稳定的内心体验的过程，并非一味地爱发脾气（傅小兰，2016）。

（二）什么样的发脾气可能是病态表现呢？

当一个人内心情绪不容易表达时，常常会用发脾气这种急切、直接的信号来呈现。也可以说，发脾气通常是一个人内心痛苦的"晴雨表"。在心理学中有一种称之为"易激惹"的异常情绪状态，这种状态与很多心理问题有关，也是识别、诊断诸多心理疾病的重要症状之一。儿童晚期和青少年早期爱发脾气预示着日后更有可能发生焦虑和抑郁（Brotman，Kircanski，& Leibenluft，2017），当我们发现学生发脾气的次数、程度及对自己和他人的影响的严重性与其发育阶段不一致，超出大多数学生所表现出来的样子时，就可能是易激惹的症状表现，这种表现可能与某些心理问题、心理疾病有关。

知识链接

易激惹

易激惹（irritability）是很多心理疾病的一个症状，通俗来讲，指在应对挫折时引发愤怒的"门槛"过低。即有一点点小事就可能特别激动、生气，如同一个炸药包，一点点火星就可以导致情绪上的爆炸。

一点点小事可能是同学一句无心的话，也可能是一次回答问题出了错，等等。这些都会让人无法忍受，进而通过不恰当的言语、摔东西等行为把情绪发泄出来。

易激惹与挫折、愤怒和攻击性相互关联。挫折常表现为目标的受阻，是引发愤怒的导火索。愤怒可以提供一种适应功能，它与为实现目标而努力有关。攻击性是指由愤怒或挫折引起的言语或身体行为。简而言之，愤怒是一种情绪，通常由挫折引起，而攻击是愤怒的行为输出（Brotman et al.，2017）。

二、破坏性心境失调障碍的识别

在心理疾病的诊断标准中，爱发脾气是破坏性心境失调障碍的核心症状，主要表现为个体在持久的易怒心境下有频繁、严重的脾气爆发行为。这种心理疾病的诊断只限于 7～18 岁的未成年群体，患病率为 2%～5%，男生多于女生，通常随着年龄增长、个体发展成熟而逐渐减少。判断一个学生是否有破坏性心境失调障碍，主要从行为表现、心境状态、时间和频次 3 个方面的问题来识别。

（一）有脾气爆发行为吗？

严重而持续的易激惹是破坏性心境失调障碍的主要表现，这通常是学生对挫折的反应，可能是言语的也可能是行为的，比如摔东西和对自己或他人进行言语攻击、身体攻击等。研究表明，这样的学生通常比健康学生更容易误解别人的面部表情，将模棱两可的或中性的表情视为威胁（Brotman et al.，2017）。就如案例中的张强同学，稍有不顺心或受到一点批评，都有可能引发较大的脾气，出现摔文具、骂人等行为。

（二）存在易怒的心境吗？

在严重发脾气期间，学生每天大部分时间几乎都存在着易激惹或发怒的心境，而且父母、教师、同学是能够观察到的。例如，张强同学整天沉着脸，在没有人招惹他的情况下也心情烦躁，这可能就是持续的易激惹的心境表现。

（三）频繁且持久吗？

这种脾气爆发的次数是频繁的，每周至少 3 次；其不局限于单一情境，至少在学校、家庭和同伴之间中的 2 个情境中都存在，且至少在其中一个情境中是严重的；而且这种易激惹的心境也不是短暂性发作的，持续时间至少 1 年。

从目前的信息来看，张强同学有着脾气经常爆发的行为和持续的易怒心境，而且在多种情境下都有发脾气的行为，很多特点与破坏性心境失调障碍相符合。但是，具体的脾气爆发频次是怎样的？易怒心境持续了多长时间？这种状况是什么时候开始的？经历了负性事件吗？还需要进一步了解更多信息。

知识链接

破坏性心境失调障碍的诊断标准

1. 严重的、反复的脾气爆发，表现在言语和行为上，其强度或持续时间与所处的情况或所受的挑衅完全不成比例。

2. 脾气爆发与其发育阶段不一致。

3. 脾气爆发平均每周发生 3 次及以上。

4. 几乎每天或每天大部分时间脾气爆发之间的心境是持续性的易激惹或发怒，且可被父母、教师和同伴等观察到。

5. 症状持续时间至少达到 12 个月，其间症状没有中断 3 个月以上。

6. 症状在家、学校、与同伴在一起这 3 种场景中的至少 2 种中存在，且至少在其中一种场景中是严重的。

7. 首次诊断不能在 6 岁之前或 18 岁之后。

8. 根据病史或观察，症状出现的年龄在 10 岁之前。

9. 排除躁狂、抑郁症、孤独症、创伤后应激障碍、分离焦虑、恶劣心境、躯体疾病等。

（资料来源：美国精神医学学会，2016）

三、与爱发脾气有关的常见心理疾病

除了破坏性心境失调障碍，爱发脾气还是许多心理疾病的表现，包括对立违抗障碍、注意缺陷/多动障碍、焦虑障碍、抑郁障碍和双相障碍等（Brotman et al.，2017）。

1. 对立违抗障碍。如果学生除了经常发脾气，还经常与成年人争辩、对抗及违反学校纪律和规则、故意惹恼别人等，那么这可能是对立违抗障碍的表现。爱发脾气也是对立违抗障碍的主要症状，很多破坏性心境失调障碍的患者也符合对立违抗障碍的诊断标准(Evans et al.，2021)。具体参见第 7 章。

2. 抑郁障碍。爱发脾气可能是抑郁早期的表现，如果学生还表现出持久的情绪低落、兴趣缺乏、易疲劳、自我评价过低等问题，那么可能是抑郁障碍的表现。愤怒和抑郁情绪之间存在着内在联系，有一些共同的遗传和生理基础(Jha et al.，2020)，很多学生的抑郁会通过发脾气的方式表现出来。如果学生既符合破坏性心境失调障碍的标准，也符合抑郁障碍的标准，那么两者可以共病诊断。从案例中可以看出，张强同学有一些抑郁的情绪和言语表现，如整天沉着脸说"我真是没用，就是个废物"等，但是否为抑郁发作还需要进一步识别。具体参见第 21 章。

3. 双相障碍。学生频繁地发脾气并存在着自大、自我膨胀的心理状态，可能是双相障碍躁狂发作的表现。此外，双相障碍的患者无论是躁狂发作还是抑郁发作，他易怒的心境都会与其他症状一起出现、一起缓解，是发作性的，而不是慢性的、持久的。这点与破坏性心境失调障碍有区别。具体参见第 21 章。

4. 焦虑障碍。如果学生爱发脾气与学生害怕失控、对事情发展有着糟糕的预期有关，那么可能是焦虑障碍的表现。焦虑障碍常常让人体验到更强烈的负性情绪，会使人对负性事件有过度的情绪反应。在广泛性焦虑障碍、分离焦虑障碍中，都存在着因一点小事就发怒的问题。具体参见第 4 章、第 27 章。

5. 创伤后应激障碍。如果学生发脾气与经历的创伤性事件有关，是在创伤性事件发生后开始或加剧的，这可能是创作后应激障碍的表现。这种脾气爆发可能与过度的敏感、小心翼翼有关，在很少甚至没有挑衅的情况下也可能出现。对于张强同学的情况，我们还需了解他是否经历过创伤性事件。具体参见第 25 章。

6. 注意缺陷/多动障碍。如果学生还存在着注意力不集中、看起来粗心大意、上课时有很多小动作等问题，那么他爱发脾气的冲动行为可能是注意缺陷/多动障碍的表现。他需要的不仅是控制自己的情绪，可能更需要我们提醒："请专心点！慢一点！你今天太兴奋了！"具体参见第 3 章。

7. 间歇性暴怒障碍。如果学生有着频繁的冲动性攻击行为，经常与别人打架、破坏东西，但是平时烦躁的心情并不明显，那么可能是间歇性暴怒障碍的表现。具体参见第 18 章。

此外，学生爱发脾气还可能与精神分裂症、孤独症、躯体疾病、物质滥用有关，经常发脾气的学生也有着更高的自杀风险(Jha et al.，2020)。

　　总之，爱发脾气是中小学生表达内心状况的一种信号，这种信号的背后有很多种情况，可能是青春期发育的阶段性反应，也可能是某种心理疾病的外在表现，预示着更多的心理健康风险。无论是怎样的情况，都需要我们认真地倾听学生的内心感受，了解学生的经历和多方面的信息，正确识别问题，有针对性地及时处理。

17. 当学生感到自卑时

在上课的时候，八年级四班的李军同学的一个举动引起了我的关注：他用一张纸把自己的嘴巴捂住，然后说："我觉得我自己的嘴巴很臭……"他平时特别安静，如果你不问他问题，他几乎一整天都不说一句话。

我觉得，他做出这样的举动可能是存在一种心理上的问题。后来我与他谈话，发现他对自己非常不认可，觉得自己不讨别人喜欢，很嫌弃自己，有一种自己无能的感觉，说自己什么事都做不了、做不到，没有自信。

我发现，他还有一个很奇怪的现象：如果我对他表扬多了，他也不喜欢，说我是在故意表扬他，觉得我不是真心的、是假的，还说自己不喜欢被关注的感觉。

这个学生是怎么了呢？是太自卑和敏感了吗？我怎样才能帮助他呢？

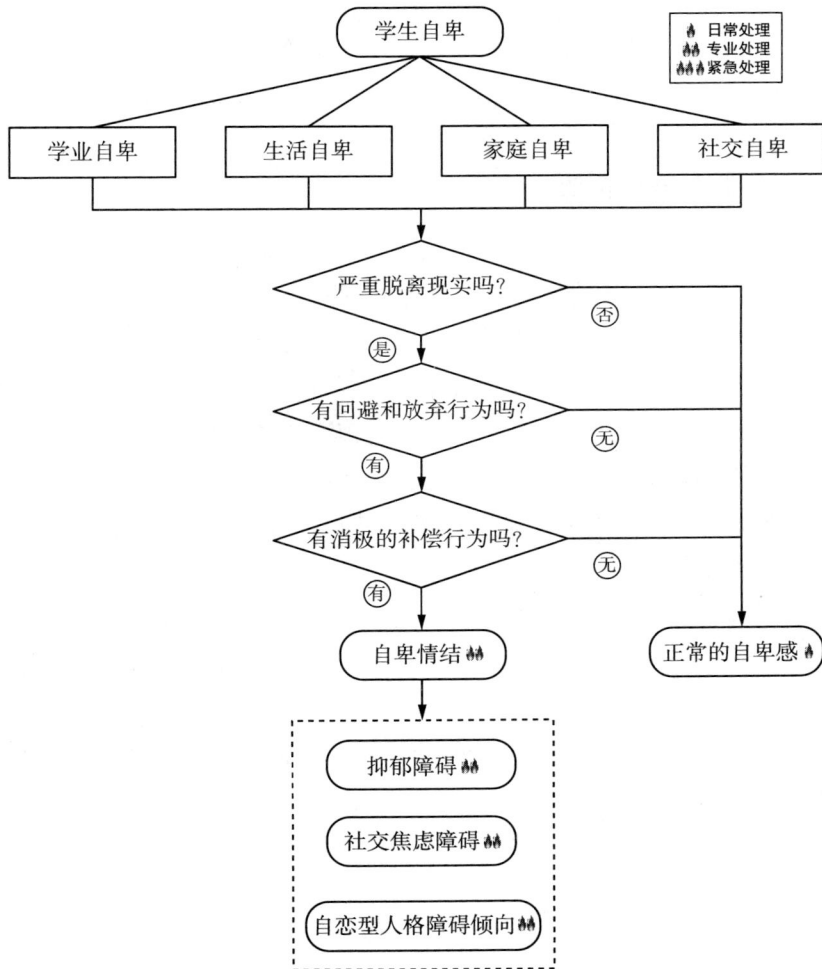

图 17-1　学生自卑的识别流程图

自卑心理作为人类普遍存在的一种情绪体验，在我国中小学生中也普遍存在，并且不同的学段呈现出不同的特点。其中，小学生主要以学业、生活、性格上的自卑为主，中学生在此基础上，还有社交自卑（李艺敏，孔克勤，2010）。自卑心理如果引导不当，不仅影响学生的学业表现，而且影响心理健康水平。但是，我们关注学生的自卑心理也不能只从一两个表现就得出"这个学生太自卑"的结论，需要从多角度来看。

一、学生自卑的种类

自卑的意思是低估自己的能力，觉得自己各方面不如别人。自卑的表现有很多种，常见的如退缩、对自己信心不足，同时伴有一些负性情绪的体现，诸如不安、内疚、害羞、伤心、失望等。中小学生的自卑大体上分为以下 4 种。

1. 学业自卑。主要表现为低估自己的学习能力，对学习没有信心。有的学生对整个学业都失去了信心，认为自己头脑笨，对学业成就不抱希望；有的学生对某一学科缺乏信心，从而放弃对这一学科的努力，导致偏科；有的学生认为自己在学习上就是不如别人，在课堂上回答问题时担心出错、紧张，甚至说话结巴、脸红等。

2. 生活自卑。包括形体自卑、健康自卑等。形体自卑是指对自己的长相评价较低，如个头太矮、相貌不佳、过胖过瘦等；健康自卑是指患有某种疾病、存在某种身体缺陷等引起的自卑。

3. 家庭自卑。主要指家庭政治地位低、经济条件差、成员不全、成员患病等方面引起的自卑。

4. 社交自卑。主要体现在认为自己不善于交朋友、不受别人的喜欢，害怕被人误解、在公开场合发言等。有的还认为自己的性格不好，所以导致在社交上存在困难。

二、感到自卑不等于有心理问题

1. 自卑感与追求优越普遍存在。心理学家阿德勒认为，自卑感与追求优越普遍存在，自卑感与追求优越是同一心理现象的两个方面，个人的追求或有目的的活动是以人的自卑感为前提的。每个人都有一种天生的自卑感，它会激发人的想象力，激励人们尝试通过改善自己的处境来缓和或者消除自卑感。

2. 适度自卑感的动力意义。自卑感并不是变态的象征，而是个人在追求优越时的一种正常的发展过程。如果学生没有感受到自己处于"下游"状态，就不会生成超越当下的愿望。自卑感有时并不一定是坏事，一些学生恰恰因为自卑而努力改善弱点、激发自己的能力，这是一种有益的补偿心理。

3. 自卑情结的枷锁。关于人的发展，有一个基本的事实就是人的心理总是有活力、有目的的。只有当自卑感阻碍了这种心理追求时，自卑感才会变成自卑情结，成为一种心理问题。正常的自卑感促使学生成功地解决问题，而自卑情结则阻碍学生的发展。

三、自卑情结的识别

学生的自卑情结作为一种心理失调的状态，指一种过度的自卑感，它促使人去寻求唾手可得的补偿或者富有欺骗性的满足。自卑情结就是对自我的看法过度低于现实的一种表现，它会放大困难、消解勇气，从而将通往成功的道路堵死。我们可以从下面的问题入手，来了解和识别自卑情结。

（一）自卑的程度严重脱离现实吗？

在了解学生的心理状况时，有一点我们需要注意：尽管学生生活在现实之中，但往往并不是依据现实生活而是依据对现实生活的看法来塑造自己的内心世界。有些学生对自己和世界的看法是符合现实的，在心理上也是健康的。但是有些学生的看法与现实未必是相符合的，这种脱离现实的情况达到一定程度时，就可能会导致心理问题的出现。

过度自卑的学生常常会过度放大困难和自己的不足，有时坚定地认为自己就是不如别人，即使别人鼓励也没有用。当受到周围人们的轻视、嘲笑、侮辱时，其自卑心理往往会增强，面对问题时更可能会变得无所适从，甚至表达出嫉妒、暴怒、悲伤等情绪。他们在涉及自我评价的方面尤其敏感和容易被刺痛，比别人感到更多的不安，对表扬、批评、笑声、否定等评价均可能作出不适的反应。

（二）有回避和放弃行为吗？

当学生感觉自己不如别人时，如果并不回避困难和不足，那么他常常会在这种努力的活动中感受到一种价值和力量。然而，如果结果指向消极的方面，他往往会回避困难、放弃努力，当然问题也始终无法解决，情绪也会更加消沉，并陷入更严重的自卑之中。这种恶性循环常常会让学生陷入自卑情结的枷锁之中。例如，有的学生对获得最微小的学业成功都不抱希望，以至于在努力之前就选择放弃，甚至把改善学业表现看成了不可能跨越的障碍，并以此来证明自己就是无能的。

（三）有消极的补偿行为吗？

如果学生对未来的某一方面失去了信心，那么他可能就会在现实中退缩，并在对生活无益或无用的方面追求一种补偿。这种补偿虽然会带来一些欺骗性的满足感，但是也可能会扩大学生对自己的看法与客观事实之间的差距。如果自卑感过于严重，那么学生可能只能在心理上获得一时的安慰，而不能直面困难并在行动上加以克服。

丧失信心的学生可能会选择最便捷、最有吸引力的补偿方式，从而获得心理上的满足。例如，有的学生逃避现实，沉溺于电子游戏的幻想世界之中的成就与奇遇。他虽然短暂地获得了心灵的安宁，但是那只是一种虚构的"肥皂泡"，终归还是要回归现实生活。他感到自卑的情境并未改变，问题依旧存在，自卑感可能会愈积愈多，他的压力也可能会日渐增大。

四、自卑情结可能导致的心理问题

尽管自卑感对学生的成长起着一种激励作用，但有时也会成为学生成长的枷锁，使学生容易心灰意懒，甚至发展为心理疾病。很多心理疾病都有可能存在一定程度的自卑情结，自卑的学生更容易出现心理疾病。美国哥伦比亚大学的一项研究表明，过于自卑的学生更容易患上抑郁障碍、焦虑障碍（惊恐障碍、广场恐惧症、特定恐惧症、社交焦虑障碍）、物质滥用和行为障碍等心理疾病，也可能滋生出自杀的想法和行为（Goodwin & Marusic，2003）。

1. 抑郁障碍。自我评价过低是自卑的核心问题，也是抑郁障碍的主要症状之一。存在自卑情结的学生常常会认为自己不如别人，严重的会认为自己没有价值、没有能力，存在着内疚、自责等负性情绪，如果长此以往，可能会导致抑郁情绪的积累，甚至影响到自己的生活和学习。具体参见第21章。

2. 社交焦虑障碍。面对学习、生活中的问题时，存在自卑情结的学生常常会表现出更多的紧张、害怕、担心甚至退缩与回避，在社交、考试等诸多情境中可能会表现出更多的不适。具体参见第14章。

3. 自恋型人格障碍倾向。对自卑进行不当的过度补偿，还可能导致过度的自恋。具有自恋型人格障碍倾向的人常表现出一种需要他人赞扬且缺乏同理心的自大的心理行为模式，这样的人通常表现得自负和狂妄。他们会高估自己的能力、夸大自己的成就，对自身成就的判断往往隐含着对他人贡献的贬低。

知识链接

自恋型人格障碍

在各种情境下，自恋型人格障碍表现为以下至少5项症状。

1. 不切实际的自大感(例如，夸大自己的成就和才能，在没有相应成就时却盼望被认为是优胜者)。

2. 幻想无限成功、权力、才华、美丽或理想爱情的先占观念。

3. 认为自己是"特殊"的和独特的，并且只能被其他"特殊"的或地位高的人(或机构)所理解或与之交往。

4. 要求过度的赞美。

5. 特权感(即不合理地期望被予以特殊的优待或他人自动顺从)。

6. 人际剥削(例如，利用别人达到自己的目的)。

7. 缺乏共情，不愿意了解或认识他人的感受和需求。

8. 常常妒忌他人，或认为他人妒忌自己。

9. 傲慢、自大的行为或态度。

(资料来源：国家卫健委，2020)

需要我们注意的是，自恋的特质在学生群体中较为普遍，这可能是青春期的阶段性表现，不一定会发展为自恋型人格障碍。但是如果我们了解自恋型人格障碍，可以对学生的自恋特征有进一步理解。

每一名学生在人格成长过程中都是一幅精美的画，而这幅画的作者就是学生本人。不过，并不是每一名学生都是一个好画家，因为他们对自己、对这个客观世界还没有完全的、清晰的认识。因此，学生需要教师的教育，需要被关注、被引导。可以说，每一名学生都有一定程度的自卑感，但也有着追求卓越之心，而我们的任务就是把学生的追求卓越之心引向富有成就的、有益于成长的方向。

18. 当学生经常打架时

三年级五班的陈浩是全校出了名的问题学生。一年级时，陈浩就有打人行为，入学以来，他几乎与班里同学打了个遍，就连学校里的小动物也没少遭受他的毒手。

陈浩很少与同学用语言交流，只要跟他想法不一样，无论是男同学还是女同学，一言不合他就去攻击别人，如骂人、踢人，还向同学吐口水、用圆珠笔戳同学的额头、用保温杯打同学等。如果同学反抗或向老师举报，其攻击行为会更加频繁和严重。

陈浩和同学打架时，老师去制止，他竟然觉得自身没有问题，也不觉得跟别人发生这样的冲突是错误的。上课期间，他经常捣乱，想离开座位就离开座位，甚至会跑到黑板前擦掉上面的知识点，把老师气得火冒三丈。无论老师对他怎样批评教育，他就是屡教不改，实在拿他没办法。

老师多次把问题反映给陈浩的父母，并建议带他去医院做检查。但是他父母认为孩子很老实，打人只是同学之间的"磕磕碰碰"，与其他孩子相比，他只是缺乏恰当的交流和表达方式。很多同学的家长曾经联名请求劝退陈浩，但是他处于九年义务教育阶段，而学校有义务接纳每一名适龄儿童就读。对此，学校也表示很无奈。

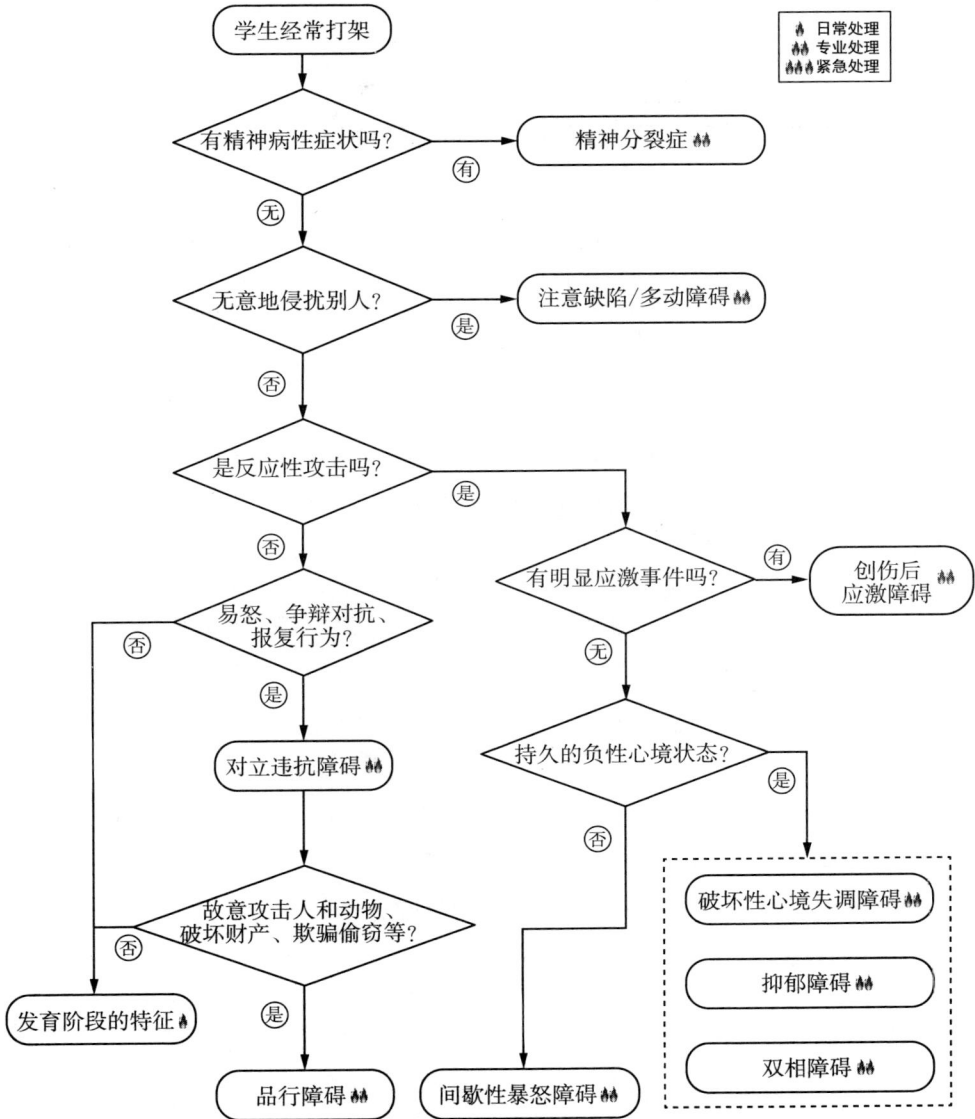

图 18-1　学生经常打架的识别流程图

尽管打架在中小学生中较为常见，但是其背后原因却有多种可能性。学生经常打架、控制不住冲动、有明显的攻击性，有可能是心理问题的表现。针对案例中陈浩经常打架的行为，我们要进一步了解信息，分析其与哪些心理问题有关。

一、学生打架的正常与异常行为问题识别

学生的打架行为常常包含着身体和言语攻击，这种攻击性可能是由多种因素造成的。要了解其是危险情境下的正常反应还是潜在心理疾病的表现，需要了解以下问题。

- 什么时候开始经常打架的？
- 有哪些打架方式？
- 是什么激发了打架？
- 打架与哪些应激事件有关？
- 攻击性是冲动、被动的还是主动的？
- 还有其他症状吗？
- 有家族精神病史吗？
- 打架时意识是清晰的吗？
- 在服用什么药物吗？

根据通过以上问题了解到的信息，我们进一步对正常学生打架和问题学生打架进行分析识别。

1. 人际冲突的反应。如果学生打架行为是偶发的，有明显的冲突事件作为诱因，学生的行为反应、情绪表现与冲突事件的刺激程度大致相符，且事后能够对打架行为有着比较符合事实的认识，未造成明显的心理痛苦，也未对学生的人际关系、学习、生活等社会功能造成大的影响，那么这种打架行为往往是正常的。

2. 精神分裂症。如果学生在与别人打架时的意识与现实是脱离的，甚至存在着幻觉、妄想等精神病性症状，那么他可能患有较重的精神类疾病，如精神分裂症等（具体参见第 12 章）。

3. 注意缺陷/多动障碍。如果学生由于表现得过度活跃或者无法集中注意力、无意地侵扰到别人而导致发生冲突，当冲突升级时发生打架行为，那么这可能是注意缺陷/多动障碍的表现（具体参见第 3 章）。

4. 创伤后应激障碍。如果学生之前经历过某种创伤性的应激事件，他的冲动行为与经历的应激事件或者情境有关，并且可能伴有对危险的过度警觉、

不自觉的痛苦回忆、做噩梦等症状，那么这可能是创伤后应激障碍的表现（具体参见第 25 章）。

5. 间歇性暴怒障碍。如果学生的攻击性是由一种刺激引起的冲动性的反应，而不是故意的和有计划、有目的的，也未发现明显的负性心境状态，那么这可能是间歇性暴怒障碍的表现。

6. 品行障碍。如果学生经常主动地挑起打架、欺负他人，或者强夺别人的东西，甚至存在欺诈、盗窃、逃学等严重违纪行为，那么这可能是品行障碍的表现。

7. 对立违抗障碍。如果学生经常故意惹恼他人、对抗家长与教师等权威、发脾气，尽管行为与品行障碍相似，但很少出现身体攻击，没有发生破坏财物、盗窃等行为，即没有品行障碍的表现那么严重，那么这可能是对立违抗障碍的表现（具体参见第 7 章）。

8. 破坏性心境失调障碍。如果学生有经常性的冲动性行为，每天的大部分时间都处于爱发脾气、愤怒的情绪状态，并且这种反复的冲动性攻击行为在 10 岁之前就有了，那么这可能是破坏性心境失调障碍的表现（具体参见第 16 章）。

此外，如果学生有一些情绪低落、兴趣缺乏等症状，那么这种爱发脾气的冲动行为可能是抑郁障碍、双相障碍抑郁发作期间的反应；如果学生的睡眠出现了问题，也会表现出情绪调节能力减弱、冲动行为增加的问题。难以控制的冲动行为还可能是学生服用了某种药物、毒品或者躯体性疾病（如脑损伤）的生理反应。

陈浩表现出经常性的打人和违纪行为，这种行为已经干扰了正常的学校教学秩序、影响了正常的人际交往，很可能与较严重的心理健康问题有关，需要进一步识别、分析。

📝 知识链接

主动性攻击与反应性攻击

攻击是指有意对他人的身体或心理进行伤害的行为。1987 年美国心理学家 Dodge 和 Coie 研究发现，儿童对同伴实施的攻击，有的是一时愤怒或冲动的报复性反应，有的则是冷静的、有预谋的、故意和主动实施的。前者为反应性攻击，后者为主动性攻击（Dodge & Coie，

1987)。由此，从攻击行为的意图角度来划分，可以将攻击分为主动性攻击和反应性攻击。主动性攻击以社会学习理论为基础，是指个体在未受挑衅的情况下所实施的故意的、有目的的攻击行为。反应性攻击则以挫折攻击理论为基础，是指个体面对挑衅或挫折时愤怒的防御性反应。

两类攻击行为在其发生特点、相关因素、产生影响等方面存在差异。从认知的角度看，反应性攻击与敌意归因偏差相关，而主动性攻击与对攻击持有的积极结果预期有关。与主动性攻击和反应性攻击相关的家庭环境和同伴经历也不同，严厉型家庭教养环境与主动性攻击和反应性攻击都相关，而纵容型家庭教养环境仅与主动性攻击相关。主动性攻击的儿童在同伴中地位较高，不容易遭受同伴的伤害；相反，反应性攻击的儿童在同伴中地位较低，容易遭受拒绝和侵害。通过主动性攻击可预测青少年后期的行为不良和对立违抗障碍、品行障碍等外化性行为障碍，其在以后的生活中更可能有犯罪行为；反应性攻击的儿童则更容易表现出社会退缩等行为问题，以及焦虑、抑郁等内化性心理疾病。

二、品行障碍的识别

品行障碍主要表现为学生出现反复的、持续性的攻击性和反社会行为，这些行为违反了与其年龄相应的社会行为规范和道德准则，侵犯了他人或公共的利益，影响了学生自身的学习和人际交往等。在我国患病率约 1.9%，在男生中更为多见(Li et al.，2022)。

（一）识别品行障碍

需要向知情人(包括父母等家庭成员、教师、同学、同伴等)多角度获取信息，了解学生是否在多种关系和场合中持续存在以下 4 类 15 项的行为，见表 18-1。如果 1 年内至少存在 3 项，且 6 个月内至少存在 1 项，则可能为品行障碍。

知识链接

表18-1　品行障碍行为列表

类别	行为
攻击人和动物	1. 经常欺负、威胁或恐吓他人
	2. 经常挑起打架
	3. 曾对他人使用可能引起严重躯体伤害的武器（例如，棍棒、砖块、破碎的瓶子、刀、枪）
	4. 曾残忍地伤害他人
	5. 曾残忍地伤害动物
	6. 曾当着受害人的面夺取（例如，抢劫、抢包、敲诈）
	7. 曾强迫他人与自己发生性行为
破坏财产	8. 曾故意纵火，企图造成严重的损失
	9. 曾蓄意破坏他人财产（不包括纵火）
欺诈或盗窃	10. 曾破门闯入他人的房屋、建筑或汽车
	11. 经常说谎以获得物品、好处或规避责任（即哄骗他人）
	12. 曾盗窃值钱的物品，但没有当着受害者的面（例如，入店行窃但没有破门而入）
严重违反规则	13. 尽管父母禁止，仍经常夜不归宿，且在13岁之前开始
	14. 生活在父母或父母的代理人家里时，曾至少2次离开家在外过夜，或曾1次长时间不回家
	15. 在13岁之前开始经常逃学

（资料来源：美国精神医学学会，2016）

（二）品行障碍的亚型

为了进一步对品行障碍进行区分，基于起病的年龄不同，将其划分为3种亚型，即儿童期起病型、青少年期起病型和未特定起病型，见表18-2。同时根据症状提出了一个区分特征：有限的亲社会情感。

表 18-2　品行障碍的 3 种亚型

儿童期起病型	10 岁前，至少表现出品行障碍的 1 种特征性症状
青少年期起病型	10 岁前，没有表现出品行障碍的特征性症状
未特定起病型	无法确定首次起病时间在 10 岁之前还是之后

1. 儿童期起病型。患者经常在上学前或者小学低年级就表现出行为问题，并且有随着年龄增长而恶化的趋势，有学者称之为"终生持续的反社会行为"（Moffitt et al.，2002），他们比青少年期起病型更容易在青春期和成年期违反社会规范。例如，进入青春期后有部分患者存在违法犯罪行为，成年后大部分患者存在长期失业、人际关系不稳定、经常参与暴力行为或者虐待配偶等问题。

2. 青少年期起病型。该类型相对更常见，攻击行为比儿童期起病型少，同伴关系也更稳定。患者在青少年期开始出现一些攻击和反社会行为，但这些行为持续到成人之后的概率不大，因此有时也被称为"青少年限制行为"。尽管他们在今后的生活中仍然可能有放弃学业等行为问题，但没有儿童期起病型那么严重。

3. 伴有限的亲社会情感的品行障碍。患者至少在 12 个月内，在多种关系和环境中表现出下列至少 2 种特征。

• 缺乏悔恨和内疚；

• 对他人缺乏同理心，麻木不仁；

• 在学校或其他重要活动中表现漠不关心；

• 情绪肤浅或匮乏，不表达感受或展示情感，不真诚。例如，行为与表现出的情感相矛盾，或者利用表现情感操纵、恐吓他人。

这种类型的品行障碍的患者常常表现为冷漠无情，不惧怕他人和痛苦，对惩罚也不敏感，往往胆大包天、寻求刺激，是一种更严重、更有攻击性也更难治疗的品行障碍。

（三）品行障碍与其他心理问题

对立违抗障碍、品行障碍和反社会型人格障碍三者在儿童发展中有一定程度的连续性，即对立违抗障碍的儿童在后续发展中更可能出现品行障碍，品行障碍的儿童在后续发展中更可能出现反社会型人格障碍。反社会型人格障碍是一种漠视或侵犯他人权利的心理行为模式，它通常也符合对品行障碍的诊断。尽管青少年期起病型的品行障碍的很多症状在成年后会减少或消失，但是三分之一到一半的品行障碍会发展为反社会型人格障碍（Moffitt et al.，2008），而且这部分群体在青少年期更常出现冷酷无情、抑郁、吸毒和暴力行为。

📋 **知识链接**

反社会型人格障碍

反社会型人格障碍表现为以不遵守社会规范和漠视或侵犯他人权利为特征的认知情感行为模式，也被称为心理病态、社会病态或逆社会型人格障碍。该障碍始于 15 岁之前并持续到成年，患病率为 1%～4%，男性是女性的 3～5 倍，18～30 岁时患病率为 2.3%，而 65 岁时患病率低于 0.05%。主要表现为以下特征。

1. 对他人的感受漠不关心。

2. 缺乏责任感，无视社会规范与义务。

3. 尽管建立人际关系并无困难，却不能长久地保持。

4. 对挫折的耐受性极低，微小的刺激便可引起攻击甚至暴力行为。

5. 无内疚感，不能从经历中特别是从惩罚中吸取教训。

6. 很容易责怪他人，或者当与社会相冲突时对行为作似是而非的合理化解释。

伴随的特征中还包括持续的易激惹，常在儿童期及青春期存在品行障碍。

（资料来源：国家卫健委，2020）

此外，品行障碍也常常与一种或多种心理疾病同时出现，如注意缺陷/多动障碍、对立违抗障碍、特定学习障碍、焦虑障碍、抑郁障碍或双相障碍等，这种共病的情况可能会给学生带来更严重的负面影响。

三、间歇性暴怒障碍的识别

间歇性暴怒障碍的患者主要指那些受到一点刺激就经常无法控制自己的冲动的攻击行为的人，常起病于儿童晚期或青春期，在美国的年患病率约为 2.7%。

☑ **知识链接**

间歇性暴怒障碍

此障碍需要满足以下 5 个条件。

1. 年龄至少达到 6 岁。

2. 受到一点刺激就经常无法控制自己攻击的冲动，包括语言的或身体的，例如，争吵、骂人、打人、损坏物品、伤害动物等。

3. 这种爆发是冲动性的，由于愤怒而变得无法控制，而不是有预谋的、计划好的，也不是为了达到某种切实的目标。

4. 这种冲动远超过情境所允许的范围，与所受的压力、挫折的程度不相符合，例如，愤怒地向收作业本的同学扔水瓶。

5. 频繁的、不严重的、未造成物品损坏或他人受伤的攻击性行为，平均每周出现 2 次，持续时间达 3 个月；不频繁的、严重的、造成物品损坏或他人受伤的攻击性行为，每年达 3 次。

（资料来源：美国精神医学学会，2016）

间歇性暴怒障碍与品行障碍都有攻击行为，两者主要区别在于：品行障碍的攻击行为常常是主动的、掠夺性的，而间歇性暴怒障碍是一种不良的情绪控制，其攻击行为是对一种刺激的反应，是冲动性的，没有预谋。

总体来说，行为障碍在低龄青少年中比在高龄青少年中更为常见，有 3.6% 的 10～14 岁青少年和 2.4% 的 15～19 岁青少年患有品行障碍；行为障碍会影响青少年的受教育情况，品行障碍则可能导致犯罪行为（WHO，2021）。学生经常打架且屡教不改的行为常与行为障碍密切相关，如果不及时寻求治疗，可能导致更严重的并发症，包括人际交往困难、受伤与暴力风险增加，甚至出现违法犯罪行为等。对此，一旦识别出潜在的原因，我们需要联合家庭及早寻求专业的治疗。

19. 当学生胆小、恐惧时

有一次，我正在带领小学二年级五班读《蜘蛛开店》这篇课文，李娜同学突然发出一声尖叫。她把书扔到了地上，呼吸急促，脸色苍白。这是怎么回事呢？原来她特别怕各种虫子，特别是蜘蛛。当她看到了书中蜘蛛的图片时，就忍不住叫了出来。

后来我了解到，李娜同学性格内向、说话不多、胆子很小，不敢打扫学校室外环境的卫生，因为她遇到小虫子时会被吓得尖叫。她还特别怕小蚂蚁聚在一起，觉得自己有密集恐惧症。

李娜同学的妈妈也说，她从小胆子就小，不仅怕虫子，还特别怕黑、怕看到血液、怕到医院体检。有时候她也怕到人多的地方去，不敢坐飞机，晚上还会做噩梦。

我想，有的小学生胆子小些是可以理解的，但是李娜同学胆子也太小了，这会是一种心理问题吗？

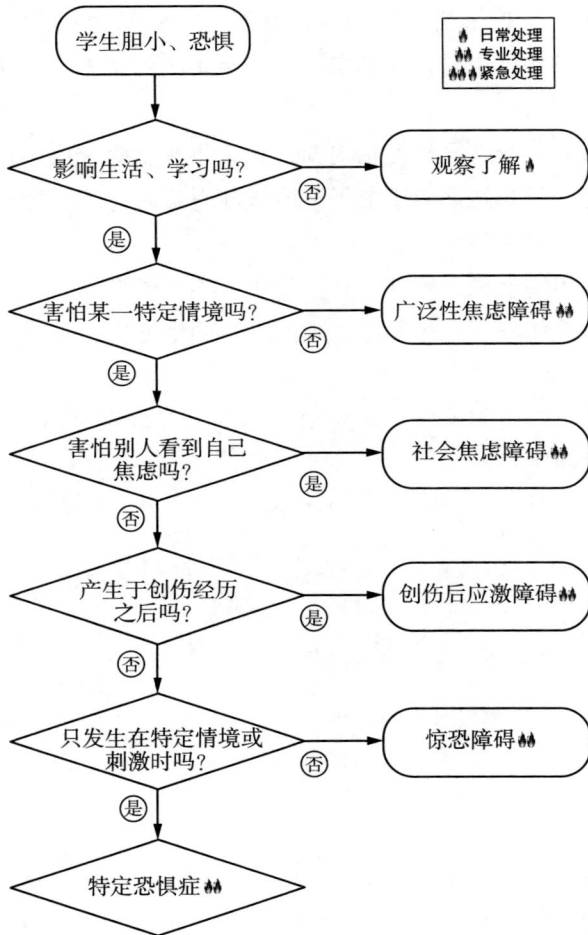

图 19-1　学生胆小、恐惧的识别流程图

恐惧是人人都有的基本情绪之一，人们对很多事会产生不理智的恐惧，严重到一定程度时可能会发展为心理疾病。那么，学生胆小、恐惧的情况是属于正常的心理还是属于心理疾病呢？恐惧情绪可能是由哪些心理疾病引起的呢？

一、正常的胆小、恐惧和心理疾病引起的胆小、恐惧的区分

适度的恐惧与焦虑对人的成长具有积极意义，恐惧与焦虑既有共同之处也有区别。两者都表现为害怕，但是恐惧常常是一种对眼前威胁的警觉反应，焦虑则表现为忧虑和缺乏控制感的、面向未来的情绪。人在焦虑或恐惧时往往伴随一系列的生理行为反应（逃跑、闭眼、发抖、心跳加快、肌肉紧张、出汗等），这些是人类在进化过程中为了应对威胁而发展出的一种战斗或逃跑反应，有助于我们调动身体与威胁抗争或从威胁中逃跑。

正常的胆小、恐惧常常是儿童发育的阶段性特征。有些恐惧在特定的年龄较为常见，反映了学生认知、社交和情感能力方面的发展（Rita et al.，2014）。例如，低年级小学生可能会怕黑、担心自己的人身安全，中学生则可能担心社交、社会地位、自身能力等。低年级小学生的恐惧往往无特定原因，有些比如怕黑是一过性的，通常会随着成长而慢慢减弱。

要区分学生的胆小、恐惧是正常的、一过性的行为还是心理疾病的表现，很重要的一个标准就是害怕的程度是否与其发育阶段的心理特征、实际的危险程度相符合。心理疾病引起的胆小、恐惧是与发育阶段不相适应的，其表现常常过于强烈、更加持久，很难用理性消除，甚至无法控制，从而导致回避行为的出现和一些生活、学习、人际功能的受损。例如，案例中的李娜同学对于蜘蛛的恐惧程度远远大于大多数同龄学生，已经影响了其正常的学习和生活，这可能是特定恐惧症的表现。

二、特定恐惧症的识别

特定恐惧症主要表现为害怕特定的物体、动物或地点，是指一种对特定事物或情境的不合理或非理性的恐惧。当患者遇到害怕的事物或置身于恐惧的情境之中时，会立刻产生强烈的恐惧，并竭尽所能地回避或带着强烈的害怕或焦虑去忍受。多数患者在 10 岁之前起病，儿童的患病率约为 5%，13～17 岁约为 16%。中国精神障碍流行病学资料显示，我国特定恐惧症的年患病率为

2.0％，终生患病率为2.6％，常在童年或成年早期出现且持续数年或数十年，并增加患其他心理疾病的风险（国家卫健委，2020）。

识别特定恐惧症需要了解以下问题。

1. 有明确的恐惧的刺激源吗？例如，飞行、高处、动物、接受注射或看见血液等。很多人的恐惧的刺激源可能不限于1种，如李娜同学怕蜘蛛，还怕成群的蚂蚁等。而且这种怕的程度是强烈的，远超过同龄人。其和与刺激源的联系有关，只要与刺激源产生联系就会有恐惧的反应。当联系变弱时，恐惧的程度会随之而减弱。

2. 有意回避刺激源吗？如果不能回避，则要忍受强烈的恐惧或焦虑。患者的回避有的比较明显，如害怕蜘蛛就避免去可能有蜘蛛的树林、公园等，害怕血液就拒绝去看医生等。而有的回避比较隐蔽，如因害怕蜘蛛、蛇等而不看动物类书籍。李娜同学因为怕蜘蛛而不敢读课文、因为怕小虫子而不敢打扫室外卫生，就是一种回避的行为表现。

3. 害怕的程度与实际危险相符吗？李娜同学看到书中的蜘蛛图片时被吓得大叫的表现，明显是与其年龄阶段的心理承受能力、实际危险情境不相符的。

这种害怕、焦虑或回避通常持续至少6个月，引起痛苦或导致社交、学习、生活等方面的损害。此外，导致害怕的事物或情境可能真实存在，也可能只存在于想象之中。儿童表达恐惧的方式常与成人不同，低年级的小学生更可能出现哭泣、惊呆、依赖等行为。

知识链接

中小学生常见恐惧类型

很多中小学生都会对特定的一些事物或情境感到害怕，常见的有动物型、自然环境型、情境型、血液-注射-损伤型等。

动物型：可能会害怕动物或虫子，如蛇、蜘蛛、狗、猫等，其中害怕蛇和蜘蛛最常见。

自然环境型：可能会对风暴、雷电、高处、洪水、黑暗等自然环境的情境产生不由自主的恐惧。

情境型：可能会对坐飞机、坐电梯、过隧道等感到恐惧，也可能会对密闭空间感到恐惧。

血液-注射-损伤型：可能害怕见到血液或者特别害怕打针，会对医院的体检设备感到恐惧。

（资料来源：苏珊·诺伦-霍克西玛，2017）

三、与胆小、恐惧相关的心理疾病

1. 社交焦虑障碍。如果学生恐惧的情境主要集中在社交情境和表演情境，主要体现在害怕被别人关注或评价，那么这可能是社交焦虑的表现。具体内容参见第 14 章。

2. 惊恐障碍。如果学生的恐惧突然发作，几分钟内达到顶峰，可能体验到一种"发疯的"或者"要死了"的感觉，那么这可能是惊恐障碍的表现。具体内容参见第 15 章。

3. 创伤后应激障碍。俗话说"一朝被蛇咬，十年怕井绳"，如果学生的胆小、恐惧产生于创伤经历之后，例如，被动物咬、受困于电梯或者见到别人溺水，那么这可能是创伤后应激障碍的表现。具体内容参见第 25 章。

4. 广泛性焦虑障碍。如果学生的焦虑并不局限于某一特定的情境、不是以集中的方式体验到的，恐惧并不是由特定的压力引起的，而是发生在日常生活中，像是一种"琐碎的烦恼"，那么这可能是广泛性焦虑障碍的表现（Rita & Israel，2014）。具体内容参见第 4 章。

此外，有的学生可能还会害怕一些难以逃脱或尴尬的情境，比如，不敢出门或者不敢坐公交车等，这可能是广场恐惧症的表现。

20. 当学生故意伤害自己身体时

有一次上课时，我无意中看到了八年级学生王芳左手臂内侧有一些划伤的痕迹，心里感到有些疑惑。下课后，我问她是怎么伤到的。如果我不问，王芳没打算告诉我这些经历，她说："这些伤都是我自己划破的，我有时内心特别痛苦，于是我就偷偷地躲在卫生间，伤害自己。"

我心里一惊："王芳，发生了什么事情吗？"

她一边说一边哭起来："老师，我喜欢一个男孩很久了，感觉生命里都是他，前几天我终于鼓起勇气，向那个男孩表白说我喜欢他，结果他不喜欢我，让我离他远一点。我被他嫌弃了，太丢面儿了，自己的形象全毁了，同学们一定都会看不起我，该怎么办呢？"

我不解地问："被人拒绝让人心痛，可是伤害自己不是更痛吗？"

王芳说："我特别难受的时候，想调整自己的状态，可是怎么都平息不下来，就会控制不住地想伤害自己。"

回到办公室之后，也有老师谈论到一些学生自伤的情况。我不明白，现在的学生都怎么了？解决痛苦的方式有很多种，为什么要伤害自己呢？

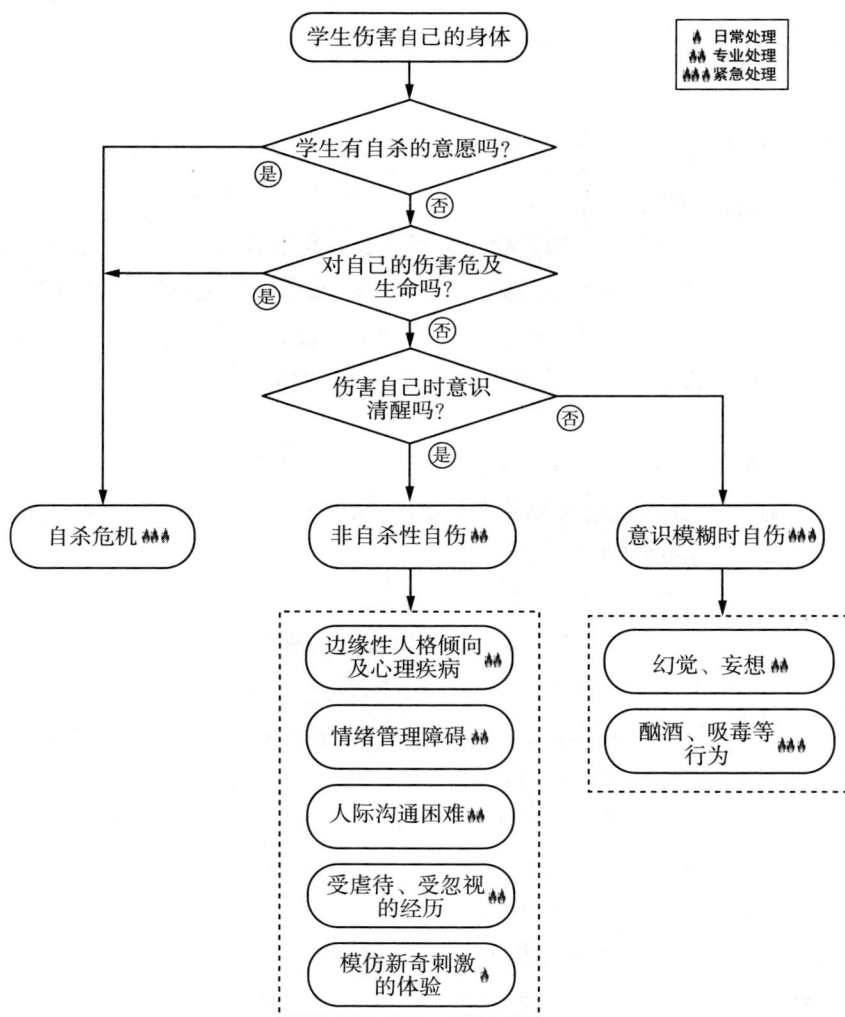

图 20-1　学生伤害自己的身体的识别流程图

学生伤害自己的行为并不少见。2017年我国一项关于中学生自伤流行特征的元分析研究显示，超过1/4的学生有过不同程度的伤害自己的经历（韩阿珠，徐耿，苏普玉，2017）。从心理学角度看，学生伤害自己的身体有多种原因：有的是为了应对内心冲突和痛苦，有的是心理疾患的一种症状，还有的是为了结束自己的生命而进行练习，等等。王芳的情况属于哪一种？我们需要进一步收集信息来进行综合判断。

一、排除学生自杀事件

（一）学生有自杀的意愿吗？

直接询问学生是否想自杀，会不会触发学生的自杀行为呢？这种担心仿佛在提醒我们：访谈时不要用冷漠的口气，而要从关心和帮助学生的角度来问。但是，这种担心常常是不必要的。危机干预的经验告诉我们，与学生直接谈论自杀的想法并不会触发自杀行为，学生反而会因为得到了教师的关注而增加求助的意愿。

例如，我们需要直接向学生询问："你是想要自杀吗？""你有过不想活了的想法吗？""你伤害自己是想要结束自己的生命吗？""你有过自杀的想法和计划吗？""你有过自杀的经历吗？"

学生的回答可能不仅仅为"是"或"否"，如"我已经试过几次了""我担心妈妈会伤心"等。不管学生如何回答，我们主要是考察他伤害自己的动机是什么。如果他在近一年内认真考虑过自杀、认真计划过用自杀来结束自己的生命，甚至有过自杀行为如吃安眠药、割手腕等，即使只发生过一次，也可以认为学生是有自杀意愿的，需要进行自杀危机干预。因此，针对王芳的情况，她有无自杀的意愿、计划及经历是我们首先要掌握的信息。

（二）学生对自己的伤害危及生命吗？

学生伤害自己的方式有很多种，有的即使没有自杀的想法，也可能危及生命安全。而且一个人多次伤害自己会增加其对疼痛的忍受力，变得"不怕疼、不怕死"，也会增加自杀的风险。针对王芳的情况，我们除了要了解她是否有自杀的想法，还要了解她有没有其他伤害自己的行为、多长时间伤害自己一次、每次持续时间有多久。如果伤害程度较重，是要进行危机干预的。

📋 **知识链接**

学生伤害自己身体的常见形式

1. 故意掐伤自己。

2. 故意抓伤自己。

3. 故意用头撞较硬的物体（如墙、树等）。

4. 故意用拳头打墙、桌子、窗户、地面等硬物。

5. 故意用拳头、巴掌或较硬的物体打伤自己。

6. 故意扎伤或刺伤自己（如用针、订书钉、笔尖等）。

7. 故意割伤自己（如用刀片、玻璃等）。

8. 故意咬伤自己。

9. 故意拽掉自己的头发。

10. 故意烧伤或烫伤自己（如用烟头、开水、打火机或火柴等）。

11. 用东西故意摩擦皮肤，使其出血或淤血。

12. 故意在皮肤上刻字或符号（不包括文身）。

（资料来源：万宇辉，刘婉，郝加虎等，2018）

二、非自杀性自伤事件的识别

排除学生自杀的风险之后，如果学生在伤害自己时意识是清醒的，那么我们通常认为这是一种非自杀性自伤行为，简称自伤。这是一种不以自杀为目的、直接故意地伤害自己身体的行为。具体来讲，自伤作为一种复杂的心理病理行为，需要满足 4 个条件。

1. 直接伤害身体，并且对身体的伤害程度为轻度或中度。这个条件主要是为了排除一些威胁生命的行为。伤害自己的形式是多种多样的，包括刀割、牙咬、火烧等。

2. 行为不被社会认可。这个条件主要是为了排除文身、刮痧等有意的对身体的刺激。

3. 故意伤害，意识清醒。强调学生伤害自己时头脑有清晰的意识，知道自己在伤害自己，内心能够体验到伤害过程中的情感变化，之后也会形成记忆。

4. 没有明确的自杀意图。了解自伤的动机，是为了评估学生是否有自杀的危险。自伤与自杀在行为上有很多相似之处，最主要的区别就在于是否有自杀意图。

王芳伤害自己主要是为了缓解内心的痛苦，她在伤害的过程中意识是清醒的，伤口也并不致命。如果她没有自杀的想法和自杀未遂的经历，这可以被认为是一种自伤行为。

> **知识链接**
>
> ### 自伤行为的概念界定
>
> 1. 没有自杀动机。
> 2. 直接对身体进行轻度或中度的伤害。
> 3. 实施者是故意的，自伤时意识是清醒的。
> 4. 伤害自己的行为不被社会认可。
> 5. 排除重度的甚至危及生命的伤害，排除文身、刮痧、鼻环或者宗教性的自我伤害行为等被部分社会人员认可的行为，排除间接的自我伤害行为如进食障碍、抽烟、酗酒等。
>
> （资料来源：江光荣，于丽霞，郑莺等，2011）

三、学生自伤的原因

（一）边缘性人格障碍

自伤与边缘性人格障碍有很强的共生关系，75％～80％的边缘性人格障碍患者都有自伤行为，有无自伤也是诊断边缘性人格障碍的一个指标。虽然学生人格发展还不成熟，不能被认为是边缘性人格障碍，但是对经常自伤的学生如果不及时进行心理干预，其将来可能会进一步恶化为边缘性人格障碍。王芳的情况已经表现出边缘性人格障碍的部分特征：情绪不能平息、对被抛弃非常敏感及自伤行为等。教师需要进一步观察和了解她的情况，开展针对性的心理干预。

> **知识链接**
>
> ### 边缘性人格障碍
>
> 边缘性人格障碍是一种常见的心理疾病，主要特征可以简单概括为"三不稳、一冲动"，即普遍存在着不稳定的情绪、人际关系、自我

形象及始于青春期或成年早期的明显冲动。其平均患病率约为1.6％，女性高于男性。

不稳定的情绪主要表现为情绪变化无常，有时上一秒心情还很好，下一秒就可能怒火中烧，一点小事就会引起强烈的情绪反应，常伴随着抑郁、焦虑或者愤怒。不稳定的人际关系主要表现为很难和他人建立起长期稳定的良好关系，甚至与亲人、家人的关系也不好。不稳定的自我形象主要表现为自己没有稳定的身份认同，期望从他人那里获得关注和爱、从他人的角度找到自己，难以忍受孤单和被冷落。

为了获得稳定的关系和自我认同，边缘性人格障碍患者会非常担心被别人遗弃，常采取一些冲动行为甚至自我伤害来试图挽救关系。大部分患者都有过自杀／自伤行为。

边缘性人格障碍的主要症状包括：

1. 情绪失去控制。

2. 人际关系不稳定。

3. 身份或同一性紊乱，即明显的持续而不稳定的自我形象或自我感觉。

4. 担心被遗弃。

5. 自我伤害行为。

6. 冲动。

7. 时常伴随抑郁、焦虑或愤怒。

（资料来源：苏珊·诺伦-霍克西玛，2017）

自伤还与很多种心理疾病有密切的关系，如进食障碍、抑郁症、药物滥用、创伤后应激障碍、分离障碍等。这些疾病也在一定比例上伴随着自伤行为的症状。

（二）情绪管理障碍

自伤的学生在情绪管理方面的问题可能体现在以下 3 个方面。

一是情绪唤起过度，就是在生活中遇到冲突时会比别人更容易发脾气、冲动，一点小事就可能唤起很强烈的情绪体验。

二是情绪表达困难，也称述情障碍，就是当内心中有很多情绪时，无法通过言语、动作等方式很好地释放和表达出来。此时，一些自伤行为就发挥了释放或传递内心情绪感受的功能。

三是情绪调节困难，当遇到生活中的困扰时，面对内心的悲伤、愤怒、内疚、紧张、空虚等情绪，不知道用什么样的方法来调节，便可能用自伤来应对。慢慢地，伤害自己就变成了一种习惯性的调节情绪的方式。王芳在被拒绝之后，内心体验到很多强烈的负性情绪，一下子变得不知道怎么办了。无助之下，伤害自己成了她缓解情绪的方式。

（三）人际沟通困难

处于青春期的学生既渴望自己能够成长、独立，又害怕被忽视、抛弃的孤独，会常常希望得到父母、同学及自己喜欢的人的更多关注。与别人沟通困难或者发生冲突时，学生可能会采取伤害自己的方式，希望以此得到别人的重视。例如，有的学生会在手臂上刻自己喜欢的人的名字，希望对方看到自己的情感。也有的学生在感到自己犯了错或者要承担过重的责任时，可能会通过伤害自己的方式向他人表明"我也是受害者"，希望得到他人的理解和同情。

（四）受虐待、受忽视的经历

大多数自伤的学生都有过童年受虐待或者受忽视的经历，包括父母的离世、离婚，遭受家庭暴力、性侵或者情感忽视等。这些痛苦的经历可能阻碍了他们对恰当的情绪调节方法的体验，还可能使他们对自己的情绪反应感到不理解和不接纳。有时他们想依赖别人，但又没有足够的自信和恰当的方式来寻求别人的帮助。当人际支持不足时，他们就可能采取虐待自己的方法来应对挫折或者尝试与别人沟通。

（五）模仿新奇刺激的体验

中小学生有时会寻求做一些新奇的事，来获得一些满足感。有的学生受到同伴的消极影响，进而产生模仿行为。有的学生可能仅仅是为了寻求欣快的刺激感而自伤的，如某些游戏利用了青少年的猎奇心理，危害着学生的健康。

四、学生在意识模糊时的自伤

学生在丧失意识或者意识模糊时伤害自己的情况，也需要我们关注和警惕。

（一）幻觉、妄想等病理性症状

患有严重心理疾病的学生可能会出现意识与现实脱节的情况，在意识不清醒的状况下伤害自己。如出现幻觉（看到、听到或者感觉到实际不存在的人或物）或者妄想（坚信一些与现实不相符的信念），这些常常是消极的。在意识与现实脱节的状态下，学生可能会看到某些人或者听到某些声音命令他们伤害自己，甚至结束自己的生命（具体参见第 12 章）。

（二）酗酒、吸毒

饮酒会为中学生带来一些新鲜的刺激感，让人感到自信、放松或者一些欣快感。但是，醉酒会让人意识模糊、感觉迟钝、情绪和行为失控。有的人醉酒后会变得更加冲动和有攻击性，可能会对自己造成一些意外伤害。很多毒品用量较大时，使用者都会变得意识模糊或者产生幻觉，有的还会变得充满敌意、好斗，甚至出现暴力行为，可能会导致偏执或者攻击行为。这些因素会增加学生伤害自己的风险。

总体来说，尽早识别和发现学生伤害自己的行为，了解其动机和心理状况，对于后期进行有效的干预和治疗十分重要。面对学生的自伤行为，我们容易"谈虎色变"，因恐惧而产生一些误解。例如，认为学生自伤就是要自杀、就是有心理疾病，要去看病吃药甚至作休学、退学处理。这些措施从保护学生安全的角度来说是出于谨慎小心、以防万一，但是可能会给自伤程度较轻的学生带来过重的心理负担，并不利于他们的学习与成长。尽管学生自伤会增加自杀风险，但多数学生自伤的动机并不是自杀，有的只是要应对强烈的负面情绪。他们缺乏有效的情绪调节方法和资源，不得已暂时采用"饮鸩止渴"式的应对策略。研究表明，青少年自伤有较高的自愈率，在青春期结束之后，一些学生的自伤问题会随着人格的发展成熟而自然减少或者消失。有些自伤的学生最需要被教师和同学理解，教师可以尝试以关爱和宽容的态度去看待这种现象，帮助学生学习多种应对困境及调节情绪的方法，并鼓励其及时寻求专业心理健康教师或医师的帮助。

21. 当学生抑郁时

高二一班的刘伟同学平时守规矩、讲礼貌，学业表现特别好。可是不知道什么原因，他最近表现出一个明显的症状——晚上睡不着觉。他整晚都不睡觉，而且连续好几个星期都睡不好觉。他跟父母讲自己很痛苦，父母带他去医院，医院诊断为重度抑郁。然而他整个人看起来非常正常，也没有那种很明显的有病的表现。但是他说自己内心特别痛苦，很想休学。

当我与刘伟的妈妈沟通情况时，她说："其实刘伟没有什么大事，他是在装病，在逃避学习，在给他自己不想学习找借口。"

对此，我感到很困惑。刘伟除了睡眠问题、感觉内心痛苦外，看起来好好的，家里人也说他没事，然而医院的诊断却是抑郁障碍。他真的抑郁了吗？

学生感觉抑郁

| ♠ 日常处理 |
| ♠♠ 专业处理 |
| ♠♠♠ 紧急处理 |

情绪表现　　思维表现　　行为表现　　身体症状

症状符合标准吗？ —（否）

（是）

社会功能受损吗？ —（否）

（是）

时间≥2周吗？ —（否）

（是）

抑郁发作 ♠♠　　　　　　抑郁情绪 ♠

抑郁障碍　　双相及相关障碍　　其他共病

抑郁症 ♠♠　　　双相障碍 ♠♠　　　焦虑障碍 ♠♠

恶劣心境 ♠♠　　环性心境障碍 ♠♠　创伤后
应激障碍 ♠♠

破坏性心境
失调障碍 ♠♠　　　　　　　　　　　适应障碍 ♠♠

物质、药物
引起的抑郁 ♠♠

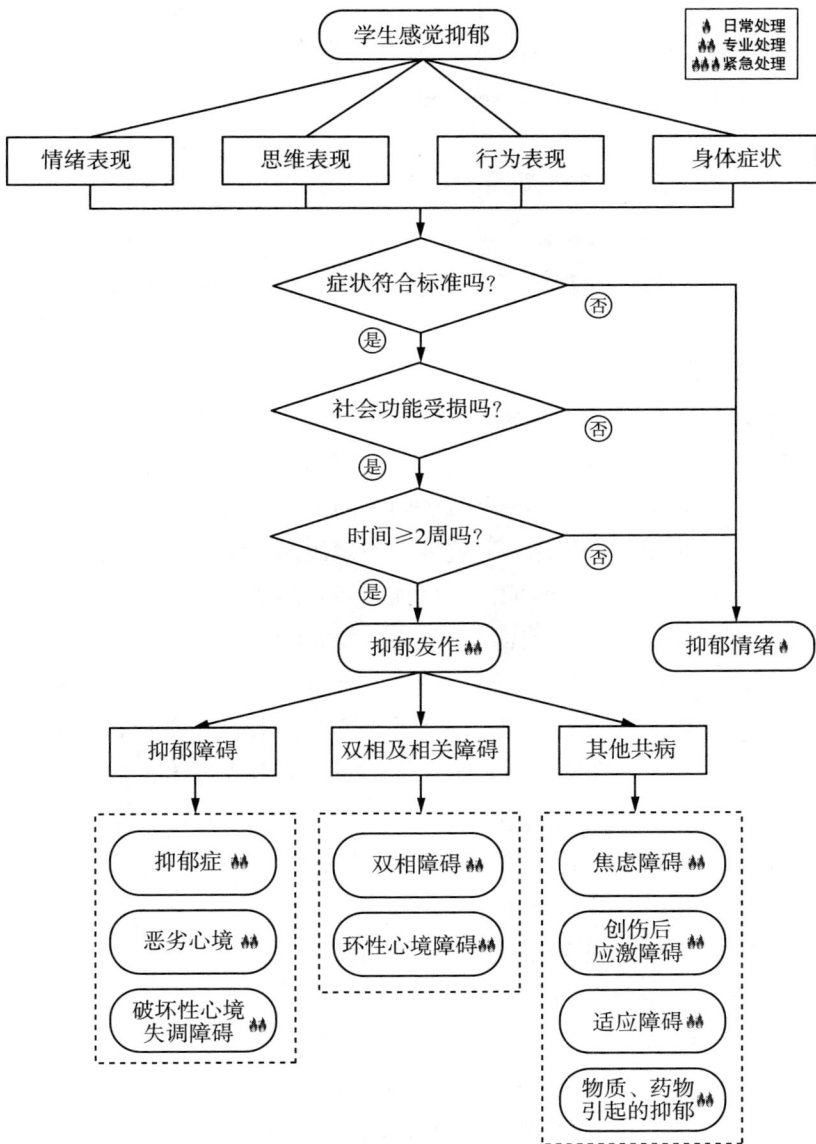

图 21-1　学生感觉抑郁的识别流程图

抑郁是中小学生最常见的心理问题之一，不仅影响学习生活，还与很多心理疾病相关。《中国国民心理健康发展报告（2019—2020）》显示，2020 年我国青少年的轻度抑郁症状检出率为 17.2%，重度抑郁症状检出率为 7.4%，检出率从小学到高中随着年级升高而升高（侯金芹，陈祉妍，2021）。虽然大多数人都听说过抑郁，但识别抑郁不是一件简单的事。案例中的刘伟同学是抑郁了吗？这需要我们弄清楚以下方面的问题。

一、学生抑郁发作的表现

学生抑郁发作时，在情绪、思维、举止和身体症状方面都会呈现出一些特征。我们尝试着为抑郁"画像"，学生的表现与描述的内容越符合，越可能是抑郁发作。

（一）情绪表现

1. 面部表情。面部常常会露出一种悲伤的表情，如嘴角下拉、眉头紧皱、眼睛哭得红肿等，或者给人一种阴沉的、凄凉的、郁闷的、沮丧的、不苟言笑的、严肃的感觉，甚至显示出一种僵硬阴沉的表情。然而也有一些人出现看似真诚的笑容，只是很短暂；还有一些人会用愉快的假象即"微笑抑郁"来掩饰悲伤的情绪，这很有欺骗性，我们需要仔细询问才能了解其真实的情感状况。

2. 内心感受。当我们问"你感觉怎么样"等类似的问题时，他们所用的词可能是不开心、郁闷、绝望、悲惨、悲伤、孤独、羞辱、羞愧、担忧、无能、有罪等。不论他们用什么样的词来描述感受，我们都需要进一步探究，不仅要听一个词表面的意思，还要尝试理解这个词对学生意味着什么。

3. 缺乏兴趣，不快乐。最初可能在一些活动中表现出不满意，后来可能表现为对自己所做的每一件事情都不满意，包括学习、友情、说话、荣誉等，抱怨生活失去了乐趣，甚至对美食都没有兴趣了。小学生对喜欢的玩具也提不起兴趣了，中学生多表现为做任何事时都感到无聊。

4. 失去希望。有的表现为对自我的消极情感，可能会厌恶自己，对自己感到失望，如"我已经让每一个人都失望了，如果我再努力一点，就能达到他们的期望了""我什么事都做不好，我一无是处""我恨自己，我不应该活着"。

5. 人际的孤独。有的表现为对他人失去了情感，对家人、同学、朋友等不再和以前一样关爱和关注了，感情变淡了，有时甚至讨厌他们，就像有一道"墙"隔在了自己与别人之间。

6. 易激惹。儿童青少年抑郁发作时与成人有些区别，容易发脾气、性格变得暴躁也是抑郁发作的一个特征。随着学生人格的发展成熟，多数症状会有所缓解。

（二）思维表现

1. 自卑、自责。患者经常用自我贬低的方式来看待自己，觉得自己缺少一些对自己来说特别重要的方面：能力、智慧、魅力、金钱、容貌、成绩、健康等，认为自己有缺陷、低人一等。然后为自己所谓的缺陷斥责自己，有时还会因为一些与自己不相干的事情责备甚至虐待自己。

2. 自我评价过低。在看待自己过去和现在的经历时，患者常会把失败放大、把成功缩小，认为自己没有用、做不成任何事，甚至是没有价值的。患者对未来很消极，抵制积极的想法，总是看到事情最糟糕的一面。他们常有一种先入为主的想法："我什么事都做不好，我不喜欢……做什么都没有意义……"这种消极的想法常常会让想向他们提供帮助的家人、朋友备受挫折。

3. 集中注意力困难。患者常常无法集中注意力，感觉脑子不好使了，脑子里空空的，记忆力差了，思考问题变得困难了，变笨了。作决定时常常感到很困难，会在各种选择之间摇摆不定，还容易改变主意。这不仅会让家人、朋友感到困惑，也会让自己很苦恼。

4. 想法脱离现实。有的患者还会出现一些与现实生活明显不相符的想法，自己却坚信不疑，例如："如果我没有出生，一切都会好很多，我的存在就是一种负担，我是世界上最低等的人……"有的患者认为自己犯了可怕的罪行，理应受到惩罚。还有的患者会出现幻觉，如会听到一些谴责自己的声音等。

（三）行为表现

1. 活动减少、独处。有的患者倾向于长时间自己一个人待在一个地方不动；有的患者走起路来缓慢，弯腰驼背，步子迟疑；有的患者讲话时声音较低、话语较少，不太喜欢主动与人交谈；有的患者回答问题时寡言少语；也有的患者会表现为另一个样子：无法在椅子上坐稳，要不断地动来动去，表现出内心的不安与慌乱。询问他们情况时，大部分女生常会流泪或哭泣。

2. 做事缺乏动力。患者看上去"变懒"了，感觉能量耗尽了，不想做任何事情，其实是丧失了积极的动力。有的学生自理能力会出现很大的问题，连最基本、最重要的日常行为都无法完成，如吃饭、刷牙、洗澡、外出和服药等。尽管他们规定了自己应该做的事，但是内心就是不想去做，即使被哄着、威胁着、逼迫着做这些事情，也表现得无精打采。

3. 回避现实。有的患者对一些他们认为无趣或费力的事情会表现为回避、逃避。例如，他们可能会说："上课时集中注意力很难，做白日梦却很容易；考试取得好结果很难，草率了事却很容易；上学很难，逃学却很容易……"还有的学生会沉迷于消极的娱乐活动之中，如玩网络游戏、看网络小说等，让自己停留在虚幻的世界中，从而逃避现实的生活和人际关系。

4. 自杀的想法和行为。自杀有时也是患者的一种逃避行为，他们想要以结束自己生命的方式来逃避生活的困境和痛苦。需要我们注意的是，与抑郁发作的学生谈论自杀并不会真正地激发他们的自杀行为，很多学生一直在与自杀的想法作斗争，期望自己能够战胜这种念头，也期望有人能够帮助自己。

（四）身体症状

1. 缺乏食欲、睡眠紊乱。缺乏食欲常常是抑郁发作初期的第一个信号，食欲恢复也是抑郁缓解的信号。缺乏食欲的症状轻微时可能表现为吃饭没有味道，严重时可能表现为吃不下饭，甚至会厌恶食物。睡眠紊乱主要表现为入睡困难、早醒、睡眠不安稳等问题，严重时甚至整晚都睡不着觉。

2. 易疲劳、浑身没劲、疼痛。易疲劳是抑郁发作的一个核心表现，例如感觉肢体沉重、躯体僵硬等，患者可能会抱怨自己疲惫不堪、浑身没劲等。这种疲劳通过睡眠、休息、放松、娱乐都不能减轻，任何活动都可能增加疲劳感。还有的患者会表现为身体局部或全身疼痛、呼吸困难、没有力气等。

刘伟同学的症状主要体现在睡眠和内心痛苦上，这是与抑郁发作的表现相符合的，但是抑郁的很多症状并不容易识别。刘伟的内心感受怎样？有无兴趣缺乏的表现？身体有无症状？相关信息还不明确，都需要进一步了解。

此外，我们可以借助专业的心理测试工具来了解学生的情绪状态。这里列出一个方便学生和教师自己评估情绪状态的专业的简易量表（见表21-1），如果测评的结果得分≥10分甚至≥17分，建议寻求心理健康专业人员的进一步评估。

表 21-1 简易抑郁自评量表

下面 9 个句子描述的是人们在生活中一些常有的感受。请根据你在最近一周中的情况，回答你在一周中有几天有这些感受。			
	无或少于 1 天	1～2 天	3～4 天	5～7 天
1. 我感到悲伤难过	0	1	2	3
2. 我觉得沮丧，就算有家人和朋友帮助也不管用	0	1	2	3

续表

	无或少于 1 天	1～2 天	3～4 天	5～7 天
3. 我不能集中精力做事	0	1	2	3
4. 我生活愉快	3	2	1	0
5. 我觉得孤独	0	1	2	3
6. 我提不起劲儿来做事	0	1	2	3
7. 我感到消沉	0	1	2	3
8. 我感到快乐	3	2	1	0
9. 我觉得做每件事都费力	0	1	2	3
第 1～9 题的总分				

注：第 4、第 8 题已经反向计分。

计分方法：请把你每一题对应选项的分数直接相加，得到总分。

各分段对应的解释：总分 0～9 分，无抑郁，当前没有抑郁问题。总分 10～16 分，临界，近期可能存在抑郁问题。总分 17～27 分，明显，近期存在明显的抑郁问题。

二、抑郁情绪与抑郁发作的区分

也许有同学会问："老师，我感觉自己抑郁了，怎么办呢?"还有同学会问："老师，我做了心理测试，显示抑郁了，怎么办呢?"在感受到学生情绪低落、担心自己患病的同时，我们要知道，抑郁作为一种常见的情绪状态并不能简单地被诊断为心理疾病，需要区分学生的表现是仅有抑郁情绪还是抑郁发作，这主要从 3 个方面进行鉴别。

（一）持续时间≥2 周了吗?

正常的抑郁情绪会在较短时间内变化，常常会来也会走，通过一些自主调节就可以得到缓解。而抑郁发作的症状常常持续，每天大部分时间都存在，一般不随环境变化而好转。时间往往超过两周，有的超过一个月甚至达到半年以上。这些症状不经治疗难以自行缓解，还会逐渐加重、恶化。

（二）社会功能受损了吗?

正常的抑郁情绪程度常常较轻，而抑郁发作的程度较重，并且会影响学生的学习和生活效率。学生在人际交往中可能容易发脾气或者封闭自己等，可能难以适应学校、班级等环境，甚至会产生自杀的想法和行为。

（三）症状达到诊断标准了吗？

对于抑郁发作，不同的精神障碍诊断标准略有不同。例如，ICD-10 将诊断抑郁发作的标准归纳为 3 条核心症状及 7 条附加症状，只有核心症状和附加症状的数量达到诊断标准的数量要求时，我们才认为是抑郁发作（见表 21-2）。学生表现出来的符合标准的症状的数量越多，抑郁也越重，其程度常分为轻度、中度和重度三个等级。

此外，抑郁情绪与抑郁发作之间也有些症状特征的区别。

1. 情绪的发生"事出有因"吗？正常的抑郁情绪通常是由一些事情引发的，如家人去世、考试不及格、失恋等，学生的情绪在那种情境中处于低落状态是可以理解的。而抑郁发作的症状常常会无缘无故地出现，没有相应的背景事件发生，或者虽有一些小事，但不足以提供解释。

2. 伴随着身体、精神症状吗？虽然正常的抑郁情绪有时也会使人出现吃不下饭、失眠、易疲劳等问题，但是抑郁发作可能伴有更多躯体症状甚至精神病性的症状，如头痛、浑身不舒服、幻觉、妄想等，而体检结果又是正常的。

3. 情绪变化有规律吗？抑郁发作的情绪状态常有一些节律性的变化，如情绪低落的严重程度表现出"晨重夜轻"的特点，即早晨起床时最难受，因为睡眠无法让疲劳得到缓解，而晚上的精神状态会好些。

☑ 知识链接

表 21-2　抑郁发作的核心症状及附加症状条目

核心症状	附加症状
A. 心境低落 B. 兴趣与愉快感丧失 C. 易疲劳	①集中注意和注意的能力降低 ②自我评价和自信降低 ③自罪观念和无价值感 ④认为前途黯淡悲观 ⑤自伤或自杀的观念或行为 ⑥睡眠障碍 ⑦食欲减退或增加

续表

根据症状的数量、类型以及严重程度，可将抑郁发作分为轻、中、重度

1. 轻度抑郁发作：核心症状 2 条，附加症状 2 条，持续时间至少 2 周，对社会功能造成一定困难

2. 中度抑郁发作：核心症状 2 条，附加症状 3 条，持续时间至少 2 周，对社会功能造成相当困难

3. 重度抑郁发作：核心症状 3 条，附加症状 4 条及以上，持续时间至少 2 周，社会功能几乎不可能继续进行

（资料来源：国家卫健委，2020）

由于轻度抑郁发作与正常的抑郁情绪很相似，有些学者从抑郁强度出发，认为抑郁情绪的变化是连续的，抑郁发作是抑郁情绪恶化的结果，两者之间并无严格的区分。此外，网上的心理测试也不能区分抑郁发作和抑郁情绪，需要医院的综合评估才能诊断。

三、相关心理疾病的识别

当学生抑郁发作时，并不一定是得了抑郁症，也可能是得了一些与抑郁症相似的心理疾病，如双相障碍、环性心境障碍、恶劣心境、破坏性心境失调障碍等。不同的心理疾病严重程度不一样，对应着不同的治疗方式。

（一）抑郁障碍

1. 抑郁症。抑郁症，即重性抑郁障碍，代表着抑郁发作的典型疾病，症状需达到抑郁的诊断标准并至少持续 2 周，存在情绪低落，或者几乎对所有活动丧失了兴趣和快乐（图 21-2）。在儿童青少年身上，可能表现为易激惹，而不是悲伤。在中小学生中，女生的患病比例高于男生。

2. 恶劣心境。恶劣心境也是一种关于抑郁的慢性心理疾病，儿童青少年大多数时间都表现为抑郁或易激惹的心境，持续时间至少一年（图 21-3）。抑郁的严重程度达不到抑郁症的标准，但在某一时期比起抑郁症更不容易缓解。

3. 破坏性心境失调障碍。儿童青少年（7～18 岁）主要表现为慢性的、严重而持续的易激惹和频繁地发脾气，症状至少持续 1 年，至少在家、学校、与同伴在一起这三种情境的两种中存在。这种心理疾病 6 个月到 1 年的患病率为 2%～5%，仅限于儿童青少年时期，且男生多于女生。随着年龄增长，通常其

症状随着个体发展成熟而减少(具体参见第16章)。

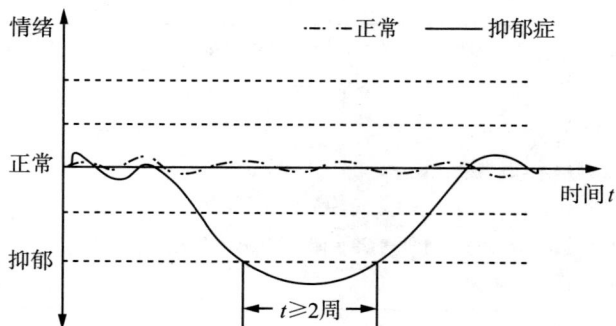

图 21-2　抑郁症示意图

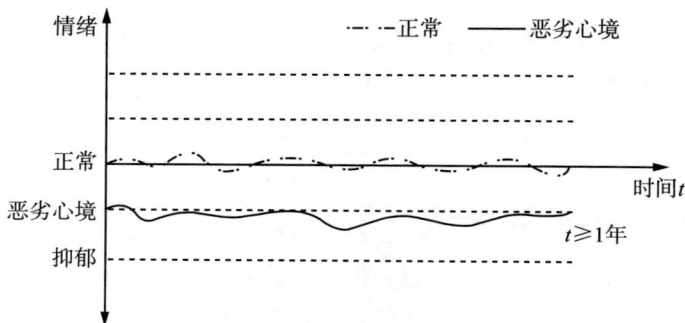

图 21-3　恶劣心境示意图

(二)双相及相关障碍

1. 双相障碍。什么是双相障碍呢? 首先要讲一讲与抑郁几乎相反的一系列症状特征:情绪高涨,过度乐观,容易兴奋、激动等,当这种情绪与现实不相符时,称之为躁狂。双相障碍是一种抑郁和躁狂两者交替循环发作的心理疾病,有时抑郁,有时躁狂,有时化悲为喜,有时转喜为忧,情绪就像坐过山车,有时过高,有时又过低,所以又称为躁郁症(图 21-4)。著名画家凡·高就是患了这种疾病。

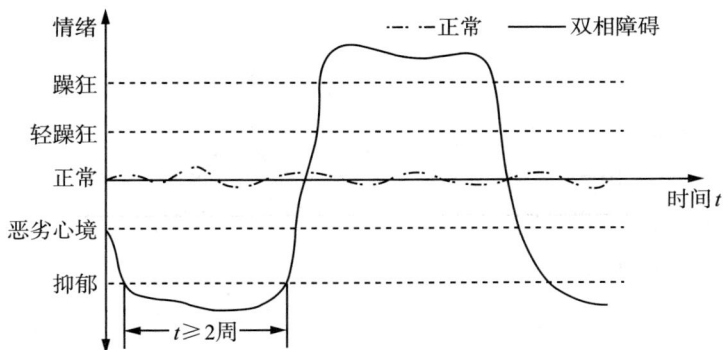

图 21-4　双相障碍示意图

由于双相障碍的抑郁发作与抑郁症几乎完全相同，两者容易混淆。但双相障碍的症状还有躁狂发作，这是抑郁症没有的。双相障碍的临床表现更复杂，例如，当患者化悲为喜之初，有时人们会误以为其抑郁状态好了，实际上其情感将转向另一个极端。此外，双相障碍的健康风险比抑郁症更大，自杀风险也更高（见表 21-3）。

表 21-3　抑郁症与双相障碍症状的主要区别

抑郁症	双相障碍	
	抑郁状态	躁狂状态
情绪低落		情绪高涨
自我评价过低		自尊心膨胀或夸大
思维和动作变慢	与抑郁症相同	思维和语速加快
易疲劳，精力不足		精力旺盛，活动增多
睡眠紊乱		睡眠需求减少

2. 环性心境障碍。处于青春期的学生可能会反复出现另外一种状态：既有轻度的抑郁状态，也有轻度的躁狂状态，但在程度上都未达到抑郁和躁狂的诊断标准。这种心境不稳定的状况如果时间较长（儿童青少年至少 1 年），并且大多数时期都存在，那么可能是一种被称为环性心境障碍的心理疾病（图 21-5）。

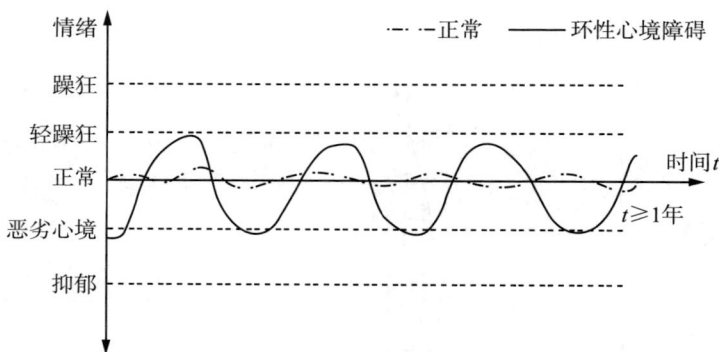

图 21-5 环性心境障碍示意图

四、常常与抑郁同时出现的心理疾病

学生的抑郁表现还可能是其他心理疾病伴随的抑郁症状，超过 70% 的患有抑郁障碍的人在一生中的某些时候也有另一种心理障碍，最常见的与抑郁同时出现的心理障碍包括焦虑障碍、创伤后应激障碍、适应障碍等。

1. 焦虑障碍。抑郁和焦虑常常同时出现，抑郁发作时常伴随着焦虑症状如紧张、担忧等，焦虑发作时也常伴随着抑郁症状，如易疲劳、注意能力降低等。但两者的核心症状不同，抑郁多表现为"情绪低落"，焦虑则多表现为过度的"紧张、恐惧、担忧"等。此外，两者可能都表现为不愿意活动和外出，但焦虑发作可能与具体场景有关，而抑郁发作与具体场景无关。

2. 创伤后应激障碍。创伤后应激障碍也常常伴有抑郁、焦虑情绪，而且更容易导致抑郁发作。但是创伤后应激障碍是创伤性事件所激发的，多出现与创伤有关的梦境、不自觉的痛苦回忆、回避与创伤有关的情境、过度警觉等问题（具体参见第 25 章）。

3. 适应障碍。当面对从小学升到初中、从初中升到高中、转学、住校等明显的生活改变或环境变化时，有的学生会产生过渡性的烦恼状态和情绪失调，也会出现一些抑郁情绪，如轻度的情绪低落、无望、沮丧、悲伤、哭泣等。但是这种情绪是"事出有因"的，是学生的适应能力不足所引起的。只要学生改善其人际沟通和环境适应能力，一般半年后症状就会得到缓解（具体参见第 23 章）。

4. 物质或药物引起的抑郁。一些物质或药物如酒精、毒品、类固醇、抗生素、镇静剂、皮肤科药物、化疗药物、口服避孕药等，都有可能导致学生抑郁。

　　总之，抑郁有很多种表现形式，又因人而异。有的主要体现在情绪上，有的主要体现在身体上，需要全面地了解学生的相关信息才能识别出来。有的学生也许只是因为在生活中遇到了负性的事件，激发了阶段性的抑郁情绪。这是人类体验中的固有成分，随着情境的改变，可能就会慢慢好起来。有的学生看起来也许只是睡不着觉、易疲劳，或者爱生气、爱哭泣，但可能已经患了心理疾病。还有的学生多日的抑郁状态突然变好了，感觉整个人都精神起来了，但可能是另一种心理疾病（双相障碍）的表现。为了确定具体是哪一种心理问题，需要及早寻求心理健康专业人员的帮助，以免延误病情。

22. 当学生出现自杀风险时

9月刚开学时，我向学生收集一些问题："你们在生活和学习上有哪些问题或者觉得比较难处理的困扰，以匿名的方式写小纸条给我。"结果，有学生写到想要自杀。我想知道这是学生的恶作剧还是别的情况，就告诉他希望可以私信给我。

后来有一次上课，这个学生用课堂派软件给我发信息："我叫李敏，我想自杀！"我当时心里一紧，没敢立刻跟她联系。两天后，我在课间找她聊，她说自己很难受，那种自杀的画面会不自觉地在眼前出现。她还说：

"我在家里就是一个累赘、一个外人，无论弟弟和我争什么，爸爸妈妈都会批评我，有时还打我！"

"我就不该出生，如果我死了，就不痛苦了。"

我觉得她的情况好像比较严重，但不知道该如何处理。

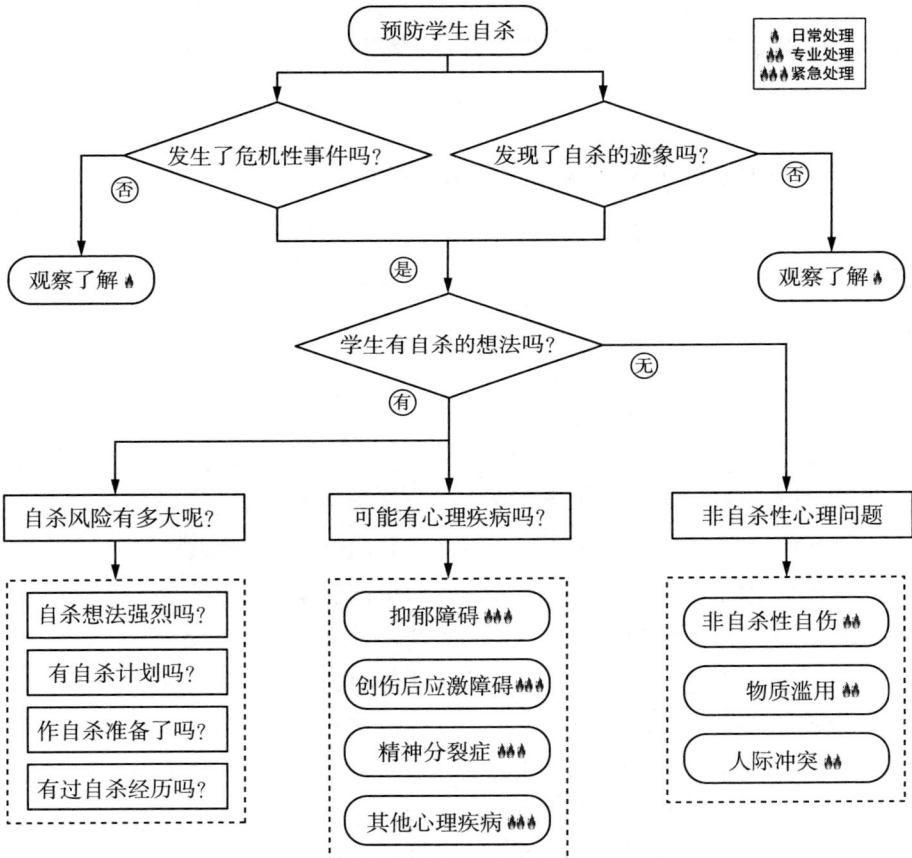

图 22-1 预防学生自杀的识别流程图

中小学生的自杀预防工作十分重要。世界卫生组织报告，2016 年约 6.2 万名青少年死于自我伤害，自杀是 15～19 岁青少年的第四大死因（WHO，2021）。近年来，我国青少年自杀率呈现出增长的趋势。《中国国民心理健康发展报告（2019—2020）》显示，有自杀意念的青少年的比例近 10 年来增加了 6.2 个百分点（侯金芹，陈祉妍，2021）。案例中的李敏同学可能只是很多想自杀的学生之一，教师如何才能识别出有自杀想法的学生并了解他们的心理状态、评估他们的危险程度，从而有针对性地进行分级处置和危机干预呢？这需要我们仔细观察和了解相关信息。

一、了解学生经历的负性生活事件

负性生活事件与自杀行为的发生有密切关系。研究显示，常见的引起自杀的负性事件涉及家庭矛盾、恋爱问题、经济困难、生活规律的重大变化、患重病及心理疾病等方面。有些事件会激发学生的心理痛苦，有的长久而持续，有的短暂而强烈，当痛苦超过了耐受极限时，便可能引发自杀行为。当学生遭遇危机事件时，我们要有一种警觉意识："他会有自杀的想法吗？"

1. 持续的负性事件。有的事件并非立刻发生的，如感到自己的身体性别与心理性别不一致、患有重病、多次遭受校园欺凌等。虽然事件发生时可能并没有激发学生自杀的想法，但是时间或次数的积累会持续增加学生的心理矛盾。当慢性心理压力积累到一定程度时，就可能引发学生的自杀行为。

这些事件的发生可能会导致学生感到绝望，或者当学生极度厌恶的情境即将发生而自己又无力改变状况时，他感觉非常痛苦，由此产生了自杀想法。例如，一名小学生患了难以治愈的重病，家庭经济状况又不好，花钱看病与父母照顾自己都给他带来了沉重的心理压力。他在遗书里写道："我感觉自己对家里人来说是个沉重的包袱，为了减轻家庭的经济负担，我决定自杀。"

有的事件会导致学生陷入致命性的孤独之中。在发生家庭矛盾或者人际冲突时，有的学生可能会感到自己在这个世界上已经没有容身之地，没有人相信、关心自己。例如，一名中学生在自杀前写道："在我们这个年纪，外貌和金钱决定了太多，而我什么都没有，处处受到同学和别人的嘲笑、嫌弃、厌恶。我有太多太多常人无法想象的痛苦，真的活怕了，也活累了。"

2. 急性的负性事件。有的事件突然发生，如家人去世、遭受性侵、受到家长或教师的惩罚等，对学生的心理造成很强的冲击，激发强烈的情绪。这种急性应激容易触发学生冲动性的自杀行为。情况严重的自杀未遂者从第一次考虑自杀到实施自杀行动，间隔时间是多久呢？有研究发现，60%的人说在2小时之内。从想法快速地过渡到行为，多属于冲动性行为。

青春期是与家庭、他人产生矛盾最多的时期，处于青春期的学生容易被激发出强烈的情绪，产生冲动的行为。例如，有的学生受到批评而感到冤枉、屈辱时，会"以死明志"，在心理上渴望用死来表明自己的清白；有的学生家庭经济十分困难，因为丢了一部很贵的手机而感到自责、愧对家人，在情绪冲动时就可能实施自杀。

因此，我们要防止以成年人的思维看待学生的心理状态。对于处于青春期的学生，我们要从他们所处的认知发展阶段来理解他们的心理和行为。有些想法可能不会成为成年人自杀的理由，但是对于中小学生来讲却可能是常见的自杀的理由。例如，想和某个去世的亲人或朋友见面、为父母的离婚感到内疚、希望自己的死可以惩罚坏人、逃避在自己看来比死更严重的惩罚或尴尬、远离无法忍受的处境（如充满责骂的家庭或欺凌）等，都可能会触发学生的自杀行为。当学生提及以上理由时，教师应该提高警惕，及时干预或预防危机。

📋 知识链接

学生发生自杀的高风险负性事件

1. 性别认同存在问题的。
2. 最近经历丧失的。
3. 在学校或家里受到屈辱、冤枉的。
4. 受到欺凌的。
5. 和恋爱对象或父母发生冲突的。
6. 发生了家人、朋友去世或怀孕等重大生活变故的。
7. 沉迷于酒精或毒品的。
8. 遭受性侵伤害的。
9. 转入新学校等生活或学习环境发生很大变化的。
10. 患有严重身体疾病的。
11. 有过自伤自残的经历的。

12. 有过自杀未遂的经历。

13. 患有抑郁症等心理疾病的。

14. 其他对学生心理造成冲击的事件。

（资料来源：James & Gilliland，2019）

二、识别学生的自杀迹象

自杀常常是人们因心理痛苦而产生的应对行为，学生在自杀前几乎都经历过挣扎、犹豫和无助的过程。在这个过程中，多数人会发出一些求救信号，在言语、行为和情感等方面表现出要自杀的迹象，需要我们仔细留意。

1. 言语信号。学生可能会表达想死的念头、谈论死亡的问题，比如说"我不想活了""现在没有人可以帮助我""没有我大家会过得更好""我再也受不了了""我的生活毫无意义""我是个没用的人，是个废物""我所有的问题马上就要结束了""我死了你会怎么样"等。除直接表达之外，有些内向的学生可能还会通过一些间接的言语信号比如绘画、日记来表达自杀的想法。李敏同学就是通过写纸条的形式向教师发出求救信号，希望得到教师的帮助。

2. 行为信号。除言语之外，想要自杀的学生可能会表现出异常的行为，比如，把自己非常珍爱的东西送人、与同学和教师告别，或者毫无原因地向别人道歉或致谢、写遗书等；也可能会出现一些具有危险性的行为，比如，频繁地发生意外事故、故意伤害自己、经常到楼顶徘徊等。这些行为可能是学生在为自杀作准备，需要我们格外注意。

3. 情绪信号。想要自杀的学生大多承受着某种情绪的煎熬，可能会流露出一些悲伤的神色，表现出抑郁消沉、无助无望的状态；在犹豫不决之时也可能表现为焦虑不安，无法放松下来。当学生无缘由地出现一些异常的情绪时，需要引起我们的关注。

4. 性格突变信号。如果一个平时热情开朗的学生突然变得沉默寡言，不愿意跟别的学生交往，或者一个平时冷漠不合群的学生突然变得活跃又热情，这些性格突变的学生也值得我们注意。前者可能遭受了重大的打击，后者可能决定自杀而暂时变得豁达。

5. 携带物品信号。有的学生一旦有了自杀的计划，可能会随身携带一些自杀所用的工具或药品，比如刀具、铁片、玻璃片、安眠药等。

针对这些自杀迹象，我们除了需要观察了解学生在日常校园生活中的行为表现，有时还需要更积极主动地去了解学生的想法和面临的问题，比如，可以像案例中的教师一样以收集问题的方式了解学生的心声。这样，一旦有了求助的渠道，想自杀的学生在犹豫不决之时也更愿意向教师表达求助的信号。

三、识别学生的自杀意愿

当我们了解到学生遭遇到了一些危机性事件或者表现出一些自杀的迹象时，需要通过访谈等形式进一步了解更多的信息，来判断学生是否真想自杀，即是否存在着自杀的意愿和计划。这种访谈与日常聊天不同，学生想自杀时通常自我评价很低，他们最需要的是有人尊重他、认可他、与他有情感交流。

1. 告诉学生你在担心他，然后耐心地倾听而不评判。不管他说什么奇怪的想法或者你根本不信的东西，你都要接纳，不要评判。如果你有任何批评的口气和语调，都会中断你们之间的情感交流。学生经常沉默，我们得耐心等待他说话，不应该因为自己不舒服而插嘴，说话的比例不要超过三分之一。

2. 直接与学生公开讨论自杀的想法。教师不能因为害怕刺激学生的自杀冲动或担心话题比较敏感就对自杀问题拐弯抹角，不要担心自己能否提这些问题："你想自杀吗？""你想伤害别人吗？""以什么方式？""什么时候？""在哪里？"你可以与学生直接讨论这些问题，而且应该对他说实话，不用假装愉快或者没事。与学生谈论自杀并不会诱发学生的自杀行为，相反，真诚地关注并倾听学生往往能够为他带来一些心理支持。

3. 不要急于去劝说学生或急于改变他的想法。你不是来解决他的问题或劝告他的，而是来认真地倾听他经历了什么的。要尝试从学生的角度理解他，这样他才能够相信我们，向我们敞开心扉，表达自己的情感。如"只要意志坚强，没有克服不了的困难，要对自己有信心"，学生可能会认为这句话是在批评他，是在否认他的情感。

4. 不要阻止学生哭泣。如果学生哭起来甚至哭得很厉害，应该让他哭，因为哭是释放负性情感的一个主要措施。我们的第一反应常常是"你别哭，别哭了"，这样对他没有什么好处。而且这句话背后的含义是哭泣是弱者的表现，也含有一种批评的色彩。

5. 不要承诺为学生的自杀意愿保密。尽管学生可能会说不希望他人知道自己的痛苦，但是危及生命的问题不是一个人的事，需要家庭、学校和社会的多种支持和帮助，学生此时也需要更多的支持和帮助。你要确保学生是安全的，及时通知家长及相关的成年人积极参与到对学生的帮助和关怀计划中。

四、自杀风险的评估

如果发现学生存在自杀的可能性，需要全面地了解学生的情感、行为和想法等，从而评估其自杀的危险性有多大。

1. 评估学生自杀想法的强烈程度。研究发现，有很多人在一生中都有过不想活了的想法，但是人们想自杀的愿望的强烈程度却有很大区别。有的人想自杀可能是其愤怒、绝望、沮丧的情绪表达，并非真正地想结束自己的生命，他会说："我有时真的不想活了，但我是不会做那样的傻事的。"有的人自杀意愿却十分强烈，认为自己除自杀以外再无出路，没有更好的办法了。学生自杀的意愿越是强烈，自杀的危险性越大。

2. 评估学生有无自杀计划。有的人虽然想自杀，但他还没有计划怎样自杀，此时他还是相对安全的。但是当一个人决定了要自杀之后，他会思考在哪里以什么样的方式结束自己的生命是最恰当的。一旦他选择好了一种自己认为合适的方式，并且计划好了时间与地点，那么他的危险性就会大大增加。计划得越详细、越具体，危险性也越大。

3. 评估学生有无自杀准备。当一个人有了自杀的想法和计划之后，会做一些准备工作，将其付诸行动。例如，准备相应的工具，或者处理与他人告别的问题。自杀准备越充分，实施自杀的概率也越大。

4. 评估学生有无实施过自杀的经历。研究表明，最高危的人群就是自杀未遂者，也就是在自杀之前有过自杀的行为，可是没有死亡。大约有10%的自杀未遂者会再次自杀。有人认为一个人经历自杀未遂后挺过来了，其自杀的危险也就结束了。然而，很多自杀就是发生在自杀未遂者看起来"状态恢复"的3个月内。这往往意味着他已经安排好了一切，正处在下定决心自杀的冷静阶段，其危险性更高。

📋 **知识链接**

"SIMPLE STEMPS"分类评估

S（自杀）：你想自杀吗？

I（想法）：在接下来的72小时内，你可能会自杀吗？

M（方法）：你会以怎样的方式自杀呢？

P（痛苦）：从1～10分评分，你此刻的心理痛苦程度为多少分呢？有没有什么事让你觉得自己的心理痛苦评分会更高？

L（丧失）：你最近或者过去有没有受到重大损失？

E（早期尝试）：你之前有没有尝试自杀？发生了什么？为什么没有成功？

S（物质滥用）：你最近有没有酗酒或吸毒？你服用什么药？是按医生的要求服用吗？

T（处理困境）：你是否因为工作、家庭或其他原因而陷入困境？有什么办法可以改变这个局面？你是否愿意不考虑结束自己或他人的生命？如果奇迹发生，你明天睡醒发现一切都变好了，那会是怎样的情况呢？

E（情绪/诊断）：你曾经有过身体或心理疾病吗？你现在感觉怎么样？你以前有过这种感觉吗？如果有，多长时间发生一次？你是否因为这个问题去进行过心理咨询或者看医生？

P（父母/家庭历史）：在你家里，有没有人想过或实施过自杀？你的父母有过情绪问题吗？

S（应激源和生活事件）：在你的生活中，有什么事情让你觉得结束自己的生命是解决问题的方法呢？

（资料来源：詹姆斯，吉利兰，2019）

　　李敏同学明显存在着自杀的意愿，但是其自杀的意愿有多强烈？是只有自杀的想法还是最近3天内就要自杀呢？有自杀的计划吗？实施了一些准备吗？之前有没有过自杀的经历？这些都需要进一步了解。如果她只是有自杀的想法，但是意愿并不强烈，也没有把想法付诸行动的经历，那么建议进行专业处理；如果她有强烈的自杀意愿，并且已经通过行动准备自杀的相关事情，那么建议进行紧急处理，及时启动学校的自杀危机干预机制。

五、与自杀相关的心理疾病

想自杀的学生未必有心理疾病，但是很多自杀行为都与心理疾病有关。我们在关注学生的自杀风险的同时，要进一步识别其是否存在心理疾病，如抑郁障碍、创伤后应激障碍、精神分裂症等。

1. 抑郁障碍。自杀观念是抑郁障碍患者的症状之一，当抑郁发作时，自杀行为的风险一直存在。独自居住、绝望感会增加自杀的风险，男生更容易完成自杀行为。

2. 创伤后应激障碍。创伤性事件常与自杀观念有关。如果学生经历了创伤性事件如受到虐待、校园欺凌、性侵等，可能会出现种种应激症状，增加自杀的风险。

3. 精神分裂症。精神分裂症患者的自杀常常是对伤害自己或他人的命令式的幻觉的反应，5%～6%的患者死于自杀，20%的患者有过自杀企图。

4. 其他心理疾病。还有很多心理疾病会增加学生的自杀风险，如双相障碍处于抑郁相时、进食障碍等。

六、增加学生自杀风险的其他因素

1. 非自杀性自伤。尽管自伤的学生并没有结束自己生命的企图，但有学者认为自伤常常是自杀行为的开端。当学生的自伤行为加重时，一方面会增加其自杀的胆量，使其更容易实施自杀，另一方面也容易导致其过失自杀。

2. 物质滥用。过度使用酒精、毒品、致幻剂等都可能增加死亡的风险，这种风险可能与知觉混乱、意识模糊导致的打架、无意识的自我伤害有关，如尝试从高处"飞行"等。

3. 人际冲突。学生如果经常与别人发生冲突，可能经常处于愤怒的情绪状态中，也更容易发生冲动性行为。当冲突升级时，将会增加伤害他人或自己的风险。

第三部分

应激事件及适应性问题

23. 当学生无法适应新班级时

小静今年刚上九年级，最近这段时间她不太开心。

因为爸爸工作的变动，小静全家离开了原来所在的小县城，来到了省会城市，爸爸也特地为小静申请到了一所很不错的学校。新学校离新家很近，校园环境优美，学校设施全面，小静甚至能在校图书馆阅览到她最近很迷恋的文学杂志。但这些不足以抹平小静最近紧张不安的情绪。

班里同学都在备战中考，对于小静这个新人似乎没有太大兴趣。除了同桌和课代表，小静还没和其他的同学说过话。老师们倒还算和蔼，但到底是刚认识，老师们什么脾气、什么风格也不可测。小静想安安静静地做个省事的乖学生，但现在上课进度和风格与原来的学校大相径庭，令她感到费劲，她不敢和老师们说，怕暴露了自己跟不上学习步伐的"惨状"。在家里，爸爸妈妈忙着收拾新家、处理与新同事的关系，每天晚餐时两个人接连吐槽近期生活累。小静只好默默吃饭，反正自己一向话少，爸妈也没发现什么。跟不上进度的小静要么沉默发呆，要么看看动漫、去二次元的世界待待，就这样闷闷不乐地过了两个月。

这一切都被班主任看在眼里：开学至今，小静这位新同学好像还无法适应新班级。

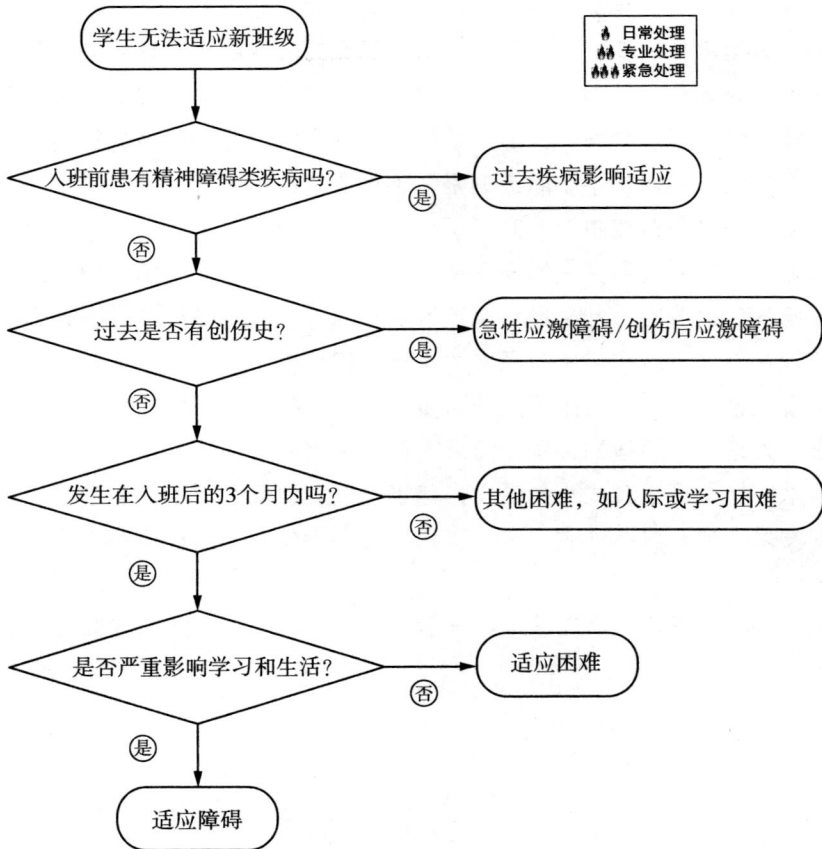

图 23-1　学生无法适应新班级的识别流程图

一、学生无法适应新班级的排查流程

教师在接触新班级或新同学时，常会观察到学生"适应不良"。我们首先需要了解，学生看起来无法正常学习、无法融入集体等是否真的是适应问题。

我们可以先了解学生的过往疾病史。如果学生患有精神障碍类疾病，如精神分裂症、双相障碍、抑郁障碍、焦虑障碍、强迫症或高功能孤独症，均可能无法"适应"新环境。更准确的说法是，这些病症会影响到学生的学习和生活，故而表现出"适应不良"。当出现这种情况时，教师需要和家长保持联系与配合，同时相应地为学生制订个性化的教学方式。

如果不是上述情况，我们可以进一步了解学生是否经历过什么创伤，尤其是集中了解最近6个月的情况，包括但不限于以下几个问题：

学生是否直接经历过什么创伤？

学生是否亲眼目睹过创伤事件？

学生亲密的家人、朋友是否经历过暴力事件或突发事故？

如果答案是"是"，学生很可能处于对于创伤的应激状态，也就是俗话说的"惊魂未定"的状态。在这种状态下，学生很难良好适应新的班级和环境，因为他融入社会的基本功能受到不同程度的损害，所以会表现出"适应不良"。教师也需要警惕这种情况，学生有可能出现急性应激障碍或创伤后应激障碍，建议家长咨询精神科医生。

如果答案是"否"，我们可以继续观察学生的适应问题是发生在更换班级后的3个月内还是持续了更长时间？

如果持续了更长时间，比如学生一整个学期持续表现出跟不上学习、融入不了班级，那么学生也许存在其他的困难，如人际交往、学习、遵守规则等。这种困难与其是否在新的班级无关，而与其发展水平、性格特点等有关。

我们可以进一步评估：学生的"适应不良"是否严重影响到了他的学习和生活？他的学业表现是否与真实水平极度不符？他是否始终处于抑郁或焦虑的情绪中？他是否始终紧绷而难以放松？

根据影响程度不同，我们可以判断学生存在适应困难或适应障碍。

二、适应障碍的定义

适应障碍（adjustment disorder）是指由可识别的压力源导致的情绪和/或行为症状，令人显著痛苦并损伤社会功能。

当发生不愉快的事情时，人们通常会感到悲伤、愤怒或不安。此类反应不会被认为是一种障碍，除非其超出常理或者严重影响到人的正常学习、工作、生活。

值得注意的是，儿童和青少年的应激源很可能和成人以为的应激源有差异。对于儿童和青少年来说，下列事件都有可能成为应激源。

搬家

升学

换班级

换学校

出国

手足出生

亲友患重病

亲友去世

失去宠物

被羞辱

被遗弃

……

下面这些例子都有可能是适应障碍。

小宇，男，6岁，跟随父母搬到了新的城市，同时开始小学学习生活。他开始出现攻击行为，会咬人、乱发脾气，有时发出咿咿呀呀的声音，像在说婴儿语。

小谢，女，10岁，在父母离婚后学习表现变得糟糕。她每天大部分时间都感到悲伤，也不能集中精力做功课。

点点，男，18岁，刚刚搬进了新的城市的大学宿舍，开始集体生活。他一个人离家在外上大学，每天都感到焦虑，也交不到任何朋友。

进入新班级意味着学生周围的环境有了变化，如教师、同学、校园、学习节奏等，会对一些学生造成较大的压力，这些也就成了应激源。

适应障碍的患病率约为 15.4%，在性别上没有差异。适应障碍常常伴随单独或混合的抑郁、焦虑情绪，学生可能表现为情绪低落、爱哭、易怒、紧张、坐立不安等。青少年适应障碍还会伴有不同程度的不良行为，比如，攻击行为、违反校规、敌视社会等。适应障碍群体的睡眠状况通常也较差。

三、适应障碍的特点

1. 适应障碍通常围绕可识别的压力源发生、发展，部分适应障碍群体在一段时间后可自行缓解，但也有部分适应障碍群体始终受到困扰。整个过程让学生感到非常痛苦，阻碍了他们的学习和成长。如发现学生有适应障碍的可能，建议告知家长咨询精神科医生。

2. 适应障碍在患有重大疾病或致残性疾病的儿童和青少年人群中容易发生。如果了解到学生患有较重的身体疾病，可建议家长同时关注学生的心理健康状况，帮助学生更好地克服适应障碍。

3. 适应障碍常常与抑郁、焦虑同时出现，我们很容易以为学生是抑郁症或焦虑症，而忽略了他同时正在面临的压力，会产生"他总是这样""他一直如此"的判断，对他当前状态的判断可能会产生偏差，也可能会减少对他的支持。

4. 部分适应障碍群体会产生自杀的想法，教师和家长应警惕相关的风险，提前预防。

📋 知识链接

适应障碍的诊断标准

A. 在可确定的应激源出现的 3 个月内，对应激源出现情绪的反应或行为的变化。

B. 这些反应或行为具有显著的临床意义，包括以下 1 项或 2 项情况。

1. 即使考虑到可能影响症状严重程度和表现的外在环境和文化因素，个体显著的痛苦与应激源的严重程度或强度也是不成比例的。

2. 社交、职业或其他重要功能方面的明显损害。

C. 这种与应激源相关的症状不符合其他精神障碍的诊断标准，且不仅仅是先前存在的某种精神障碍的加重。

D. 此症状并不代表正常的丧痛。

E. 一旦应激源或其结果终止，这些症状的持续不会超过随后的 6 个月。

适应障碍经常伴有抑郁心境，或伴有焦虑，或混合伴有抑郁心境和焦虑，主要表现为心境低落、流泪或者无望感，也容易表现出紧张，担心神经过敏或分离焦虑。有一些适应障碍群体还会表现出行为上的紊乱。

24. 当学生受欺负时

一天，李华同学突然找到我说："老师，我不想住宿舍了。"

我感到困惑，李华是个内向的孩子，平时沉默寡言，怎么突然就来了这么一句。我想再多问问他原因，他摇头不肯说。晚上我在办公室多留了一会儿，给李华父母打了电话，得知李华在学校里被人欺负了。李华妈妈告诉我，班上有两个男生一直在欺负他，尤其是在行为上。李华之前一直不肯告诉任何人，想自己处理，但他没能处理好。这件事已持续一段时间了，前几天李华才第一次告诉了妈妈，那时已经到了他自己能承受的极限了。

第二天课间我找到李华，他告诉我："老师，本来我觉得我能处理好的，他们怎么对我，我就怎么对他们。可他们是两个人，我根本应付不了。"看着李华委屈的样子，我一时不知该如何处理。

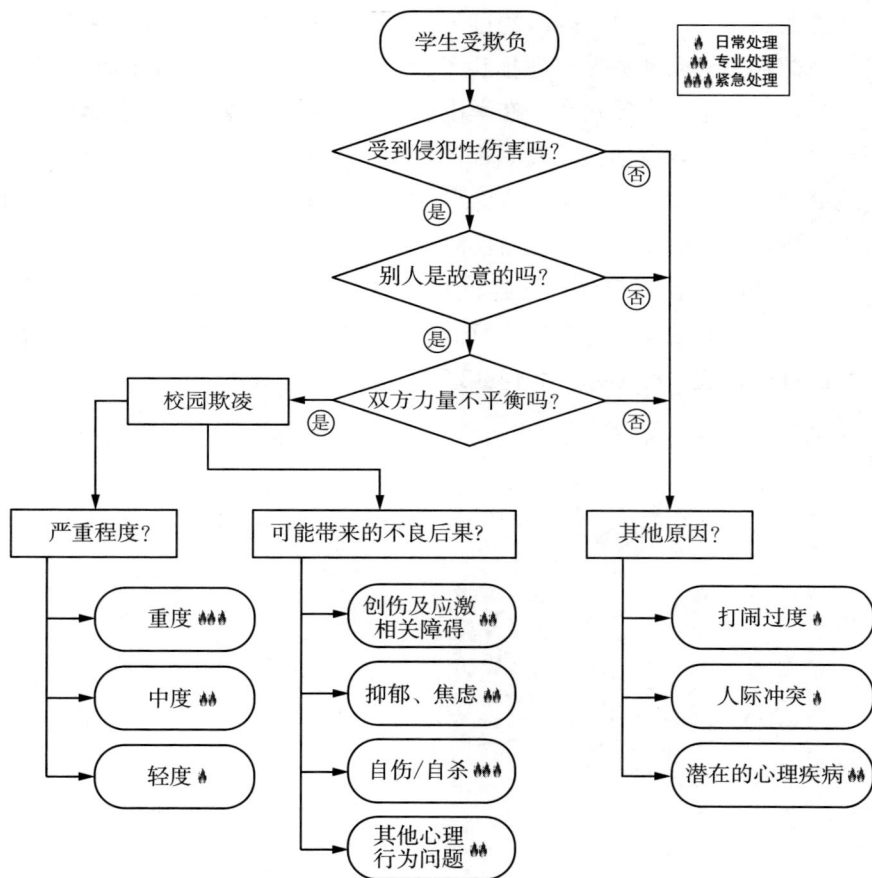

图 24-1 校园欺凌问题的识别流程图

当前，关于校园欺凌的报道在媒体上经常被传播，引起社会各界的日益关注，已经成为教师、家长的"眼中钉"。的确，校园欺凌在世界范围内普遍存在着。2019 年联合国教科文组织发布的报告《数字背后：终结校园暴力与欺凌》称，近三分之一的学生被同学欺负过。针对李华的情况，我们需要明晰以下几个方面。

一、校园欺凌事件的识别

我国对中小学生欺凌事件的界定，主要是指发生在校园内外和学生之间，一次或多次蓄意或恶意通过肢体、语言及网络等手段实施欺负、侮辱，造成其他同学身体伤害、财产损失或精神损害的事件。要判断是否为校园欺凌，需要多方了解事件发生的实际情况，重点收集以下 4 方面的信息。

1. 学生受到了侵犯性伤害吗？校园欺凌有很多种，主要的特征是学生受到了侵犯、伤害。除了身体受到伤害，还包括一些言语攻击，如辱骂、嘲笑、威胁、起侮辱性的外号等。还有的人会采取多种方式排挤和孤立受害学生，令其难以参加正常的人际交往，造成心理上的孤单和痛苦。从李华的情况来看，他可能是受到了一些身体上的侵犯，并且在心理上达到了难以承受的程度。对于他还受到了哪些伤害，教师需要进一步了解。

知识链接

表 24-1 校园欺凌的类型及特点

类型	特点
身体欺凌	会对身体直接造成伤害，可能发生在教室，也常发生在卫生间、一些不容易被人发现的角落，以及回家的路上。欺凌的形式包括身体攻击、体罚、拳打脚踢、推搡等，直接威胁受害者的身体安全，严重时甚至危及生命
心理欺凌	没有明显的身体上的攻击，主要用言语、情绪、人际排斥等方法对受害者进行侵犯。欺凌的形式包括辱骂、恐吓、威胁、起侮辱性的外号、不让别的学生与其在一起，故意不让其参加集体活动等，会对受害者的自尊、心境和人际关系等心理健康要素造成直接损害

续表

类型	特点
性欺凌	事件的发生通常与学生青春期的性成熟、性取向、性表达等方面有关，欺凌的形式包括强奸、强奸未遂、性骚扰、非自愿触摸、性取笑、手势动作性侮辱取笑等。由于涉及学生的隐私和羞耻感，会影响受害者向他人求助的意愿
网络欺凌	不同于面对面的欺凌，受害者可能不知道欺凌者是哪些人。欺凌的形式更为多样化，包括散布谣言、发一些隐私图片及说一些侮辱性、歧视性、排斥性的话。网络欺凌具有传播速度快及知情范围不可控等特点，尽管不常在校园内发生，但是随着学生使用手机的频率提高，会给学生带来更多风险

2. 欺负人的一方的行为是故意的吗？在校园欺凌中，欺凌者的行为是故意的，甚至是有预谋地去挑衅、欺负受害学生，这种欺负与不小心伤害到别人的性质完全不同。如果李华所说的情况属实，那么欺负他的两个男生的行为并不是不小心的，而是蓄意的。

3. 双方的力量平衡吗？在校园欺凌中，双方的力量是不平衡的，权力大的一方、人多的一方或者是强壮的一方会欺负弱小的一方，如几个人打一个同学或者一群人嘲笑一个同学等。李华说"他们是两个人，我根本应付不了"，表明双方的力量是不平衡的，李华明显是处于弱势的一方。

4. 事件是重复发生的或者可能会重复发生吗？即便学生受到侵害的事件仅发生一次，只要符合前面的 3 个条件，我们也认为是校园欺凌（网络欺凌有其特殊性，参见知识链接）。很多欺凌事件并不是一次推搡那么简单，常常会反复发生。发生的次数越多，受害学生的创伤也越重。李华妈妈说两个男生一直在欺负李华，看来这种事也不是仅发生过一次，如果不及时制止，将来很可能还会重复发生。

知识链接

如何预防网络欺凌?

　　网络欺凌作为校园欺凌的一种,与其他类型的校园欺凌的特点不同。例如,欺凌者的力量未必比对方强大。有时候,现实生活中比较弱的一个学生可能采用在网络上匿名的方式去散布谣言,或者是发一些同学的隐私照片,对别人造成伤害。对此,我们要教育学生学会在网络上保护自己,例如,不要随意泄露自己的个人信息,不要在微信群、朋友圈等发一些个人的隐私照片,自己的手机不要随便交给他人使用,不要随意与人共享屏幕、分享密码等。

二、校园欺凌给学生带来的不良后果

　　一名受过欺凌的学生曾经说:"它让我失去了自由,毁了我的生活!"校园欺凌对学生的伤害可能是多方面的、持久的,与创伤及应激相关障碍、抑郁、焦虑、自伤/自杀等很多心理行为问题密切相关。

　　1. 创伤及应激相关障碍。遭受校园欺凌的学生或者目睹校园欺凌事件的学生,都有可能出现心理创伤,发展出很多心理上的症状,比如,恐惧、愤怒、做噩梦,反复地、不自觉地回忆创伤经历,尽量回避有关校园欺凌事件的人和情境等。如果不及时进行心理干预,学生可能由急性应激障碍进一步恶化为创伤后应激障碍。李华不想住学校宿舍的行为可能是为了自己的安全,也可能是回避有关校园欺凌事件的人和情境的表现。

　　2. 抑郁、焦虑。有过被欺凌经历的学生容易表现出更低的自尊和低自我价值感,他们在对欺凌者感到无能为力的情况下可能对欺凌事件的原因存在着一些错误的想法,会认为是自己的错,从而不断责备自己,持久地处于恐惧、内疚、羞愧等心境状态,感受不到生活的乐趣。李华本来以为自己是可以处理受到欺负这件事的,但多次遭受欺凌之后发现自己是打不过对方两个人的,实在无奈之下才向家长、教师求助。他的内心中可能已经压抑了很多负性情绪,这些情绪是需要家长、教师接纳和理解的。

　　3. 自伤/自杀。受到欺凌的学生感到孤独的可能性是未受到欺凌的学生的两倍,他们经受创伤之后对自己、对他人的看法会发生改变,如"我再也不能相信任何人"。他们可能认为学校、家庭都是不安全、不值得信赖的,失去了归属感，同时也可能怀疑自己存在的价值，对未来变得绝望，甚至会出现自伤、自杀的想法和行为。

4. 其他心理行为问题。有的学生为了回避现实生活中的创伤，可能会通过饮酒、吸毒、沉迷游戏等方法让自己暂时忘记伤痛。有的学生为了回避创伤的相关情境，可能会出现迟到、早退、旷课、逃学等行为。有的学生为了反抗欺凌者、释放内心的压抑情绪，可能会表现出一些攻击性的言语和行为，如对人喊叫、打架、损坏物品等。有的学生甚至变成欺凌者，去欺凌别的学生来找回内心的平衡。

此外，对于欺凌他人的学生所存在的问题也要全面了解，区分不同情况并进行相应处理。学生出现攻击行为有多种可能性，可能是由应激情境引起的，也可能是心理疾病如品行障碍等的表现，具体参考第 18 章。

📋 知识链接

哪些学生更需要受到保护呢？

在某一方面被认为"不同"的孩子更有可能被欺负，学生的长相、民族、肤色、家庭背景、性格都有可能成为校园欺凌的诱发因素。学生外表的某些特征是受欺负的最常见原因，例如，身体过胖、男孩被视为"娘娘腔"、女孩被视为"阳刚"等，都可能成为引发欺凌的因素。学生受到欺凌有很多种原因，其中最重要的一点就是他可能没有受到足够的支持和保护，例如，家庭支持系统比较弱、同学关系不够好、家庭经济状况较差等。

为此，我们要公平对待每一名学生，努力营造每一名学生都值得尊重的学习氛围。同时，要积极培养那些有"不同"特点的学生的自信心理和主动交往、主动求助的观念，这些对预防校园欺凌十分重要。从校园或者班级的文化来看，如果对学生多样化的包容性不足，不能够促进学生展现各自不同的特点，就可能导致少数"不同"的学生被排斥、被歧视，从而增加这些学生遭受欺凌的风险。

三、除校园欺凌之外的其他原因

有的学生认为自己受到了欺负，除校园欺凌之外，还可能有其他原因。

1. 打闹过度。在中小学生中，嬉戏打闹是经常发生的事。在打闹的过程中，有的学生可能会把握不住界限和度，有时会失手伤害到其他同学的身体或者说一些过分的话而损害到别人的自尊心等。但这种行为并不是蓄意的，也不存在权利和力量的失衡。

2. 人际冲突。学生的人际交往并不都是和睦的，有时候会产生一些矛盾。当矛盾激化的时候，愤怒和冲动的情绪会导致有的学生出现一些过分的言行，如打架、辱骂等。但这些行为并非蓄意而为，也不是恃强凌弱，往往是一过性的。事后学生可能会反省自己冲动、不合理的行为，也可能会采取一些措施来修复同学之间的关系。

3. 潜在的心理疾病。有的学生报告自己受到了欺负，但经过调查了解发现客观事实与他所说的并不相一致，甚至大相径庭。学生可能存在着一些让人难以理解的奇怪言行，比如，别人只是看了他一眼，他就说别人要害他，或者说身边的人都要害他，并且坚信不疑。这可能是心理疾病中被害妄想的症状表现，需要转介给心理教师进一步识别和诊断。

案例中李华同学的情况需要引起我们的高度重视：一方面，要关注学生本身的身体、情绪等健康状况；另一方面，要全面掌握相关事件的信息，分析判断该事件是否属于校园欺凌、严重程度如何，必要时联系家庭、学校相关人员一起采取措施，保护学生的安全，预防和消除校园欺凌。

☑ 知识链接

反对校园暴力和欺凌国际日

联合国教科文组织 2019 年 12 月 11 日公布每年 11 月的首个星期四为"反对校园暴力和欺凌国际日"，强调任何形式的校园暴力行为都是对青少年受教育权利和健康生活的侵害，呼吁各方共同采取措施、加强合作，反对和消除校园暴力和欺凌、网络暴力等行为。

25. 当学生遭受性侵犯时

每次想到那天，我都感到阵阵心痛和后怕。

那天上午，我正在办公室批改昨天的试卷，小爽突然冲到办公室，神色慌张地说："刘老师，您快去看看甜甜！她……她一直在发抖，她遇到坏人了！"

我心里一紧，赶紧冲向教室，看见甜甜蜷缩在后门外，没进教室。她浑身发抖，衣服有破损，鞋上有泥。她把头埋在书包里，没有吱声。看着她颤抖的肩膀，我能感觉到她在哭泣。我感觉情况很不对劲，甜甜平时乖巧整洁，今天她肯定遇到什么事了。我紧急借用了学校的心理咨询室，让小爽扶着甜甜过去休息。我去办公室倒了一杯热糖水，给甜甜妈妈打了电话，然后去心理咨询室陪着甜甜。

甜甜一边哭一边断断续续地告诉我，最近隔壁学校有几个高年级的男生一直在缠着她，一开始是在网上和她聊天，后来说陪她上下学。甜甜现在八年级，学校离家也近，平时都是自己上下学。她想着有人陪也不一定是坏事，就这样和这几个男生玩到了一起。今天早上，其中一个男生在小区门口等她，她没多想。结果这个男生说先绕道去一个地方拿篮球，让甜甜陪着，这一去就出事了。男生把她带到一个偏僻的公园，开始对甜甜动手动脚、撕扯衣服，把甜甜吓哭了。幸好这时来了个晨练的大爷，带着收音机溜达。男生听到收音机的声音就慌了，甜甜才得以借机逃走。甜甜妈妈很快赶到了，我们又联系了警方立案。甜甜勇敢地说出了事情的经过，因此我们能更好地保护她。

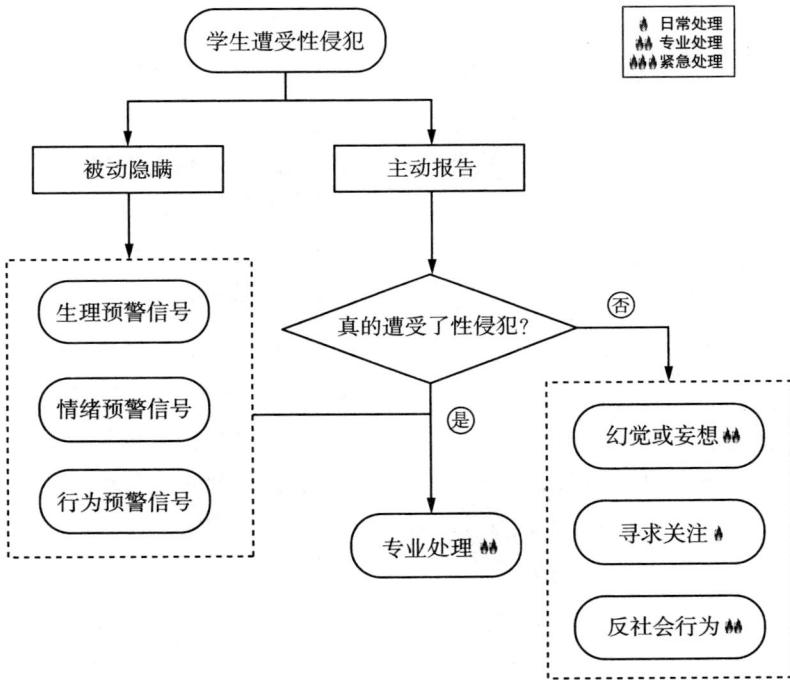

图 25-1　学生遭受性侵犯的识别流程图

一、学生报告性侵犯后的排查流程

当通过各种情况了解到学生遭受性侵犯时，我们需要先判断情况是否属实。这是因为某些人报告的情况和实际经历的情况有出入，这背后的原因值得分析，甚至存在巨大的心理健康隐患。因此教师应多了解真实情况。

如果学生主动汇报，教师可以与学生直接交流，与家长联络，从朋友、同学处了解，协助警方、法院、医生、社区、相关协会等获取真实情况，从而共同帮助学生获得保护、走出困境。如果发现事情并非指向性侵犯，而是另有隐情，那么教师需要进一步了解学生的心理过程，考察以下几种常见的情况。

（一）学生出现了幻觉或妄想

幻觉是一种没有客观刺激而产生的感觉，妄想是一种与事实不符、难以动摇的信念，两者的特点均为主观体验与客观事实不相符。也许并没有真实发生性侵犯，但学生在主观体验上经历了性侵犯，且会有恐惧、痛苦的体验。这类情况提示学生可能有患重性精神类疾病的风险，应该引起重视。

（二）学生试图寻求关注

有的学生做出一些极端的言行，如撒谎、破坏东西，可能是为了寻求关注。他可能认为只有当他做非常出格的事情时，才会获得家长、教师或亲友的关注以及得到想要的陪伴或关爱。虽然知道可能会为此付出代价，但他们更想得到他人的关注。因此，少数学生会在这种驱动下做出"惊人之举"。

（三）学生存在反社会行为

极少数有反社会行为的学生可能会有欺诈、说谎、漠视他人、利用他人的同情心等表现。这样的学生的外在表现可能为"坚定不移"地撒谎、冷漠，把周围的人弄得团团转等。

如出现上述情况，均建议进行专业处理，认真对待。

如果发现学生确实经历了性侵犯，教师应该了解更多的相关知识和应对办法。

二、儿童性侵犯的定义

儿童性侵犯是指 18 岁及 18 岁以下的未成年人（男性或女性）在威逼利诱下卷入任何违背个人意愿的性活动，或在非知情同意情况下参与性活动。性活动包括带有性含义的身体接触，比如抚摸身体、抚摸生殖器以及体腔插入等，也包括裸露身体、观看裸体、拍摄裸照、观看色情录像或图片等非身体接触（龙迪，2007）。

在所有年龄段里，青少年和年轻人遭受性侵犯的比例最高；在 18 岁以下的年龄段里，7～15 岁群体遭受性侵犯的比例最高。据 2020 年中国媒体公开报道的性侵儿童案例汇总，最小的受害者仅 1 岁。因此，成年人加强对孩子成长期的监管和保护是十分重要的，以防止未成年人遭受性侵犯。

全球各类研究显示，儿童性侵犯发生率从 3%到 33.2%不等，这些差异源于研究者们对于儿童性侵犯概念的界定不同。无论如何，教师群体应尽力保护儿童免于性侵犯，识别受到性侵犯的儿童并提供相应帮助。

三、儿童性侵犯的特点

1. 受害者女性多于男性。在儿童性侵犯中，超过九成的受害者为女孩。

2. 熟人作案多。据调查，85%以上的儿童性侵犯发生在邻居、老师、同学、朋友、亲戚甚至是父母等熟人当中。在"女童保护"2020 年性侵儿童案例报告中，熟人作案的比例为 74%。

3. 校园和培训机构是高发地。在"女童保护"2020 年性侵儿童案例报告中，在校园、培训机构（包括宿舍等）的占 25%，在施害人住所的占 22%，在小区、村庄、校园附近等户外场所的占 14%，在宾馆、KTV 等场所的占 14%。

4. 儿童性侵犯以猥亵为主要形式。每 100 件性侵儿童的案件中，84 件为猥亵案，13 件为强奸案，3 件为杀害案。

5. 隐蔽性强。施害者通常会恐吓、哄骗、操控儿童青少年，阻止恶性事件暴露，因此许多受害者不会立即告知监护人或报案。有研究显示，只有大约一半的高中受害者会主动告知并求助他人。

6. 男性受害者比女性受害者更不愿意报告性侵犯。

7. 发生在网络上的儿童性侵犯比例日益增加，线上性侵犯对儿童的伤害和线下性侵犯相当。

四、儿童遭受性侵犯的预警信号

儿童遭受性侵犯一定会表现出异常，但异常的信号因人而异。教师可以观察下列预警信号。

1. 生理预警信号包括以下内容。

撕裂或带有血渍的衣服

身体上有淤青

排尿或大便困难

行走或坐立困难

怀孕

2. 情绪预警信号包括以下内容。

羞愧

内疚

无法信任他人

绝望或无力感

感觉没有价值

易怒

抑郁和焦虑

自卑

感觉自己不够好

强烈的恐惧感

3. 行为预警信号包括以下内容。

害怕被触碰

害怕或回避某个人（包括家庭成员或朋友）

睡眠紊乱或做噩梦

出现小时候才有的行为如尿床、吮拇指等

说或做一些与年龄不相称的性行为

改变卫生习惯或对衣服的偏好

容易受惊

有攻击性或胆小的行为

逃课，或经常生病而不能上学

学业表现较差

离家出走

自残

为月经和青春期感到羞耻

避开某些人或地方

出现自杀的想法

注意，如果学生表现出这些"迹象"，并不意味着他一定遭受过性侵犯。教师可以通过与学生的交流、与家长的沟通来了解更多信息。

当学生开始透露非常少量的信息时，会观察教师的反应，他可能会简单地说"我不喜欢去这个人的家"或者"这个人很恶心"。教师要留心类似的言语，让学生提供更多信息。

五、性侵犯对儿童产生的影响

性侵犯会对儿童的健康产生长期的负面影响，如不进行干预和处理，这种负面影响会一直持续到成年。其包括以下几个方面。

（一）心理健康问题

遭受性侵犯会大大增加儿童罹患精神疾病的风险，如创伤后应激障碍、抑郁障碍、焦虑障碍、进食障碍和睡眠障碍，这些精神疾病均会直接影响到儿童的身心健康和正常的学习生活。其中，创伤后应激障碍属于高发的心理健康问题，儿童在被强奸后的发生率为 49%，儿童在被性虐待后的发生率为 23.7%。这类情况需要家长咨询精神科医生。

（二）问题行为

遭受性侵犯会大大增加儿童出现问题行为的概率，常见的问题行为包括酒精滥用、药物滥用、吸烟、随意的性行为、偷窃等犯罪行为和自杀行为。这些行为会将儿童拉入更为边缘和危险的环境，也会增加他们经历更多创伤的风险。

（三）建立关系的创伤

遭受性侵犯会直接破坏儿童对人的信任感，他们会觉得亲密接触是可怕的、可耻的、痛苦的。这会让儿童无法在身体和心理层面与人建立信任、互助、平等的关系，也会妨碍他们成年后建立亲密关系的能力。

（四）大脑发育受损

遭受性侵犯对于儿童的身心是极大的冲击和创伤，他们可能持续体验到过度惊吓、紧张、痛苦的感受，这会对大脑的发育产生负面影响。性虐待可能会改变儿童大脑结构，导致应激反应加剧并削弱认知发展，从而损害大脑的生长发育。

遭受性侵犯可能会给儿童带来不可逆的损害，教师群体应加强对学生的性安全教育，对于学生遭受性侵犯的迹象具备敏感度。一旦发现问题，应立即告知家长，协助家长联络专业资源并配合各项调查，帮助学生走出伤害。

知识链接

性侵犯可能发生的情境

1. 跟踪、强拉入室或上车。
2. 送玩具、糖果等引诱。
3. 冒充警察、维修工或销售员入室。
4. 谎称是家中友人，受父母之托。
5. 找借口如请儿童帮忙，如问路、找东西、填写问卷等。
6. 假借玩耍、游戏的形式。
7. 受害人独自一人时被攻击。
8. 教师谎称补课。
9. 青少年约会。

知识链接

什么是创伤及应激相关障碍？

个体在经历突发事故和灾难时，都有可能出现创伤及应激相关障碍，主要表现为急性应激障碍(障碍持续时间为创伤后的3天至1个月)和创伤后应激障碍(障碍的影响持续到创伤事件后至少6个月)。

主要核心表现为侵入性症状、负性心境、分离症状、回避症状和唤起症状。

1. 侵入性症状

(1)创伤事件：反复的、非自愿的和侵入性的痛苦记忆。

注：6岁以上儿童可能通过反复玩与创伤事件有关的主题游戏来表达。

(2)反复做内容和(或)情感与创伤事件相关的痛苦的梦。

注：儿童可能做可怕但不认识内容的梦。

（3）分离性反应（例如，闪回）：个体的感觉或举动好像创伤事件重复出现（这种反应可能连续地出现，最极端的表现是对目前的环境完全丧失意识）。

注：儿童可能在游戏中重演特定的创伤。

（4）对象征或类似创伤事件某方面的内在或外在线索产生强烈或长期的心理痛苦或显著的生理反应。

2. 负性心境

持续地不能体验到正性的情绪（例如，不能体验到快乐、满足或爱的感觉）。

3. 分离症状

（1）个体的环境或自身的真实感的变化（例如，从旁观者的角度来观察自己，处于恍惚之中，时间过得非常慢）。

（2）不能想起创伤事件的某个重要方面（通常是由于分离性遗忘症，而不是由于诸如脑损伤、酒精、毒品等其他因素）。

4. 回避症状

（1）尽量回避关于创伤事件或与其高度有关的痛苦记忆、思想和感觉。

（2）尽量回避能够唤起关于创伤事件或与其高度有关的痛苦记忆、思想和感觉的外部提示（人物、地点、对话、活动、物体、情景）。

5. 唤起症状

（1）睡眠障碍（例如，难以入睡，或难以保持睡眠，或休息不充分的睡眠）。

（2）激惹的行为和愤怒的爆发（在很少或没有挑衅的情况下），典型表现为对人或物体的言语或身体攻击。

（3）过度警觉。

（4）注意力有问题。

（5）过分的惊跳反应。

当我们观察到学生有上述这些表现时，可能要考虑他是否正在经历急性应激障碍或创伤后应激障碍，建议联络家长咨询精神科医生。

（推荐阅读：龙迪《性之耻，还是伤之痛》）

26. 当学生有了弟弟/妹妹时

说来奇怪，我们五年级三班的班长李娟原本活泼可爱，学业表现特别好，可是最近几个月她经常生病，晚上睡不好觉，有时说头痛，还常出现呕吐的症状，一天到晚精神恍惚，心思不在学习上。但是学校的食物没有问题，她怎么老是出现这些反应呢？我联系她父母，父母说带她去医院检查过了，身体上没有发现什么毛病。

有一天，李娟对我说："老师，我特别不开心，我爸爸妈妈有了弟弟之后，他们就不管我，只管弟弟了。家里人都不要我了，还常说我不懂事，训斥我！"

这时，我才意识到她爸爸妈妈生第二胎了，家庭环境发生了变化。但是班里还有很多学生的父母也生了二孩，并没有出现异常的反应，有的还非常喜悦。例如，赵伟同学就经常与老师、同学聊起自己的妹妹，听说他很疼爱妹妹，而且在学习上也变得更积极主动了。

为什么有了弟弟/妹妹后有的学生变得更积极了，有的学生却变得糟糕了？李娟会有什么心理问题呢？

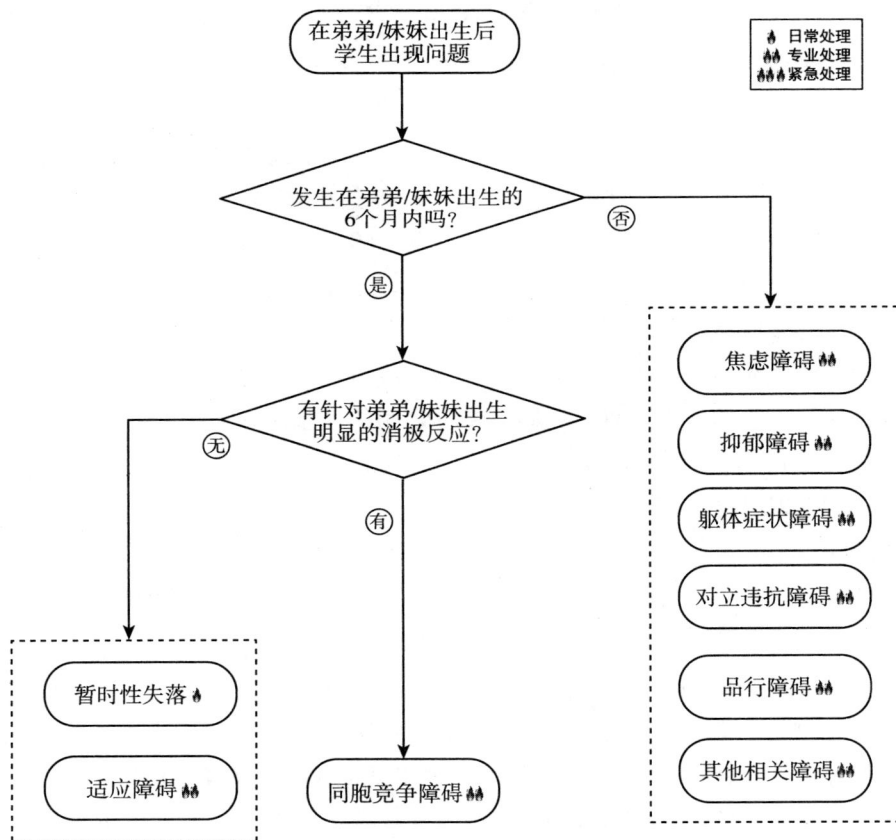

图 26-1 学生有弟弟/妹妹后发生心理问题的识别流程图

随着我国生育政策的调整，许多独生子女学生多了弟弟/妹妹，家庭环境发生了变化，学生在家庭中的地位和角色、与父母之间的关系都面临着新的考验，并给学生带来一定的心理影响。这种影响是多方面的，有可能会促进学生发展成长，也有可能会导致心理问题的发生。本章主要对案例中李娟同学的状况进行分析，探讨李娟同学的问题可能是由哪些心理问题导致的。

一、学生有弟弟/妹妹时面临的心理风险

一般来说，在弟弟/妹妹出生后，由于精力有限，父母与第一个孩子的互动的质量和强度都有所下降。这会增加学生的心理压力，有的学生甚至认为父母不爱自己了，可能会出现一些消极的表现。这些表现常涉及以下心理问题。

1. 暂时性的失落。如果学生感受到父母在弟弟/妹妹出生后对自己的照顾不再那么精心了，一开始可能会有一种失落的情感。这种情感会激发学生的多种认知和行为调节策略：有的觉得自己大了，不需要父母的照顾了；有的为了获得父母更多的认可，会发展出帮助父母照顾弟弟/妹妹的责任感，并且会力争表现得更优秀、更积极主动地学习。当这些策略有效之后，他们会在家庭之中重新找到自己的角色位置，巩固与父母之间的关系。

2. 适应障碍。弟弟/妹妹的出生会给家庭带来很多新的变化，这种变化对于很多学生来讲可能会成为一个应激性事件。学生对于在家中的角色、与父母之间的互动模式、与弟弟/妹妹之间的关系等都需要一段时间去适应，在适应期间如果出现一系列的伤心、难过、紧张不安等问题，影响了学生的学习和生活，则可能是适应障碍的表现（具体参见第 23 章）。

3. 同胞竞争障碍。同胞竞争心理是学生在"父母对谁更好"的问题上与弟弟/妹妹争胜的一种心理，目的是获得父母更多的关爱。如果学生的一些负面情绪和行为主要针对自己的弟弟/妹妹而非其他因素，对弟弟/妹妹表现出明显的嫉妒、敌意、攻击或者出现一些身体上的症状等，那么这可能是同胞竞争障碍的表现。

4. 焦虑障碍或抑郁障碍。如果学生表现出明显的焦虑、抑郁情绪，这些情绪体验常与对弟弟/妹妹的嫉妒、对父母的失望等有关。如果学生的焦虑、抑郁症状越发严重，影响学习和人际关系等，甚至达到焦虑、抑郁发作的程度，就需要抗焦虑、抑郁治疗。

5. 躯体症状障碍。如果学生有了弟弟/妹妹后的问题主要体现在身体方面，如经常睡不着觉、肚子疼、头疼、恶心、呕吐等，到医院检查又没有发现

明显的问题，那么这可能是心理问题的躯体化反应，或许与躯体症状障碍有关。

6. 对立违抗障碍或品行障碍。如果学生在与弟弟/妹妹的长时间冲突中存在着一些攻击行为，并经常对抗父母、教师等权威，违反学校纪律和规范等，那么这可能是一种行为问题的表现（Garcia et al.，2000），常与对立违抗障碍（具体参见第 7 章）或品行障碍（具体参见第 18 章）有关。

除了弟弟/妹妹出生的家庭情况，重组家庭、寄养家庭中的学生也可能因为兄弟姐妹之间的关系矛盾而引发类似的问题。从目前了解的信息来看，李娟同学的问题主要是在家里有了弟弟之后出现的。她既表现出情绪上的不开心，也表现出明显的躯体症状，但具体是什么问题还需要通过进一步了解信息来分析、识别。

二、同胞竞争障碍的识别

在国际疾病分类（ICD）中，同胞竞争障碍被列入儿童情绪障碍。通常表现为学生在弟弟或妹妹（一般是挨肩儿的）出生后，感觉自己的地位被年幼的同胞替代或者自己不再被父母关注，由此出现一些情绪和行为问题。常表现出明显地与弟弟/妹妹争夺父母的重视和疼爱，严重时伴有对弟弟/妹妹产生敌意、暗中使坏、躯体伤害等症状，持续时间至少 4 周。具体识别参见以下问题。

（一）症状发生在弟弟/妹妹出生之后的 **6 个月之内**吗？

在弟弟/妹妹出生之前并没有明显的症状，症状发生在弟弟/妹妹出生之后的 6 个月之内（苏林雁等，2017），也就是所有的症状主要是由弟弟/妹妹出生而非其他因素激发的。学生通常在弟弟/妹妹出生前后有着明显的变化。

（二）存在一些针对弟弟/妹妹出生的消极反应吗？

患者常表现为情绪恶化、发脾气、退化行为、睡眠困难、违抗行为、寻求父母或其中一方注意的行为等（苏林雁等，2017；Sharma，Shikhu，& Jha，2019）。

1. 嫉妒、愤怒。例如，对弟弟/妹妹不接纳，明显地与弟弟/妹妹争夺父母的重视和疼爱，对弟弟/妹妹缺乏关心，不愿和弟弟/妹妹分享食物或玩具，甚至要求把弟弟/妹妹送回医院或者送给别人。有的不让弟弟/妹妹进入自己的房间、玩自己的玩具，并且在各方面（学习、运动等）都表现出一定要超过弟弟/妹妹的态度等。

2. 敌意、攻击。例如，在弟弟/妹妹睡觉时大吵大闹，欺负弟弟/妹妹，故意把弟弟/妹妹的玩具、用品藏起来或毁坏，故意破坏父母与弟弟/妹妹的关系。有的甚至预谋伤害弟弟/妹妹。

3. 担心、难过。例如，担心父母不爱自己。低年级的学生可能变得比以前退缩、爱哭、孤僻，不和同伴玩；高年级的学生可能会诉说内心的烦恼、痛苦、不开心等。

4. 退化行为。退化是指高年龄段儿童表现出类似婴儿或者低年龄段儿童的不成熟行为，目的是获得父母的关注和奖赏。例如，吃饭要喂、用奶瓶喝奶、吮吸拇指，模仿婴儿的举动、用幼儿的语言说话，要求母亲陪着睡或拒绝上床、整日缠着母亲不放等。他们常常通过退化行为来确认父母是不是爱自己。

5. 与父母对立冲突。例如，不服从父母的要求，与父母对立乃至冲突，好发脾气，破坏家里或弟弟/妹妹的东西，说谎或找借口逃避学习及其他活动，甚至离家出走等。这些行为的出现常常会让父母感到头疼甚至抓狂。

6. 多动、注意力不集中。在学校时，有的学生上课时心不在焉、坐立不安，影响了学习。

7. 躯体化反应。有的出现多种形式的躯体化症状，如头疼、肚子疼、呕吐等；有的存在睡眠障碍，晚上睡不着觉，在就寝时常需要父母安慰自己；有的坚持要开灯睡，或要求父母陪自己睡。

同胞竞争障碍会损害患者的社会功能，常导致家庭不安宁、学业表现转差、同学关系紧张等。多数患者有较好的预后表现，随着年龄的增长，很多患者的人际关系从家庭更多地转到学校环境中的同伴关系，相关症状也会减轻。然而，如果家庭教养方式不当，没有及时对患者进行心理干预，这种愤怒、嫉妒和痛苦的体验也可能持续到进入成人期。并且患者会长期缺乏安全感，从而可能影响人际关系的质量，也可能使他们具有攻击性或破坏性，有的甚至会出现精神病性症状。

三、躯体症状障碍的识别

躯体症状障碍是指由心理因素所引起的与显著痛苦和损害相关的突出的躯体症状，常常被看成躯体疾病而非心理疾病。躯体症状障碍与躯体疾病可能有关也可能无关，个体通常有多种躯体症状。在儿童中最常见的症状有反复的肚子疼、头疼、疲乏和恶心，这些躯体症状在医学上难以解释，但个体的痛苦是真实的，导致其日常的学习、生活受到明显的影响。

弟弟/妹妹出生之后，学生失去了家中的中心位置，可能会产生各种躯体症状，以引起父母的关注和爱。父母对这些症状的反应很重要，对学生的痛苦程度有重要影响。当父母重视不足时，学生的痛苦程度可能会加重。李娟存在着头痛、呕吐等躯体症状，也可能是躯体症状障碍。

📋 知识链接

躯体症状障碍的诊断标准

1. 存在着疼痛等一个或多个躯体症状，令学生感到痛苦，或导致其日常生活、学习受到损害。

2. 有着与这些躯体症状不相符的想法、感受或行为，至少出现以下一项症状。

(1)与症状严重程度不相称的持续的想法，如过度担心。

(2)持续高水平的焦虑，如果去医院治疗，能减少个人的担忧。

(3)将过多的时间和精力投入对这些症状或健康的担心。

3. 6个月以后，虽然某一种症状可能不会持续存在，但是有症状的状态会持续存在。

(资料来源：美国精神医学学会，2016)

四、出现心理问题的原因

学生有了弟弟/妹妹后出现心理问题的原因有很多种，下面仅从家庭和个人因素出发列举 4 个方面。

1. 出生次序的影响。心理学家阿德勒认为，出生次序对儿童的心理健康风险有重要影响。在家庭中第一个出生的孩子——开始往往集父母宠爱于一身，处于家庭中心的位置。然而，当家庭中第二个孩子出生时，长子/女的中心位置将会受到威胁，他必须和弟弟/妹妹分享父母的爱。此时，长子/女可能会感受到巨大的心理落差，这种心理落差很难让他心平气和地接受弟弟/妹妹的出生。如果长子/女对父母的爱有信心，认为自己的地位稳固，并准备好迎接弟弟/妹妹的来临，那么这种危机便会消失于无形，否则他可能会运用各种方法来挽回父母的关爱。有研究发现，长子/女一方面对家庭更容易表现得尽职尽责，另一方面在兄弟姐妹的竞争中也表现得更为激烈（Badger & Reddy，2009）。

2. 父母不当的教养方式。父母在弟弟/妹妹出生前对长子/女越是溺爱，长子/女越是容易在家里二胎出生之后体验到失宠的落差，也越可能将失宠归咎于弟弟/妹妹的出生。有的父母还存在着"大的要让着小的、要照顾小的"的观念，常常会不自觉地忽视长子/女的情感。当长子/女对弟弟/妹妹态度消极时，父母会认为长子/女不懂事，在教育时急躁、不耐心，导致长子/女经常被拒绝、批评甚至惩罚。这就更加坚定了长子/女"父母不爱我了，弟弟/妹妹抢走了我的一切"的信念，从而导致其各种负面情绪和行为的升级。

3. 家庭环境的负面影响。学生的心理和行为健康状况受家庭关系的直接影响（Feinberg，Solmeyer，& McHale，2012）。当父母关系不融洽时，孩子对父母的爱的不确定性会增加，并表现出更多的焦虑和回避倾向；当父母把关注点放在弟弟/妹妹身上时，长子/女更可能体验到被抛弃的感受；有些父母可能会不自觉地流露出"养儿防老"的想法，加之亲戚朋友等有意无意地说出"女不如男"，可能给长女造成一定的心理危机。此外，在经济基础较差的家庭中，同胞竞争的问题更加突出，这可能与家庭养育资源有限有关。

4. 个人认知发展的局限。弟弟/妹妹出生带来的心理冲击受学生本身的心理特点影响，如果学生有较强的社会理解能力，那么就可能会站在父母的角度去思考问题，认识到刚出生的弟弟/妹妹更需要父母的精心照顾，就会减少嫉妒、伤心等消极情绪反应（陈斌斌等，2017），这也是高年龄段儿童发生同胞竞争障碍的比率更低的重要原因（苏林雁等，2017）。也有研究发现，在存在兄弟姐妹的竞争的家庭之中，年龄小的孩子（9岁以下）比10~17岁的孩子表现出更多的心理健康问题（Tucker et al.，2013）。

总之，弟弟/妹妹出生对于不同的学生影响不同。有的可能很快度过适应期，甚至促进其人际关系、学习动机的改善；有的则会遇到挫折而不可自拔，甚至产生较严重的心理问题。学生的大多数反应都基于一个原因，即担心父母不爱自己，想要争取父母、争取这个社会对自己的爱。对此，我们要区分情况，深入了解学生的家庭、心理状况，开展有针对性的教育引导。问题较严重的学生，应及时寻求心理健康专业人员的帮助。

27. 当学生的父母离异时

张艳同学是九年级六班的班长，原本活泼开朗的她近两个月像换了一个人似的，整天垂头丧气的，学业表现欠佳。

经谈话了解到，她的爸爸妈妈离婚了。她说："我现在觉得自己和别人不一样了，别人的父母特别好，而且都在身边、都在一起，可是我为什么只能跟爷爷奶奶住在一起？我觉得自己缺失一些什么东西似的，心里空得慌！"

她还说现在特别在意别人的眼光，感觉别人老是用异样的眼光看待她，担心别人说她是没人要的孩子、缺爹少妈的孩子。她有时候会后悔没有好好珍惜以前的家庭生活，会埋怨自己，会想如果自己以前在家里做得好一些，不惹爸爸妈妈生气，他们也许就不会吵架了，也就不会离婚了。

张艳同学是出现了什么心理问题吗？作为班主任，我有些不知所措。我怎么做才能更好地帮到她呢？

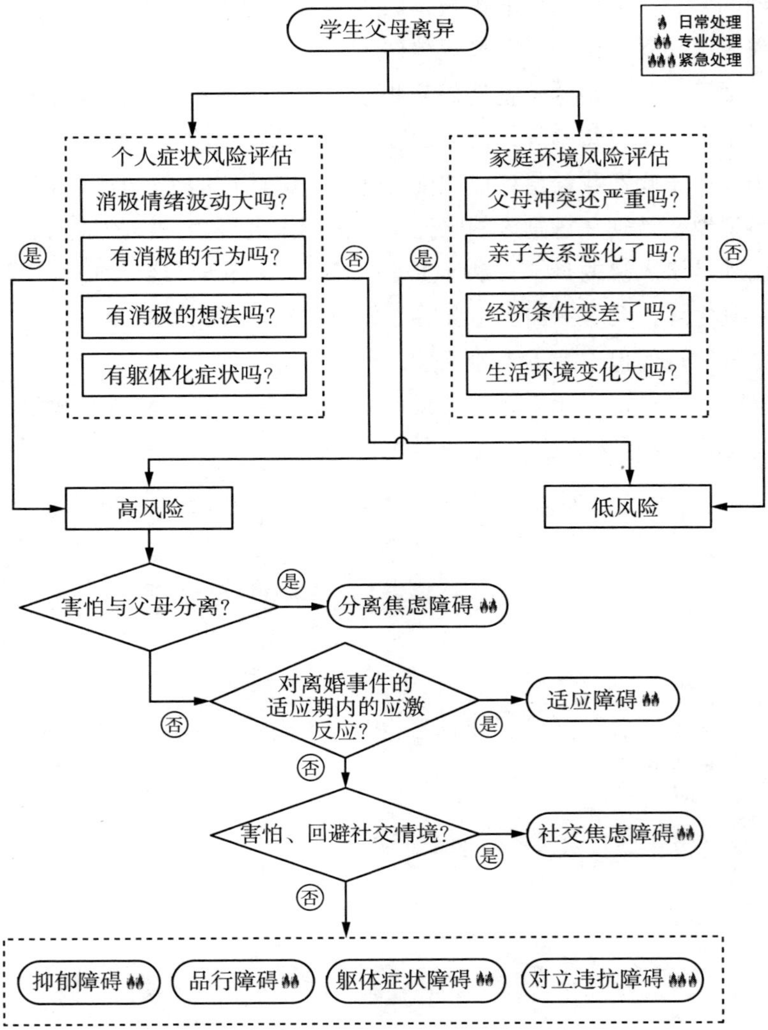

图 27-1　学生父母离异的心理风险评估及识别流程图

近年来，随着我国的离婚率不断提高，生活在离异家庭中的中小学生也大幅增加。父母离异逐渐成为影响学生心理健康水平的重要因素，但是对于这种影响的程度的结论不一致。长远来看，约 25％ 的学生受到了持久的消极影响，约 75％ 的学生能够从父母离婚的阴影中很好地走出来（邓林园，赵鑫钰，方晓义，2016）。那么，如何评估学生在父母离异之后的心理风险的大小呢？这些心理风险可能会导致哪些心理问题呢？

一、父母离异家庭中学生的心理风险评估

由于每一个离异家庭的情况不同、每一个学生的个人适应能力及应对方式不同，父母离异给学生带来的心理健康风险也不同。我们可以从家庭环境、个人症状两个方面的风险入手，进行简要评估。

（一）家庭环境的风险

1. 父母冲突还严重吗？

父母冲突是离异前后对学生心理健康的共同影响因素（Amato & Keith，1991）。如果离异能够让父母之间的冲突得到缓解，离异后父母双方能够更好地分担养育的责任，那么父母离异对学生的心理健康影响较小（Amato，2010）。但是，有些父母离异后可能仍然冲突不断，并且学生也被卷入冲突中，如争夺子女的抚养权等，这会大大增加学生的心理健康风险。

2. 亲子关系恶化了吗？

由于父母离异并不意味着父亲或母亲与学生完全断绝关系，因此学生与监护人、非监护人之间的关系变化对他的心理健康发展尤为重要。如果父母能够维持与学生的良好亲子关系，会让学生感到父母的共同关心依然存在，从而减少父母离异带来的心理冲击。相反，学生无论感到与父亲还是母亲的情感疏离，都是难以承受的。

3. 经济条件变差了吗？

经济剥夺理论（McLanahan & Sandefur，1994）认为，父母离异导致家庭经济收入水平下降是学生容易产生心理问题的重要原因。我国多数学生在父母离异后跟随母亲一起生活，而单亲母亲家庭的经济收入会降低，父亲给的抚养费对其来说也是杯水车薪，很难改善家庭经济条件变差的状况，这会增加学生产生心理健康问题的可能性。

4. 生活环境变化大吗？

父母离异对中小学生的心理健康的影响程度与生活环境的变化密切相关，

除了面临与父母其中一方的分离，还可能面临搬家、转学、远离同伴等变化。如果是再婚家庭，还要面临与继父母及其孩子一起生活等情况。这些在短时间内经历的生活环境上的变化，会给学生带来很大的心理压力。

（二）个人症状的风险

1. 消极情绪波动大吗？

在父母离异后，多数学生都会出现一些消极情绪，如伤心、难过、愤怒、担心等。有的我们从面部表情就可以看得出来，如眉头紧皱、眼睛红肿等；有的则需要通过访谈来了解学生内心的感受是怎样的，内心感觉痛苦的程度越大、持续的时间越长，相对而言风险也越大。

2. 有消极的行为吗？

父母离异后，学生可能会出现多种消极的行为：有的会变得退缩，倾向于个人独处，不与他人交往；有的变得烦躁不安，爱发脾气；有的回避现实，沉迷于电子游戏、网络小说；有的可能表现为不顺从、反抗父母甚至反社会行为。此外，父母离异作为一种应激事件，也会增加学生自伤的风险。

3. 有消极的想法吗？

有的学生对父母离异有些片面的认知，这会导致消极情绪和行为的加剧。例如，有的学生会认为父母离异与自己的表现有关，甚至认为父母就是因为自己才发生冲突、离异的。就像案例中的张艳同学，认为是自己做错事导致了父母离异，从而感到悔恨、内疚。

4. 有躯体化症状吗？

父母离异还可能会引发学生的一些躯体问题，如睡不好觉、吃不下饭、头痛等症状，这些可能是身心问题的风险信号。

二、父母离异可能导致的心理问题

在父母离异前后，学生面临的心理健康风险主要包括焦虑、抑郁、适应障碍、反社会行为和物质滥用等（Amato，2010；Herman et al.，2015），需要依据具体症状表现来识别判断。

1. 分离焦虑障碍。如果学生表现为十分害怕与父母分离，常常害怕单独待着、黏在父母身边，拒绝离开家、不愿上学，那么可能是分离焦虑障碍，多发生在经历生活应激事件之后，如亲人去世、父母离异、搬家等。分离焦虑障碍是 12 岁以下儿童最常见的焦虑障碍，患病率约为 3%，女孩更常见。

📋 **知识链接**

分离焦虑障碍的识别标准

与依恋对象分离时表现出过度的害怕、焦虑，儿童和青少年至少持续 4 周时间，至少符合以下表现中的 3 种。

1. 与依恋对象分离时，产生反复的、过度的痛苦。

2. 过度担心会失去依恋对象，或担心他们遭到灾难、受伤、疾病、死亡等伤害。

3. 过度担心发生与依恋对象分离的不幸事件，如走失、事故、生病等。

4. 因害怕而不愿意分离，拒绝出门、离家、上学或去其他地方。

5. 害怕不能与依恋对象在一起。

6. 不愿意或拒绝不在家睡觉或在依恋对象不在身边时睡觉。

7. 反复做与离别有关的噩梦。

8. 与主要依恋对象离别或预期离别时反复诉说躯体症状，如头疼、肚子疼、恶心、呕吐等。

（资料来源：美国精神医学学会，2016）

2. 社交焦虑障碍。如果学生在与同伴的交往中表现出回避各种社交活动，害怕别人评论自己，例如，不敢在公共场合发言、朗读、表演及与教师交谈、对话等，那么可能是社交焦虑障碍。张艳同学特别在意别人的眼光、担心别人谈论自己，这可能就是社交焦虑障碍的表现（具体参见第 14 章）。

3. 适应障碍。学生适应父母离异所带来的压力是需要一个过程的，如果学生在父母离异后的 3 个月内对家庭环境的变化、父母其中一方的离开及人际关系的变化表现出一些情绪和行为上的不适应症状，如心情低落、流泪，并导致学业表现转差或人际交往受到阻碍，那么可能是适应障碍的表现（具体参见第 23 章）。

4. 抑郁障碍。如果学生在父母离异之后表现出沮丧、忧郁的情绪，对生活失去兴趣、对未来感到失望，那么可能是抑郁障碍。张艳同学两个月以来整天垂头丧气，话语中还包含着自卑、自责的情绪，这可能就是抑郁障碍的表现，但是否达到抑郁发作的程度还需要进一步分析（具体参见第 21 章）。

　　此外，学生在父母离异之后还有可能反抗家长、出现一些反社会行为及躯体化症状等，教师需要对躯体症状障碍、对立违抗障碍、品行障碍等问题进行识别。我们要及时了解情况，多倾听学生内心对父母离异的感受和想法，以便区分严重程度并分级进行心理干预。

28. 当学生的亲人去世时

"凌晨四点醒来，发现海棠未眠。如果一朵花很美，那么有时我会不由自主地想到：'要活下去！'"

课堂上，我正带着同学们学习川端康成的《花未眠》，看见小莉捧着课本又默默流下了眼泪，她想必是又想到了奶奶的事。

小莉的奶奶上个月因病去世了。小莉的父母常年在外地工作，她从小和奶奶一起生活，奶奶是她最亲密的人。半年前小莉的奶奶突然被查出绝症，病魔很快就夺走了奶奶的生命，这一打击让小莉难以接受。小莉近来消瘦了很多，她原本就是巴掌大的小脸现在愈加苍白瘦削。小莉在课堂上还勉强能学习，但人却没了活力，常常哭泣。老师和同学们轮番劝慰她，但这终究是生死大事，还是需要她自己慢慢消化。

我也常找小莉谈天，她说最近经常梦到奶奶，睡不好觉。有时从梦里哭醒，发现枕头湿了一大片；有时觉得心里被一只巨大的手掌按住，喘不过气。我一方面心疼这个学生，另一方面也给她介绍了学校的心理咨询老师，希望能带给她一些帮助。除此之外，我还可以做什么呢？

亲人去世给学生带来心理冲击

🔥 日常处理
🔥🔥 专业处理
🔥🔥🔥 紧急处理

事发两周后是否仍有强烈的痛苦情绪?

否

是

是否能正常上学和生活?

是

否

事发两个月后情绪是否有所缓解?

是

否

抑郁情绪 🔥🔥

焦虑情绪 🔥🔥

适应障碍 🔥🔥

创伤及应激相关障碍 🔥🔥

正常悲伤 🔥🔥

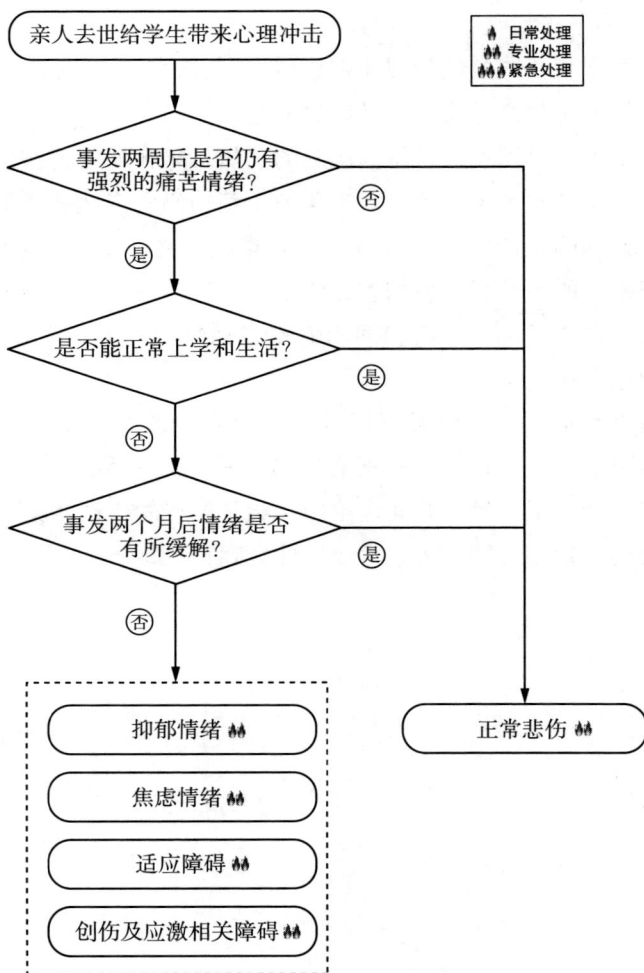

图 28-1　学生亲人去世的心理风险评估及识别流程图

一、学生低落状态的排查流程

在遭遇重要亲人离世的重大打击时，人们都会有痛苦的体验。有时这种打击甚至是毁灭性的，对心理健康影响巨大。对儿童青少年来说，亲人离世是非常沉痛的创伤，需要一段时间去适应和恢复。

一方面，学生会体验到失去亲人的痛苦，直接感受到死亡的冲击；另一方面，学生的生活环境会随着亲人离世发生巨大变化，包括家庭氛围、幸存家长的情绪状态与照料情况、家庭经济状况、善后事宜等。这些都有可能会增加学生的心理压力与负面体验，因此教师需要动态长期观察学生在失去亲人后的状态。

一般情况下，人们在刚刚得知失去亲人时会体验到强烈而痛苦的复杂情绪。有研究显示，在刚刚得知亲人离世的前两周，很多人的痛苦程度几乎能达到抑郁症的诊断标准，主要包括以下症状：

1. 几乎每天大部分时间都情绪低落。

2. 几乎每天大部分时间对于所有或几乎所有活动的兴趣或从中获得的乐趣都明显减少。

3. 体重在未节食的情况下明显减轻，或体重增加。

4. 几乎每天都失眠或睡眠过多。

5. 几乎每天都疲劳或精力不足。

在发生重大的丧失亲人事件时，人会体验到强烈的痛苦，这是可以理解的。如果我们观察或了解到学生在刚刚经历丧失亲人时有这样强烈而明显的悲伤表现，不必过于担心，但需要进一步观察。

我们还需要进一步观察学生的社会功能是否严重受损，简单来说就是学生是否能够参与正常的社会活动，比如，上学、完成学业任务、参与学校的活动、与其他同学正常交往。不必过于担心这些行为有轻微受损，如在上课时偶尔走神、哭泣。但如果严重影响到了出勤、学业表现持续转差、与教师和同学的交往脱节等，就需要引起重视。

然后，我们需要持续观察学生的情况，例如，他的情绪状况是否在事发两个月后逐渐缓解，能逐渐从悲伤中走出来重建他的生活。通常情况下，正常的悲伤会随着时间的推移逐渐缓解。这个时间周期因人而异，但应该是一个情绪逐渐平稳积极的过程。如果我们观察到学生的情绪没有自行缓解的迹象，甚至逐渐加重，则需要警惕抑郁风险。

正常的悲伤通常有以下几个特点。

1. 开始于失去亲人后不久，会随着时间的推移消失。

在正常的悲伤中，丧亲的人会逐渐接受亲人离世的事实，并能够逐步回归正常的生活。常见的悲伤反应包括：哭泣、震惊、怀疑或否认、愤怒、情感麻木，梦到离世的人、对离世的人有分离的焦虑，幻想死者会回来、沉浸在对死者的思念中。在亲人离世后不久，学生可能会经历失眠、食欲不振、极度疲劳、对生活失去兴趣的"抑郁"时期，日常生活也会受到影响。但正常的悲伤会随着时间的推移逐步缓解，最后消失。

2. 可能会有爆发式的情绪。

丧亲的人可能会出现爆发式悲伤，通常伴有强烈的痛苦体验，时间是短暂的（20～30分钟）。他们出现这种情况有时有原因，如别人提及了离世的亲人，有时看似毫无原因。

3. 是一个有阶段的过程。

关于正常的悲伤过程，目前存在几种理论，专家描述了人们在失去亲人时所经历的不同类型和数量的阶段。例如，库布勒（Kübler）提出了哀悼的五个阶段，分别是否认与隔离、愤怒、讨价还价、抑郁、接受。目前还没有足够的证据证明存在一个最正确的理论，每个人可能都有自己完成哀悼的时序，但整体而言都是有阶段的。

正常的悲伤和抑郁倾向有几点不同（见表28-1）。

表28-1　正常的悲伤与抑郁倾向对比表

正常的悲伤	抑郁倾向
随着时间的推移逐渐自行缓解	没有缓解的趋势，甚至可能加重
有阶段性，如从否认与隔离阶段到愤怒阶段	没有阶段性，呈现连续的抑郁情绪状态
情绪崩溃，如大声痛哭、歇斯底里	少有情绪崩溃的时候
不影响自己的价值感	几乎每天都感到自己毫无价值
接触与逝者有关的信息时感到悲伤	接触所有事时都感觉情绪低落、无意义
主要思考与逝者有关的事，想法常以"他/她……"开头	主要思考与自己有关的事，想法常以"我……"开头

二、亲人离世时学生可能出现的心理疾病风险

亲人离世有可能会给学生带来心理疾病风险，包括下列情况。

1. 抑郁情绪。亲人离世是一种强烈的丧失体验，这时人们通常会出现抑郁情绪。具体表现包括情绪低落、想哭，过去喜欢的事现在没有兴趣了，也没有胃口吃东西等。

如果儿童青少年有抑郁倾向，可能会有下列迹象：

睡眠习惯和食欲的变化。

远离家人、朋友和过去的爱好。

在学校的表现明显变差。

避免参加学校或社会的活动。

身体不适（如头痛或胃痛），但没有实质原因。

难以集中注意力和作出决定。

抑郁情绪是人们对丧失的一种正常反应，但如果它的程度很强、持续时间很长，直接影响到了日常的学习和生活，那么可能有抑郁症的风险（具体参见第 21 章）。

2. 焦虑情绪。亲人离世可能会让学生体验到对丧失和死亡的强烈感受，这对他们来说可能是一种非常恐惧的体验，会唤起他们对于死亡的困惑和担忧。如果学生坐立不安，一直都很紧张、很害怕，担心各类与死亡、事故、疾病有关的事情，那么他们可能面临焦虑障碍的风险（具体参见第 4 章）。

3. 适应障碍。亲人离世对于学生来说是一个难以消化的应激源，他们在面对这个应激源的过程中可能会出现无法适应并严重影响正常生活的情况。学生可能面临适应障碍的风险（具体参见第 23 章）。

4. 创伤及应激相关障碍。失去父亲或母亲是儿童青少年所能经历的最严重的应激事件之一，对于直接经历或目睹亲人离世的儿童青少年，教师需要重点了解他们在事后的表现。如果学生在事后反复回忆起当时的情境、画面而无法控制自己，或者通过反复玩与创伤事件有关的主题游戏来表达情感，或者反复做内容和/或情感与创伤事件相关的痛苦的梦，那么需要引起教师和家长的重视。学生可能面临创伤及应激相关障碍的风险（具体参见第 25 章）。

由于易感性和气质的不同，并非所有经历严重创伤事件的儿童都会发展为创伤及应激相关障碍。我们在知晓创伤事件后要给予学生关注和陪伴，耐心等待其状态恢复，同时积极主动地为其提供必要的疏导。

三、亲人离世对学生的冲击的影响因素

丧亲是人生中最痛苦的经历之一，个体丧亲后会通过哀伤过程获得内在心

理的重组与平衡。这对成年人来说都是不小的挑战，对儿童青少年来说更是如此。亲人离世从心理学的角度来说是一种创伤体验，儿童青少年由此而产生心理冲击是最为常见的。他们在这个阶段心理状况较为脆弱，我们应该重点关注并及时识别潜在问题。

绝大部分学生会随着时间的流逝逐渐消化亲人离世的事实，继续学习和生活，但有一部分学生可能会遇到困难。这个时候，我们要先了解更多情况。

首先，我们需要了解是什么人去世了。环境中任何个体的离去都有可能引发丧失体验，如邻居、朋友、亲属甚至宠物、玩偶，但是主要照料者特别是双亲的离世造成的创伤最大。如果我们了解到学生的双亲离世，需要格外关注其心理健康状况。

其次，我们需要了解亲人离世的原因，包括是不是突发性的如交通事故、突发疾病，是不是负面的如自杀。一般来说，突发性的、负面的离世原因对学生的创伤更大。

研究发现，家长死于自杀或意外事故的学生患抑郁症的风险比家长死于自然疾病的学生更高，儿童时期家长的自然死亡对学生的心理健康造成的长期风险会有小幅增加。如果我们了解到学生的亲人尤其是双亲死于自杀，要格外注意观察学生的情况，预防其自杀的风险。

最后，如果学生经历了亲人的突然离世，我们可以进一步了解学生本人是否直接经历了事故或是否亲眼目睹了事故和现场情况。直接经历或目睹亲人离世其对于儿童青少年来说是非常有破坏性的创伤体验，需要引起教师和家长的重视。

☑ 知识链接

儿童青少年对于死亡的理解

在不同的发展阶段，儿童青少年对死亡的性质有不同的理解，主要包括以下几种：

1. 不可逆性（即死亡是永久的）。
2. 终结性（即所有功能随死亡而停止）。
3. 必然性（即死亡是所有生物普遍存在的）。
4. 因果关系（即死亡原因）。

对死亡的性质的理解能力也随着年龄、思维能力、大脑发育水平的发展而发展。

对学龄儿童来说，他们开始理解死亡是终结性的，但可能不理解它具有必然性。他们对于死亡可能有很多困惑，是需要反复沟通和说明的。学龄儿童可能还不知道死亡的原因，他们将死亡拟人化是很常见的（如把死亡想象成妖怪或鬼魂），也容易感到内疚（如想想自己做错了什么，受到了惩罚后也会死去）。部分学龄儿童也可能会因此担心独自在家，对于分离、独处感到恐慌。

对青少年来说，他们对死亡的理解逐渐与成年人接近，但他们可能拒绝表达任何与死亡相关的情感。因为青少年开始学会抽象地思考，他们可能会寻找生命的意义、思考关于人生的宏大命题，因此可能会参与危险的活动（如自残、吸毒或酗酒），体验到无望或困惑，或对自己无法控制生命和死亡感到愤怒。还有一些青少年可能会有退缩的表现。

参考文献

Abramowitz, J. S., Deacon, B. J., Olatunji, B. O., Wheaton, M. G., Berman, N. C., Losardo, D., ... & Hale, L. R. (2010). Assessment of obsessive-compulsive symptom dimensions: Development and evaluation of the dimensional obsessive-compulsive scale. Psychological Assessment, 22 (1), 180-198.

Ahn DH. (2007). Korean policy on treatment and rehabilitation for adolescents' Internet addiction. International symposium on the counseling and treatment of youth Internet addiction. Seoul, Korea: National Youth Commission.

Amato, P. R. (2010). Research on divorce: Continuing trends and new developments. Journal of Marriage and Family, 72(3), 650-666.

Amato, P. R., & Keith, B. (1991). Parental divorce and the well-being of children: A meta-analysis. Psychological Bulletin, 110(1), 26-46.

American Psychiatric Association. (2013). Diagnostic and statistical manual of mental disorders: DSM-5 (5th ed). Washington, DC: American Psychiatric Association.

Badger, J., & Reddy, P. (2009). The effects of birth order on personality traits and feelings of academic sibling rivalry. Psychology Teaching Review, 15 (1), 45-54.

Baio, J., Wiggins, L., Christensen, D. L., Maenner, M. J., Daniels, J., Warren, Z., ... Dowling, N. F. (2018). Prevalence of autism spectrum disorder among children aged 8 years-autism and developmental disabilities monitoring network, 11 sites, United States, 2014. Morbidity and Mortality Weekly Report, 67(6), 1-23.

Bandura, A., Freeman, W. H., & Lightsey, R. (1999). Self-efficacy: The exercise of control. Journal of Cognitive Psychotherapy, 13(2), 158-166.

Berninger, V. W., & Wolf, B. J. (2009). Teaching students with dyslexia and dysgraphia: Lessons from teaching and science. Baltimore, MD: Paul H.

Brookes Publishing Co.

Biotteau, M., Danna, J., Baudou, É., Puyjarinet, F., Velay, J. L., Albaret, J. M., & Chaix, Y. (2019). Developmental coordination disorder and dysgraphia: Signs and symptoms, diagnosis, and rehabilitation. Neuropsychiatric Disease and Treatment, 1873-1885.

Block, J. J. (2008). Issues for DSM-V: Internet addiction. American Journal of Psychiatry, 165(3), 306-307.

Brent, D., Melhem, N., Donohoe, M. B., & Walker, M. (2009). The incidence and course of depression in bereaved youth 21 months after the loss of a parent to suicide, accident, or sudden natural death. American Journal of Psychiatry, 166(7): 786-794.

Brotman, M. A., Kircanski, K., & Leibenluft, E. (2017). Irritability in children and adolescents. Annual Review of Clinical Psychology, 13(1), 317-341.

Burcaş, S., & Creţu, R. Z. (2021). Multidimensional perfectionism and test anxiety: A meta-analytic review of two decades of research. Educational Psychology Review, 33, 249-273.

Campbell, S. G., & Abbass, A. A. (2007). Chest pain-consider panic disorder. Canadian Family Physician, 53(5), 807-808.

Carta, M. G., Ba lestrieri, M., Murru, A., & Hardoy, M. C. (2009). Adjustment disorder: Epidemiology, diagnosis and treatment. Clinical Practice & Epidemiology in Mental Health, 5(15), 1-15.

Cassady, J. C. (2010). Test anxiety: Contemporary theories and implications for learning. Anxiety in schools: The causes, consequences, and solutions for academic anxieties, 2, 7-26.

Christensen, D. L., Baio, J., Braun, K. V. N., Bilder, D., Charles, J., Constantino, J. N., ... Yeargin-Allsopp, M. (2018). Prevalence and characteristics of autism spectrum disorder among children aged 8 years-autism and developmental disabilities monitoring network, 11 sites, United States, 2012. MMWR Surveillance Summaries, 65(3), 1-23.

Deci, E. L., & Ryan, R. M. (1985). Intrinsic motivation and self-determination in human behavior. New York: Plenum Press.

Diekelmann, S., & Born, J. (2010). The memory function of sleep. Nature Reviews Neuroscience, 11(2), 114-126.

Dodge, K. A., & Coie, J. D. (1987). Social-information-processing factors in reactive and proactive aggression in children's peer groups. Journal of Personality and Social Psychology, 53(6), 1146-1158.

Essau, C. A. (2003). Comorbidity of anxiety disorders in adolescents. Depression and Anxiety, 18(1), 1-6.

Evans, S. C., Roberts, M. C., Keeley, J. W., Rebello, T. J., de la Peña, F., Lochman, J. E., ... & Reed, G. M. (2021). Diagnostic classification of irritability and oppositionality in youth: A global field study comparing ICD-11 with ICD-10 and DSM-5. Journal of Child Psychology and Psychiatry, 62(3), 303-312.

Feinberg, M. E., Solmeyer, A. R., & McHale, S. M. (2012). The third rail of family systems: Sibling relationships, mental and behavioral health, and preventive intervention in childhood and adolescence. Clinical Child and Family Psychology Review, 15(1), 43-57.

Gais, S., Lucas, B., & Born, J. (2006). Sleep after learning aids memory recall. Learning & Memory, 13(3), 259-262.

Garcia, M. M., Shaw, D. S., Winslow, E. B., & Yaggi, K. E. (2000). Destructive sibling conflict and the development of conduct problems in young boys. Developmental Psychology, 36(1), 44-53.

Goodwin, R. D., & Marusic, A. (2003). Feelings of inferiority and suicide ideation and suicide attempt among youth. Croatian Medical Journal, 44(5), 553-557.

Havik, T., Bru, E., & Ertesvåg, S. K. (2015). School factors associated with school refusal- and truancy-related reasons for school non-attendance. Social Psychology of Education, 18, 221-240.

Hawkrigg, S., & Payne, D. N. (2014). Prolonged school non-attendance in adolescence: A practical approach. Archives of Disease in Childhood, 99 (10), 954-957.

Herman, P. M., Mahrer, N. E., Wolchik, S. A., Porter, M. M., Jones, S., & Sandler, I. N. (2015). Cost-benefit analysis of a preventive intervention for divorced families: Reduction in mental health and justice system service use costs 15 years later. Prevention Science, 16(4), 586-596.

Jha, M. K., Minhajuddin, A., Fatt, C. C., Kircanski, K., Stringaris, A., Leibenluft, E., & Trivedi, M. H. (2020). Association between irritability and suicidal ideation in three clinical trials of adults with major depressive disorder. Neuropsychopharmacology, 45(13), 2147-2154.

Kessler, R. C., Chiu, W. T., Demler, O., Merikangas, K. R., & Walters, E. E. (2005). Prevalence, severity, and comorbidity of 12-month DSM-IV disorders in the national comorbidity survey replication. Archives of General Psychiatry, 62(6), 617-627.

Krysanski, V. L. (2003). A brief review of selective mutism literature. The Journal of Psychology, 137(1), 29-40.

Kumpulainen, K. (2002). Phenomenology and treatment of selective mutism. CNS Drugs, 16, 175-180.

Li, F., Cui, Y., Li, Y., Guo, L., Ke, X., Liu, J., ... & Leckman, J. F. (2022). Prevalence of mental disorders in school children and adolescents in China: Diagnostic data from detailed clinical assessments of 17, 524 individuals. Journal of Child Psychology and Psychiatry, 63(1), 34-46.

Magee, W. J., Eaton, W. W., Wittchen, H. V., McGonagle, K. A., & Kessler, R. C. (1996). Agoraphobia, simple phobia, and social phobia in the national comorbidity survey. Archives of General Psychiatry, 53(2), 159-168.

Martinez, Y. J., Tannock, R., Manassis, K., Garland, E. J., Clark, S., & Mclnnes, A. (2015). The teachers' role in the assessment of selective mutism and anxiety disorders. Canadian Journal of School Psychology, 30(2), 83-101.

Mitchell, A. J., Chan, M., Bhatti, H., Halton, M., Grassi, L., Johansen, C., & Meader, N. (2011). Prevalence of depression, anxiety, and adjustment disorder in oncological, haematological, and palliative-care settings: A meta-analysis of 94 interview-based studies. The Lancet Oncology, 12(2), 160-174.

Moffitt, T. E., Caspi, A., Harrington, H., & Milne, B. J. (2002). Males on the life-course-persistent and adolescence-limited antisocial pathways:

Follow-up at age 26 years. Development and Psychopathology, 14(1), 179-207.

Moffitt, T. E., in alphabetical order, Arseneault, L., Jaffee, S. R., Kim-Cohen, J., Koenen, K. C., ... & Viding, E. (2008). Research review: DSM-V conduct disorder: Research needs for an evidence base. Journal of Child Psychology and Psychiatry, 49(1), 3-33.

Naismith, S. L., Rogers, N. L., Lewis, S. J., Terpening, Z., Ip, T., Diamond, K., ... Hickie, I. B. (2011). Sleep disturbance relates to neuropsychological functioning in late-life depression. Journal of Affective Disorders, 132(1-2), 139-145.

Nicolson, R. I., & Fawcett, A. J. (2011). Dyslexia, dysgraphia, procedural learning and the cerebellum. Cortex, 47(1), 117-127.

Polanczyk, G., Lima, M. S., Horta, B. L., Biederman, J., & Rohde, L. A. (2007). The worldwide prevalence of ADHD: A systematic review and meta-regression analysis. The American Journal of Psychiatry, 164(6), 942-948.

Sadeh, A., Gruber, R., & Raviv, A. (2002). Sleep, Neurobehavioral functioning, and behavior problems in school-age children. Child Development, 73(2), 405-417.

Sharma, V., Shikhu, L. P., & Jha, M. (2019). Sibling rivalry disorder: Issues of diagnosis and management- A case report. Journal of Indian Association for Child and Adolescent Mental Health, 15(2), 140-153.

Skapinakis, P., Lewis, G., Davies, S., Brugha, T., Prince, M., & Singleton, N. (2011). Panic disorder and subthreshold panic in the UK general population: Epidemiology, comorbidity and functional limitation. European Psychiatry, 26(6), 354-362.

Stone, R. (2009). China reins in wilder impulses in treatment of 'Internet addiction'. Science, 324: 1630-1631.

Stringaris, A., Vidal-Ribas, P., Brotman, M. A., & Leibenluft, E. (2018). Practitioner review: Definition, recognition, and treatment challenges of irritability in young people. Journal of Child Psychology and Psychiatry, 59(7), 721-739.

Tucker, C. J., Finkelhor, D., Turner, H., & Shattuck, A. (2013). Association of sibling aggression with child and adolescent mental health. Pediatrics, 132(1), 79-84.

Tyrka, A. R., Wier, L., Price, L. H., Ross, N. S., & Carpenter, L. L. (2008). Childhood parental loss and adult psychopathology: Effects of loss characteristics and contextual factors. The International Journal of Psychiatry in Medicine, 38(3), 329-344.

UNESCO, & Taehakyo, I. Y. (2017). School violence and bullying: Global status report. Paris: United Nations Educational, Scientific and Cultural Organization.

Vu, T., Magis-Weinberg, L., Jansen, B. R., van Atteveldt, N., Janssen, T. W., Lee, N. C., ... & Meeter, M. (2022). Motivation-achievement cycles in learning: A literature review and research agenda. Educational Psychology Review, 34(1), 39-71.

Walker, M. P., & Stickgold, R. (2006). Sleep, memory, and plasticity. Annual Review of Psychology, 57(1), 139-166.

Werry, J. S.. (1992). Child and adolescent(early onset)schizophrenia: A review in light of DSM-Ⅲ-R. Journal of Autism and Developmental Disorders, 22(4), 601-624.

WHO. (2021). Mental health of adolescents. Retrieved November 17, 2021, from https://www. who. int/news-room/fact-sheets/detail/adolescent-mental-health.

Willcutt, E. G. (2012). The prevalence of DSM-IV attention-deficit/hyperactivity disorder: A meta-analytic review. Neurotherapeutics, 9(3), 490-499.

Williams, M. T., Farris, S. G., Turkheimer, E. N., Franklin, M. E., Simpson, H. B., Liebowitz, M., & Foa, E. B. (2014). The impact of symptom dimensions on outcomes for exposure and ritual prevention therapy in obsessive-compulsive disorder. Journal of Anxiety Disorders, 28(6), 553-558.

Włodarczyk, D., Jaskowski, P., & Nowik, A. (2002). Influence of sleep deprivation and auditory intensity on reaction time and response force. Perceptual and Motor Skills, 94(3_suppl), 1101-1112.

Wong，P. (2010). Selective mutism：A review of etiology，comorbidities，and treatment. Psychiatry(Edgmont)，7(3)，23-31.

Wu，H.，Guo，Y.，Yang，Y.，Zhao，L.，& Guo，C. (2021). A meta-analysis of the longitudinal relationship between academic self-concept and academic achievement. Educational Psychology Review，1-30.

阿德勒. 刘丽,译. (2015). 儿童教育心理学. 海口：南海出版公司.

贝克，奥尔福德. 杨芳,等译. (2014). 抑郁症(原书第 2 版). 北京：机械工业出版社.

曹丛，王美萍，张文新，陈光辉. (2012). 主动性攻击和反应性攻击的遗传基础研究述评. 心理科学进展，20(12)，2001-2010.

查彩慧，欧婉杏，汪玲华，杨思达，李志斌，麦坚凝. (2011). 学校恐怖症儿童的焦虑情绪与养育方式的关系. 实用医学杂志，27(7)，1284-1286.

陈斌斌，王燕，梁霁，童连. (2016). 二胎进行时：头胎儿童在向同胞关系过渡时的生理和心理变化及其影响因素. 心理科学进展，24(6)，863-873.

陈昌惠，沈渔邨，张维熙，等. (1998). 中国七个地区精神分裂症流行病学调查. 中华精神科杂志，31(2)，72-74.

陈玉霞，戴育红，杨升平. (2016). 广州市中小学生拒绝上学行为现状分析与对策研究. 教育导刊,上半月(3)，41-45.

德韦克. 杨百彦，乔慧存,杨馨,译. (2011). 看见成长的自己. 北京：中信出版社.

邓林园，赵鑫钰，方晓义. (2016). 离婚对儿童青少年心理发展的影响：父母冲突的重要作用. 心理发展与教育，32(2)，246-256.

费春华，卞慧莲，张平，李颖，周德云，张敏，杜昊. (2013). 惊恐障碍误诊 62 例分析. 临床误诊误治，26(12)，37-39.

费春华，张平，杜昊，陆光华. (2016). 儿童注意缺陷多动障碍病因研究进展. 国际精神病学杂志，43(6)，967-969.

傅小兰. (2016). 情绪心理学. 上海：华东师范大学出版社.

韩阿珠，徐耿，苏普玉. (2017). 中国大陆中学生非自杀性自伤流行特征的 Meta 分析. 中国学校卫生，38(11)，1665-1670.

何津，陈祉妍，郭菲，章婕，杨蕴萍，王倩. (2013). 流调中心抑郁量表中文简版的编制. 中华行为医学与脑科学杂志，22(12)，1133-1136.

何燕玲，张岚，刘哲宁，贾福军，马弘，曾庆枝，张明园. (2012). 综合医院就诊者中焦虑障碍的检出率.中国心理卫生杂志，26(3)，165-170.

侯金芹.(2014).读写困难对情绪和行为的影响——父母教养方式的中介作用.中国特殊教育，(12)，49-54.

侯金芹，陈祉妍.(2021).2009年和2020年青少年心理健康状况的年际演变.见傅小兰，张侃(编)，中国国民心理健康发展报告(2019—2020).北京：社会科学文献出版社.

江光荣，于丽霞，郑莺，冯玉，凌霄.(2011).自伤行为研究：现状、问题与建议.心理科学进展，19(6)，861-873.

李雪荣.(1994).现代儿童精神医学.长沙：湖南科学技术出版社.

李艺敏，孔克勤.(2010).大、中、小学生自卑感结构及发展特点.心理科学，33(1)，36-40.

蔺秀云，李文琳，黎燕斌，赵悦彤，申军华，方晓义.(2013).对立违抗障碍儿童家庭影响因素和家庭相关干预方案.心理科学进展，21(11)，1983-1995.

刘丹，项丽萍.(2005).孩子，你为何不去上学——农村中学生"厌学性辍学"的成因与对策.江西教育，(21)，15-17.

麻宏伟.(2007).儿童注意缺陷多动障碍诊断及治疗.实用儿科临床杂志，22(11)，805-808.

马静，苏林雁.(2009).对立违抗障碍研究进展.临床儿科杂志，27(9)，893-895.

美国精神医学学会.张道龙，等译.(2016).精神障碍诊断与统计手册.北京：北京大学出版社.

诺伦-霍克西玛.邹丹，等译.(2017).变态心理学(第6版).北京：人民邮电出版社.

秦晓霞，黄永进.(2000)."学校恐怖症"的临床特点与心理社会因素分析.中国心理卫生杂志，14(5)，346-347.

宋国萍，张侃，苗丹民，皇甫恩.(2008).不同时间的睡眠剥夺对执行功能的影响.心理科学，31(1)，32-34.

苏林雁.(2017).同胞竞争障碍的诊治与预防.中国儿童保健杂志，25(3)，221-222.

苏林雁，王长虹.(2007).青春期相关的心理行为问题——青少年对立违抗障碍.中国实用儿科杂志，22(3)，161-163.

孙凌，苏林雁，刘永忠.(2003).对立违抗性障碍的行为特征及相关因素.中国心理卫生杂志，17(2)，127-129.

万宇辉，刘婉，郝加虎，陶芳标.(2018).青少年非自杀性自伤行为评定问卷的编制及其信效度评价.中国学校卫生，39(2)，170-173.

维克斯-纳尔逊,伊斯雷尔.谢丽丽,译.(2021).儿童异常行为心理分析(第8版).北京：中国人民大学出版社.

吴文源.(2010).焦虑障碍防治指南.北京：人民卫生出版社.

吴贤华，吴汉荣.(2014).网络成瘾诊断标准及其干预研究进展.中国社会医学杂志，31(1)，52-54.

武丽杰.(2006).学校恐怖症的心理成因与防治.中国学校卫生，27(7)，607-609.

肖融，吴薇莉，胡峻梅，等.(2006).成都市大中学生社交焦虑障碍患病率及发病影响因素分析.四川大学学报(医学版)，37(4)，636-640.

徐改玲，甄龙，徐灵敏.(2016).儿童注意缺陷多动障碍的发生因素.中国临床医生杂志，44(9)，12-14.

詹姆斯，吉利兰.肖水源，等译.(2019).危机干预策略(第7版).北京：中国轻工业出版社.

赵陵波，赖丽足，林羽中，赵春晓，任志洪.(2018).校园反欺凌项目干预效果及影响因素：元分析和GRADE证据质量.心理科学进展，26(12)，2113-2128.

郑毅，刘靖.(2015).中国注意缺陷多动障碍防治指南(第2版).北京：中华医学电子音像出版社.

周浩，李春培，王天祺，龙莎莎，杜晓楠，马娱，王艺.(2019).6～18岁智力障碍人群的孤独症谱系障碍样症状分析.中国当代儿科杂志，21(5)，445-449.

附　录

国民心理健康素养问卷(教师版)

第一部分　判断题

请判断下面题目是否正确，并在相应的选项上画√。

题号	题目	选项		
		对	错	不知道
1	适当运动可以减轻焦虑、抑郁等精神心理问题			
2	大部分精神心理异常问题的主要原因在于遗传			
3	儿童压力过大、缺乏运动，不利于大脑发育			
4	要培养孩子的自信心，应当经常表扬孩子聪明			
5	老年人加强社交活动有助于减缓大脑功能衰退			
6	焦虑不安等情绪有害无利			
7	主动面对引发焦虑的事物或环境，有助于逐渐减轻焦虑问题			
8	精神心理疾病越早治疗越好			
9	精神心理疾病在得到有效治疗后，可以缓解乃至康复			
10	看车祸、灾难现场的照片或视频，可能造成精神心理创伤			
11	比起突然的创伤打击，持续的压力对精神心理健康影响很小			
12	晚上失眠的人，白天应该多补觉			
13	睡前少量饮酒，有助于提高睡眠质量			
14	有洁癖就是强迫症			
15	不良情绪可能引发身体疾病			
16	高血压、冠心病、胃溃疡都属于心身疾病			
17	使用网上的心理问卷，可以诊断自己有无精神心理疾病			
18	一个人有没有精神心理疾病，是很容易看出来的			
19	医学检查正常却总怀疑自己有病，可能是一种精神心理疾病			
20	精神心理疾病服药好转后，可以自己一边减少药量一边观察			

第二部分　自我评估题

下面是人们在生活中的一些行为习惯和对心理健康的观点，请根据您通常的做法或观点进行回答，在相应的选项上画√。

题号	题目	选项			
		A 总是	B 经常	C 有时	D 从不
1	我有信心能克服生活中的大部分困难				
2	遇事我能理性应对，保持平和心态				
3	面对生活，我常常保持积极的态度				
4	我知道如何获得心理健康知识				
5	我知道如何寻求专业的心理帮助				
6	心理健康对一个人的身体健康影响很大				
7	对于一个人来说，心理健康非常重要				
8	每个人都应该学习一些心理健康方面的知识				

第三部分　案例题

下面有两个例子，这些例子经常会在我们身边发生。请仔细阅读和体会例子中主人公所处的情境，并根据你的想法回答相关的问题。

（一）张同学，男，15岁，初三。他平时有很多兴趣爱好，也喜欢和同学们聊天。但是最近几个星期，他好像换了一个人，看起来很伤心，不想吃饭，睡不好觉，上课也集中不了注意力，还容易发脾气。同学问他怎么了？他说自己没事，就是感觉很累，对什么事都缺乏兴趣。

1. 你认为张同学的问题会是心理疾病吗？

A. 是　　　　　B. 可能是　　　　C. 不是　　　　　D. 不知道

2. 你认为张同学的问题最有可能是什么？（选可能性最大的一项）

A. 压力过大　　B. 抑郁症　　C. 精神分裂症　　D. 社交焦虑

E. 应激障碍　　F. 强迫症

3. 如果你是张同学，你会怎样做？

题目	选项		
	会	可能会	不会
不会告诉任何人			
愿意找心理咨询师谈一谈			
愿意找精神科医生看一看			

4. 如果张同学被诊断为心理疾病，你是否同意以下看法？

题目	选项		
	同意	不确定	不同意
最好与他少接触			
与他在一起可能会有危险			
他更需要得到关心			

　　(二)王同学，女，12 岁，遇到新环境或陌生人时会感觉很紧张，升入初中后不主动与新同学说话，一开口说话就特别紧张，脸通红、手发抖，感觉别人一直盯着自己，害怕别人的眼光，难受极了。因此，她尽力不参加集体活动，不讲话，也不跟同学们交往了。

　　1. 你认为王同学的问题会是心理疾病吗？

　　A. 是　　　　　　B. 可能是　　　　C. 不是　　　　　　D. 不知道

　　2. 你认为王同学的问题最可能是什么？（选可能性最大的一项）

　　A. 压力过大　　　B. 抑郁症　　　C. 精神分裂症　　　D. 社交焦虑

　　E. 应激障碍　　　F. 强迫症

　　3. 如果你是王同学，你会怎样做？

题目	选项		
	会	可能会	不会
不会告诉任何人			
愿意找心理咨询师谈一谈			
愿意找精神科医生看一看			

　　4. 如果王同学被诊断为心理疾病，你是否同意以下看法？

题目	选项		
	同意	不确定	不同意
最好与她少接触			
与她在一起可能会有危险			
她更需要得到关心			

国民心理健康素养指标释义及调查问卷计分方法

一、指标释义

心理健康素养是指人们综合运用心理健康知识、技能，保持和促进心理健康发展的能力。

二、调查问卷计分方法

调查问卷分为判断题、自我评估题、案例题三个部分。

（一）具体题目计分方法

第一部分判断题共 20 题，每题 5 分，总分的分值范围为 0～100 分。其中，1、3、5、7、8、9、10、15、16、19 这 10 道题表述了正确的心理健康知识，正确答案应为"对"，2、4、6、11、12、13、14、17、18、20 这 10 道题表述了在心理健康知识方面错误的理解，正确答案应为"错"。每道判断题回答正确计 5 分，回答错误或答"不知道"计 0 分。20 题得分直接加和，即为判断题总分。

第二部分自我评估题共 8 题，均为 4 级评分。总分的分值范围为 8～32 分。

第 1～3 题，选项"A. 总是"＝4 分，"B. 经常"＝3 分，"C. 有时"＝2 分，"D. 从不"＝1 分。

第 4～8 题，选项"A. 非常赞同"＝4 分，"B. 比较赞同"＝3 分，"C. 比较反对"＝2 分，"D. 非常反对"＝1 分。

8 道题得分直接相加，即为自我评估题的总分。

第三部分案例题的总分的分值范围为 0～40 分。案例题共 2 组，每组包含 4 道题，各题计分方式如下。

第 1 题，选项"A. 是"＝6 分，"B. 可能是"＝2 分，"C. 不是"＝0 分，"D. 不知道"＝0 分。

第 2 题，正确选项计 2 分，其余选项计 0 分。案例一的正确选项为"B. 抑郁症"，案例二的正确选项为"D. 社交焦虑"。

第 3 题包含 3 问，计分方式如下。

1."不会告诉别人"："会"＝0 分，"可能会"＝1 分，"不会"＝2 分。

2."愿意找心理咨询师谈一谈"："会"＝2 分，"可能会"＝1 分，"不会"＝0 分。

3."愿意找精神科医生看一看"："会"＝2 分，"可能会"＝1 分，"不会"＝

0 分。

第 4 题包含 3 问，计分方式如下。

1."最好与他少接触"："同意"＝0 分，"不确定"＝1 分，"不同意"＝2 分。

2."与他在一起可能会有危险"："同意"＝0 分，"不确定"＝1 分，"不同意"＝2 分。

3."他更需要得到关心"："同意"＝2 分，"不确定"＝1 分，"不同意"＝0 分。

第三部分两个案例的所有题目得分直接相加，即为第三部分案例题的总分。

(二)心理健康素养达标测算标准

每一个调查对象的心理健康素养只有同时满足下面 3 个条件才能达标。

1. 判断题总分≥80 分。

2. 自我评估题总分≥24 分。

3. 案例题总分≥28 分。